KB273932

서방의 패배

서방의 몰락

LA DÉFAITE
DE L'OCCIDENT

바티스트 투베레와 함께
에마뉘엘 토드 지음

권지현 옮김

아카넷

조르주에게

미완성된 모험의 비밀을 알기라도 하듯 그들은 갈등을 지배하고 최종적으로 찬사 또는 비난을 보내는 거만한 판사처럼 과거와 현재 사건의 혼재를 바라본다. 실제 경험한 역사는 양립 불가능한 이익이나 사상을 옹호하려는 개인, 집단, 국가가 서로 대립하게 만든다. 지금을 사는 사람도, 과거를 연구하는 역사가도, 과연 누가 옳고 그른가는 장담할 수 없다. 그것은 우리가 선과 악을 구분할 줄 몰라서가 아니라 미래를 모르기 때문이며 모든 역사적 대의가 불공평함을 담고 있기 때문이다.

— 레몽 아롱

(『지식인의 아편 *L'Opium des intellectuels*』, 제5장 「역사의 의미」)

나는 여기에 서 있습니다. 나는 달리 아무것도 할 수 없습니다.

— 마르틴 루터

(보름스 제국의회, 1521년 4월)

일러두기
각주는 옮긴이가 붙인 것이다.

차례

서론: 전쟁이 던진 열 가지 충격   11

제1장   러시아가 누리는 안정   33

제2장   우크라이나라는 수수께끼   63

제3장   동유럽의 포스트모던적 러시아 혐오   105

제4장   서방이란 무엇인가?   125

제5장   유럽의 조력 자살   147

제6장   영국: 제로 국가를 향하여(무너져라, 브리타니아여!)   177

제7장   스칸디나비아반도: 페미니즘에서 호전주의로   209

제8장   미국의 본성: 과두제와 니힐리즘   219

제9장   미국 경제의 거품 빼기   243

제10장   워싱턴 조직   259

제11장   나머지 세상은 왜 러시아를 택했나?   275

결론: 미국은 어떻게 우크라이나 함정에 빠졌는가?(1990~2022년)   303

추신 1: 가자가 증명하는 미국 니힐리즘   333

추신 2: 패배에서 해체로   337

주석   347

도표 차례

지도 2.1   2001년 우크라이나 도시 네트워크   73

지도 2.2   2020년경 우크라이나 인구밀도   74

지도 2.3   2010년 우크라이나 대선: 야누코비치 득표율   80

지도 2.4   1989~2012년 우크라이나의 도시 인구 감소   86

지도 2.5   1989~2012년 우크라이나의 전체 인구 감소   87

지도 2.6   2014년 우크라이나 선거: 포로셴코 득표율   89

지도 2.7   2014년 우크라이나 선거: 기권율   90

지도 2.8   우크라이나 엘리트의 출신은?   92

지도 11.1   2022년 3월 7일 러시아 제재에 대한 국가별 반응   278

지도 11.2   전 세계 부계 비중   295

지도 11.3   전 세계 동성애 혐오   299

그래프 6.1   1960년 이후 서방과 중국의 기대수명 추이   188

표 1   우크라이나 엘리트들   93

표 2   2022년 독일에 거주하는 외국인의 출신국   157

표 3   2001~2020년 미국에서 가장 많은 박사 학위자를 낸 10개 국가   253

전쟁이 던진 열 가지 충격

2022년 2월 24일, 블라디미르 푸틴이 전 세계 텔레비전 화면에 등장했다. 그는 러시아 군대가 우크라이나 영토에 진입했다고 발표했다. 사실 그의 연설은 우크라이나에 관한 것도, 돈바스의 자주권에 관한 것도 아니었다. 그것은 나토에 대한 도전에 관한 것이었다. 푸틴은 러시아가 1941년처럼 이번에도 피할 수도 없는 공격을 기다리다가 허를 찔리고 싶지 않다며 그 이유를 설명했다. "우리는 북대서양조약기구NATO의 지속적인 확장과 우크라이나의 군사적 영토 정비를 받아들일 수 없다." '넘지 말아야 할 선'이 침범되었고 우크라이나에 '반러시아' 풍토가 자라는 것을 좌시할 수 없다는 말이다. 푸틴은 우크라이나 전쟁이 정당방위를 위한 조치라고 강조했다.

자신의 결정이 가진 역사적 정당성과 법적 정당성을 주장하는 푸틴의 연설은 역학 관계가 엄밀히 보면 러시아에 유리하다는 잔인한 현실을 보여주었다. 러시아가 행동을 개시할 시간이 온 것은 초음속 미사일 보유로 전략적 우월성을 확보했기 때문이다. 푸틴의 연설은 탄탄하게 구성되었고 어느 정도 감정이 드러나기는 했어도 침착했으며 명료했다. 그의 연설을 받아들여야 한다는 강제성은 없어도 이론의 여지를 다툴 필요는 있었다. 그럼에도 불구하고 푸틴의 관점은 즉각 받아들여졌고 이는 이해할 수 없는 일이었다. 러시아인들도 순종적인 것인지 바보인 것인지 이해 가지 않았다. 한편 토론의 부재는 서방 민주주의의 명예를 떨어뜨렸다. 프랑스와 영국에서는 언급이 아예 없었고 독일과 미국에서는 그나마 반응이 조금 나왔다.

대부분의 전쟁, 특히 세계대전에서 그렇듯이 우크라이나 전쟁은 예상대로 흘러가지 않았다. 이 전쟁은 이미 우리에게 수많은 충격을 주었다. 나는 그중 가장 중요한 열 개를 추렸다.

첫 번째 충격은 유럽에서 전쟁이 발발한 사실이다. 두 국가가 벌이는 진짜 전쟁 말이다. 영원한 평화가 정착되었다고 믿었던 유럽 대륙으로서는 이례적인 사건이다.

두 번째 충격은 이 전쟁으로 미국과 러시아가 맞붙었다는 사실이다. 미국이 주적으로 삼았던 국가는 10년 넘게 중국이었다. 미국이 중국에 품은 적대감은 분명했고 이는 최근 공화당과 민주당이 뜻을 같이한 유일한 지점이었을 것이다. 그런데 우리는 지금 우크라이나를 사이에 두고 미국과 러시아가 맞선 상황을 보고 있다.

세 번째 충격은 우크라이나의 군사적 저항이다. 우크라이나가 금방 무너지리라고 예상하지 않은 사람이 없었다. 악마 푸틴의 유치하고 과장된 이미지가 만들어지면서 많은 서방인이 러시아가 60만 3700제곱미터의 우크라이나에 10만~12만 명의 병사밖에 보내지 않았다는 사실을 놓쳤다. 1968년에 면적이 12만 7900제곱미터밖에 되지 않는 체코슬로바키아를 점령하려 할 때 소련과 바르샤바 조약에 가입한 위성국들은 50만 병력을 보냈다.

그런데 정작 가장 놀란 사람들은 러시아인이었다. 상황을 잘 아는 서방인 대부분과 마찬가지로 러시아인에게 우크라이나는 실제로도 그렇지만 파탄 국가failed state라는 생각이 있었다. 1991년에 독립한 우크라이나는 이주와 출산율 감소로 인구가 1100만 명 감소했다. 국가는 올리가르히가 지배했고 부패가 극에 달했다. 나라와 주민이 마치 팔려고 내놓은 상품 같았다. 전쟁 직전 우크라이나는 싼값에 대리모를 살 수 있는 약속의 땅이었다.

물론 우크라이나는 나토가 제공한 대전차 미사일 재블린을 갖추고 있었고 전쟁 초기부터 미국의 정찰 및 유도 시스템을 받았지만 무너져가던 국가의 격렬한 저항은 역사적 문제를 제기했다. 그 누구도 예측하지 못한 것은 우크라이나가 전쟁 속에서 살아갈 이유, 존재의 정당성을 찾으리라는 것이었다.

네 번째 충격은 러시아 경제의 저항이었다. 경제 제재, 그중에서도 러시아 은행들이 스위프트SWIFT 결제망에서 퇴출당하면 러시아가 무릎을 꿇으리라는 뉴스가 들려왔다. 그러나 호기심 많은 몇몇 정치인과 기자가 전쟁 발발 몇 달 전에 출간된 다비드 퇴르트리David Teurtrie의 『러시아, 강대국의 복귀』1를 읽었다면 서방의 금융 시스템이 천하무적이라는 어리석은 믿음은 갖지 않았을 것이다. 퇴르트리는 러시아 국민이 이미 2014년 경제 제재에 익숙해졌고 전산과 은행 분야에서 자립성을 갖추도록 준비했다고 지적했다. 이 책에서 우리는 현대적인 러시아를 만날 수 있다. 즉 언론에서 하루가 멀다 하고 그려내는 신스탈린주의적 권위주의와는 거리가 먼 러시아, 기술적·경제적·사회적으로 큰 유연성을 보여줄 수 있는 러시아, 한마디로 말해 심각하게 고려해야 할 적을 만날 수 있다.

다섯 번째 충격은 유럽의 의지가 완전히 꺾였다는 사실이다. 유럽은 원래 독일과 프랑스였다. 두 국가는 2007~2008년 세계 금융 위기 이후에 마치 중매 결혼한 부부 같았고 여기서 독일은 아내의 말은 듣지 않는 독불장군 남편 같았다. 그러나 독일이 패권을 차지했을 때도 유럽은 어느 정도 자율성을 가졌다고 사람들은 생각했다. 처음에는 올라프 숄츠 총리와 독일이 주저했음에도 유럽연합은 매우 빠르게 자신의 이익을 지키려는 의지를 포기했다. 러시아라는 에너지 부문의 파트너, (더 넓게는) 교역 파트너와의 관계를 끊어서 점점 더 스스로 벌을 내렸던 것이다. 독일은 천연가스 공급 일부를 담당했던 노르트스트림 가스관 폭발 사건을 별말 없이 받아들였다. 사실 그것은 미국이라는 '보호자'가 러시아뿐 아니라 독일을 상대로 저지른 테러 행위였는데도 말이다. 미국은 이를 위해 유럽연합 가입국이 아닌 노르웨이와 협력했다. 독일은 시모어 허쉬Seymour Hersh 기자의 훌륭한 관련 보도를 무시하기까지 했다. 허쉬 기자는 국제 질서의 필수 불가결한 수호자를 자처하는 미국을 테러의 용의자로 지목했다. 그러나 우리는 에마뉘엘 마크롱이 이끄는 프랑스가 국제 무대에서 사라진 것을 보았고 그사이 유럽연합에서 폴란드가 미국의 주요 요원이 된 것을 보았다. 유럽 대륙 전체로는 프랑스-독일 축이 미국이 조정하는 영국-폴란드-우크라이나 축으로 옮겨갔다. 이처럼 독자적인 지정학 주체로서의 유럽이 점차 소멸되는 것은 당황스럽다. 20년 전만 해도 독일과 프랑스가 이라크 전쟁에 함께 반대하고 나서면서 게르하르트 슈뢰더 독일 총리와 자크 시라크 프랑스 대통령은 푸틴 대통령과 공동 기자회견을 했다.

여섯 번째 충격은 영국이 러시아 혐오를 짖어대는 발바리이자 나토의 부산스러우면서도 막상 쓸모는 없는 대변인으로 떠올랐다는 사실이다. 서방 언론에 따르면 우크라이나 전쟁이 시작되자마자 영국 국방부 장관은 미국 네오콘들이 미적지근한 호전주의자로 보일 정도로 흥분해서 전쟁에 관해 논평했다. 영국은 가장 먼저 우크라이나에 장거리 미사일과 중전차를 보내고자 했다. 영국의 호전주의는 이상한 방식으로 스칸디나비아반도에 영향을 미쳤다. 스칸디나비아반도 국가들은 오랫동안 평화주의를 선호했고 전쟁보다 중립주의를 원했는데 말이다.

따라서 일곱 번째 충격이 이어진다. 역시 개신교 지역이며 흥분한 영국과 관련된 북유럽이다. 노르웨이와 덴마크는 미국에 군사적으로 중요한 국가들이고 핀란드와 스웨덴은 나토에 가입하면서 우크라이나 전쟁의 새로운 관심사가 되었다. 앞으로 살펴보겠지만 이런 현상은 러시아의 우크라이나 침공 이전에도 존재했다.

여덟 번째 충격은 가장 놀랍다. 그것은 최대 군사 강국인 미국에서 전해졌다. 전쟁에 관한 우려는 차츰 커지다가 2023년 6월에 미국 국방부가 출처였던 수많은 보고서와 기사에 공식적으로 등장하기 시작했다. 미국 군수 산업은 취약한 상태여서 세계 최강대국인 미국이 보호국인 우크라이나에 (다른 물자도 마찬가지이지만) 충분한 포탄 공급조차 할 수 있는 능력이 안 된다는 것이다. 전쟁 직전 러시아와 벨라루스의 국내총생산GDP이 서방(미국, 캐나다, 유럽 + 일본, 한국) GDP의 3.3퍼센트를 차지했다는 것을 안다면 이는 매우 특이한 현상이다. 서방 세계보다 더 많은 무기를 생산할 수 있는 이 3.3퍼센트는 두 가지 문제를 낳는다. 우선, 물자 부족으로 전쟁에서 패할 우크라이나 군대에 문제가 되고, 이어 서방 학문의 여왕인 정치경제학에도 문제가 된다. 그렇게 해서 정치경제학은—과감히 털어놓자—사기라는 것이 전 세계에 드러난다. GDP는 유통기한이 끝난 개념이고 우리는 이제 신자유주의적 정치경제학과 현실의 관계에 대해 숙고해야 한다.

아홉 번째 충격은 서방이 이데올로기적으로 고립되었다는 것과 고립은 자초했다는 것을 모른다는 사실이다. 가치를 선언하고 세상이 그 가치를 따르는 데 익숙했던 서방인들은 진심으로, 그리고 어리석게도 지구 전체가 러시아에 대한 그들의 분노에 공감할 것을 기대했다. 그들의 환상은 깨졌다. 전쟁의 첫 충격이 가시자 러시아를 조금씩 더 노골적으로 지지하는 흐름이 세계 곳곳에서 생겨났다. 미국이 미래의 적으로 지명한 중국이 나토를 지지하지 않을 가능성도 있었다. 그러나 대서양 양안에서 이데올로기적 자기도취에 빠진 논평가들은 중국이 러시아를 1년 이상 지지할 수는 없으리라고 진심으로 생각했다. 인도의 개입 거부 의사는 훨씬 더 실망스러웠을 것이다. 인도는 세계 최대의 민주주의 국가이고 '자유민주주의' 진영에 균열을 낼 수도 있기 때문이다. 사람들은 인도의 군사 장비 상당수가 러시아산이라서 그렇다고 자위했다. 러시아에 서둘러 드론을 제공한 이란에 대해서도 시사 논평가들은 양국 관계가 가까워졌음을 제대로 이해하지 못했다. 양국을 악의 힘이라는 같은 부류로 취급하는 데 익숙한 미디어와 여러 국가의 아마추어 지정학자들은 양국의 동맹이 얼마나 이례적인지 잊었다. 역사적으로 이란에는 두 적이 있었다. 영국과 대영제국이 무너진 뒤의 미국, 그리고 러시아다. 이러한 관계 역전은 진행 중인 지정학적 혼란의 규모가 얼마나 크나큰지를 시사해준다. 나토 회원국인 튀르키예는 푸틴의 러시아와 점점 더 밀접한 관계를 맺으려는 것으로 보인다. 이는 흑해를 둘러싼 양국의 경쟁 관계에 대해 서로의 누그러진 태도까지 포함한 것이다. 서방이 할 수 있는 유일한 해석은 러시아와 튀르키예의 독재자들이 똑같은 열망을 품었다는 것이다. 그러나 레제프 타이이프 에르도안 대통령이 2023년 5월 민주적으로 선출되면서 서방은 이런 노선을 계속 유지하기 어려워졌다. 전쟁이 1년 6개월 지난 시점에서 본 이슬람 세계는 러시아를 적보다는 파트너로 여기는 것 같다. 사우디아라비아와 러시아가 석유 생산량과 가격을 조율하기 위해 이데올로기적 적이 아닌 경제적 동업자로서 상호 존중하는 모양새도 점점 뚜렷해진다. 전반적으로 전쟁의 경제 역학으로 인해 서방에 대한 개발도상국의 적대감이 날로 팽창하고 있다. 개발도상국이 러시아에 대한 제새로 고통받고 있기 때문이다.

마지막으로 열 번째 충격은 현재 구체화하고 있다. 그것은 바로 서방의 패배다. 전쟁이 아직 끝나지도 않았는데 이렇게 단정적으로 말하는 것이 놀라울 것이다. 그러나 서방의 패배는 확실하다. 서방이 러시아의 공격으로 무너지는 것이 아니라 자멸하고 있기 때문이다.

폭력적인 전쟁이 일으키는 감정을 잠시 내려놓고 시야를 넓혀보자. 우리는 완성된 세계화의 시대에 살고 있다. 여기서 완성이란 '최고조'

와 '종식'을 동시에 의미한다. 지정학적 관점을 가지려고 노력해보자. 사실 러시아가 주된 문제는 아니다. 감소하는 인구에 비해 지나치게 넓은 땅덩어리를 가진 러시아는 지구 전체를 통제할 수도 없고 그러길 바라지도 않을 것이다. 러시아는 평범한 강대국이고 그 역사도 신비로울 것이 없다. 러시아의 위기가 세계 균형을 흔들지는 않는다. 세계의 균형을 위험에 빠뜨리는 것은 서방의 위기, 더 정확하게는 미국의 위기다. 그리고 지구 반대편에서 인 파도가 러시아의 저항이라는 방파제에, 고전적이고 보수적인 한 국민국가에 부딪힌 것이다.

★

전쟁 발발 약 일주일 뒤인 2022년 3월 3일, 시카고 대학의 존 미어샤이머John Mearsheimer 교수가 지정학적으로 전쟁을 분석한 영상이 등장했고 전 세계 사람들이 그의 영상을 시청했다. 그의 분석은 블라디미르 푸틴의 관점과 양립 가능한 점이 매우 많고 러시아적 사고가 지적이고 이해 가능하다는 전제를 받아들인 점에서 흥미로웠다. 미어샤이머는 정치학계에서 '현실주의자'로 불린다. 그는 국제 관계를 국민국가 간의 이기적인 역학 관계의 결합으로 보는 학파에 속한다. 그의 분석은 한마디로 러시아는 우크라이나의 나토 가입을 용인할 생각이 없다고 오래전부터 말해왔다는 것으로 정리할 수 있다. 그런데 미국, 영국, 폴란드의 군사 고문들의 손에 군대를 맡긴 우크라이나가 실질적인 나토 회원국이 될 참이었다. 따라서 러시아는 예고한 바를 실천해서 전쟁을 일으킨 것이다. 그러니 우리가 놀라는 것이 놀랍다는 주장이다.

미어샤이머는 러시아가 전쟁에서 이기리라고 내다봤다. 우크라이나가 러시아에는 실존적 문제이나 미국에는 그렇지 않기 때문이다. 미국은 8000킬로미터나 떨어진 곳에서 얻을 수 있는 이익을 위해 움직였을 뿐이다. 미어샤이머는 그러니까 러시아가 군사적 어려움을 겪더라도 우리가 기뻐해서는 안 된다고 주장했다. 그 군사적 어려움 때문에 러시아가 전쟁에 더 힘을 쏟을 것이 분명하다는 것이다. 한쪽에게는 생존의 문제이고 다른 한쪽에게는 그렇지 않으므로 러시아가 이길 것이라는 주장이다.

미어샤이머(그는 미국인이다)가 사회적으로 발언한 지적인 용기는 감탄할 수밖에 없다. 그가 여러 저서를 통해서 이미 밝혔고 2014년 크림반도 병합 당시에도 밝혔던 생각을 더 발전시킨 그의 명쾌한 해석은 그러나 큰 허점을 가지고 있다. 그의 해석이 러시아의 행동만 이해하게 해준다는 점이다. 텔레비전에 출연한 푸틴의 태도에서 살육의 광기만을 본 해설가들처럼 미어샤이머도 나토―미국, 영국, 우크라이나―의 행동에서 비합리성과 무책임만 보았다. 나도 동의하는 바이지만 이는 조금 부족한 주장이다. 그는 서방의 비합리성을 설명해야 했다. 그가 우크라이나의 군사적 성취가 모순적이게도 미국을 덫에 빠뜨렸다는 점을 이해하지 못한 문제는 더 심각하다. 이후 미국도 추가적인 이익을 훨씬 넘어서서 생존의 문제를 안게 되었다. 전쟁에 계속해서 투자해야 하는 위험한 상황에 빠진 것이다. 미국의 모습은 옆에서 부추기는 친구 때문에 보잘것없는 패를 쥐고도 돈을 다 거는 도박꾼을 떠올리게 한다. 상대는 당황했지만 어쨌든 게임에서 이길 것이다.

나는 이 책에서 우크라이나 상황을 기술할 것이고 또 이해해보려

한다. 유럽뿐만 아니라 전 세계에서 벌어질 일들에 대한 가정도 세울 것이다. 두 진영의 상호 이해를 불가능하게 만드는 근본적인 수수께끼를 파헤치는 것도 또 다른 목적이다. 서방 진영은 푸틴과 러시아가 미쳤다고 생각하고, 러시아 혹은 미어샤이머 같은 사람들은 마음 깊은 곳에서 서방인들이 미쳤다고 생각한다.

푸틴과 미어샤이머는 같은 진영 사람이 아니다. 아마 두 사람이 공통의 가치에 동의하는 일은 없을 것이다. 그렇지만 그들의 관점은 양립할 수 있다. 국민국가들로 구성된 세계에 대하여 기본적으로 똑같은 생각을 하기 때문이다. 국민국가는 정당한 폭력을 독점하여 국내 평화를 독립적으로 수호한다. 그런 점에서 막스 베버가 주장한 국가라 할 수 있다. 그러나 대외적으로는 역학 관계만이 중시되는 환경에서 살아남기 위해 국가는 토머스 홉스식[2]으로 행동한다.

국민국가의 러시아식 개념을 가장 잘 정의한 것은 주권의 개념이다. 타티아나 카스투에바–장Tatiana Kastouéva-Jean은 주권이 "국가가 대내외 정책을 외부의 간섭 혹은 영향 없이 독립적으로 결정할 수 있는 능력으로 이해"[3]된다고 설명한다. 이러한 개념은 "푸틴의 연속적인 대통령 임기 동안 매우 특정한 가치를 획득했다." 그리고 "수많은 자료와 공식 연설에 체제와 정치 성향이 무엇이든 주권은 한 국가가 가지고 있는 가장 소중한 자산으로 언급"되어 있다. 이 개념은 "미국, 중국, 러시아를 비롯한 소수의 국가만 가진 희귀 자산이다. 그러나 러시아는 공식적인 문서와 연설문에서 유럽연합 회원국이 미국에 '속국화'되었다고 경멸적으로 언급하거나 우크라이나를 미국의 '보호령'이라고 기술한다."

2018년에 출간된 『미국 외교의 거대한 환상』[4]에서 미어샤이머도 국민국가와 주권을 기준으로 사고했다. 그는 국민국가가 추상적으로 설명된 국가 또는 국민이 아니라고 주장한다.[5] 그것은 국가와 국민인데, 하나의 문화에 뿌리를 내리고 공통의 가치를 가진 국가와 국민이다. 전통적이고도 세계의 인류학적이고 역사적인 깊이를 고려한 관점이, 말하자면 공리적 방식으로 이 책에 제시되었다.

공리 혹은 공준의 본질은 그것으로부터 정리를 끌어낼 수는 있어도 그 자체는 증명 불가하다는 점이다. 그러나 진실일 가능성이 크므로 확실하다고 인정하는 것이 공리다. 유클리드의 제5공리를 예로 들어보자. 직선 밖의 한 점을 지나면서 그 직선에 평행한 직선은 단 하나 존재한다. 이 공리는 증명할 수 없다. 유클리드 이후 리만이나 로바쳅스키 같은 수학자들은 새로운 공리를 출발점으로 삼았지만 어쨌든 상식적으로 유클리드의 제5공리는 매우 설득력 있다. 게다가 다양한 문화에 뿌리내린 국민국가가 존재한다는 주장은 미어샤이머가 그랬던 것처럼 다소 교리적 방식으로 반복 제시되지만 진실일 가능성이 크다. 20세기 후반 탈식민지화의 거대한 바람이 불며 탄생한 세상은 국민국가가 되는 것 외에 다른 방법은 상상할 수 없었던 나라들로 재편성되었다. 그것은 국제연합의 구성만 봐도 알 수 있다.

그런데 이 공리에는 문제가 하나 있다. 그것이 미어샤이머와 러시아인들의 눈을 멀게 했다는 점이다. 이들에게 이 공리는 서방 국가 정부들에 대한 몰이해의 태도를 심어주었다. 이는 서방인들의 러시아에 대한 태도와 대칭을 이룬다. 2022년 2월 24일 교전을 알리는 연설에서 푸틴은 미국과 그 동맹국들을 '거짓말의 제국'으로 불렀다. 이는 전략적 현실주의와 매우 동떨어졌으며 알 수 없는 정신 상태에 빠진 적을 연상시키는 발언이었다. 미어샤이머가 그의 책을 『미국 외교의 거대한 환상』이라고 불렀다는 점을 상기하자. 착각보다 어감이 센 '환상'은 정신병이나 신경증을 연상시킨다. 책의 부제는 '자유주의적 꿈과 국제 현실'●이다. 미국의 '자유주의적' 팽창 정책은 꿈으로 소개되었고, 그 꿈 앞에는 미어샤이머가 대리인인 현실이 있다. 그는 우리가 푸틴에게 그랬듯이 미국의 지정학적 질서를 지배한 네오콘들을 정신의학적 관점에서 다루었다.

국제 관계 행위자인 푸틴이 '거짓말의 제국'이라는 말로 압축하면서도 완전하게 정의하지 못한 것과 국제 관계 이론가인 미어샤이머가 직시하기를 거부한 것은 간단한 진리다. 서방에서는 국민국가가 사라졌다는 사실이다.

이 책에서 나는 세계 지정학에 대한 탈유클리드적 해석을 제안하고자 한다. 그 해석은 국민국가로 이루어진 세계라는 공리를 확실한 것으로 받아들이지 않을 것이다. 오히려 서방에서 국민국가가 사라졌다는 가정을 취하여 서방인들의 행동을 이해할 수 있게 할 것이다.

★

국민국가État-nation라는 개념은 한 영토에 거주하는 다양한 층위의 국민이 공통의 문화에 속하고 민주주의, 과두제, 권위주의, 전체주의 등

● *Liberal Dreams and International Realities*. 한국에서는 '자유주의적 패권 정책에 대한 공격적 현실주의의 비판'으로 번역되었다.

의 정치 체계에 속하는 것을 전제한다. 이 개념이 적용되려면 영토가 최소한의 경제적 독립을 누려야 한다. 그 독립은 물론 교역을 배제하지 않으나 교역은 중장기적으로 균형을 확보해야 한다. 구조적 국제수지 적자는 국민국가라는 개념의 의의를 떨어뜨린다. 왜냐하면 해당 국가가 대가를 치르지 않고 외부에서 연공이나 수입을 수취해야만 영토적 실체성를 보존할 수 있기 때문이다. 이 기준만으로도 제4장과 제10장의 깊은 분석 없이도 교역이 한 번도 균형을 이루지 못하고 항상 적자였던 프랑스, 영국, 미국은 더는 완전한 국민국가가 아니라고 말할 수 있다.

그리고 제대로 작동하는 국민국가는 중산층이 중심축인 특수한 계층 구조를 필요로 한다. 따라서 사회 지도층과 대중의 원만한 화합 이상이 요구된다. 좀 더 구체적으로 살펴보기 위해서 지리적 공간에 사회 집단들을 넣어보자. 인류 역사에서 중산층은 다른 집단들과 더불어 도시화된 네트워크를 생성한다. 교육받고 차별화된 중산층으로 이루어진 도시화된 위계질서 덕에 국민이 신경망을 이루는 국가가 출현할 수 있게 된다. 우리는 동유럽의 도시 중산층이 겪은 비극적이고 뒤늦은 발전이 우크라이나 전쟁에 이르는 동유럽 역사를 설명하는 핵심 요소임을 살펴보게 될 것이다. 또한 중산층 붕괴가 미국이라는 국민국가의 해체에 어떻게 작동했는지도 살펴볼 예정이다.

국민국가가 국가를 성장하게 하는 강한 중산층 덕분에 작동할 수 있었다는 생각은 아리스토텔레스가 주장한 균형 잡힌 도시국가를 연상시킨다. 아리스토텔레스가 『정치학』에서 어떻게 중산층을 말하는지 살펴보자.

입법가는 항상 헌법에 중산층을 위한 자리를 마련해주어야 한다. 그는 과두제적 법을 제정할 때 중산층을 시야에서 놓치지 않을 것이다. 그의 법이 민주적이라면 법으로 중산층을 얻어야 한다. 중산층이 다른 양 끝에 있는 계층, 또는 어느 한 계층보다 수적으로 우세하다면 안정적인 정부가 들어설 수 있다. 부유층이 빈곤층과 뜻을 합쳐 중산층을 상대로 목소리를 낼 우려도 없고, 부유층과 빈곤층이 상대방의 노예가 되는 일을 받아들이는 일도 없을 것이다. 공동의 이익을 가장 잘 추구할 정부 형태를 찾는다면 민주정부 외에 다른 답을 찾지 못할 것이다. 상호 불신으로 인해 번갈아 가며 지배하는 것을 참지 못할 것이기 때문이다. 결국 가장 신뢰감을 주는 쪽은 중재자다. 이 중재자는 중간적 입장을 지닌 자다.[6]

독창성은 전혀 추구하지 않은 채로 국민국가의 존재 자체를 가능하게 하는 개념들의 목록을 이어나가 보자. 원칙적으로 국민 의식이 없으면 국민국가도 없다. 그러나 이 말은 동어반복에 가깝다.

유럽연합의 경우에는 국민을 초월한다는 것이 더 쉽게 받아들여진다. 국민의 초월이 유럽연합 구상의 핵심이기 때문이다. 유럽연합이 취한 형식이 처음과는 달라졌지만 말이다. 의아한 것은 유럽의 엘리트 계층이 국민을 초월하는 동시에 국민을 지속시키겠다고 주장한다는 사실이다. 미국에서는 국민의 초월이 공식적으로 돌출된 적이 없다. 그러나 앞으로 보게 되겠지만 유럽을 굴복시킨 미국의 시스템도 자연히 유럽연합과 같은 문제를 안고 있다. 즉 대중과 지도층이 공유하는 국민적 문화가 사라졌다는 점이다. 미국의 경우 1960년대부터 와스프WASP─백인, 앵글로색슨, 개신교도─문화가 단계적으로 무너지면서 중심과 계획이 없는 제국이 형성되었다. 힘과 폭력을 근본 가치로 여기며 (인류학적 의미의) 문화가 없는 그룹이 지배하는 군사적 조직체 말이다. 이 지배 계급을 일반적으로 '네오콘'이라 부른다. 이 그룹은 꽤 소규모이지만 원자화되어 있고 무질서한 상류층에 존재한다. 또 지정학적으로나 역사적으로 해를 끼칠 힘이 있다.

서방 국가들의 사회적 변화는 엘리트 계층으로 하여금 현실과 괴리를 빚게 만들었다. 그러나 우리는 '탈국민주의적' 행위들을 광적이라거나 이해할 수 없다고 분류하는 데 그칠 수 없다. 그런 현상들에는 다 논리가 있다. 그것은 우리가 정의하고 연구하고 이해해야 할 또 다른 세계, 새로운 정신적 세계이다.

미어샤이머와 그가 찍은 2022년 3월 3일의 영상 얘기를 다시 꺼내보자. 앞에서도 말했지만 미어샤이머는 영상에서 러시아가 반드시 승리할 것이라고 예견했다. 우크라이나는 러시아에 실존적 문제이고 미국에는 그렇지 않기 때문이라는 주장이다. 그러나 미국이 국민국가라는 생각을 버리고 미국의 시스템이 아예 다른 것이 되었다는 점을 받아들인다면, 미국인의 생활 수준이 수출로는 더 이상 감당이 안 되는 수입에 의존한다는 사실을 받아들인다면, 미국에는 전통적 의미의 지배층이 사라졌으며 분명하게 정의할 수 있는 중심적 문화 대신 국가적이고 군사적인 거대한 톱니바퀴가 들어섰다는 사실을 받아들인다면, 베트남, 이라크, 아프가니스탄에서 철수한 뒤 우크라이나인들을 내세워 우크라이나에서 또 패전할지도 모르는 국민국가로서의 퇴보 외에 다른 결과들도 고려해볼 수 있다.

미국을 국민국가État-nation라기보다 제국État impérial으로 보아야 할까?

많은 사람이 그렇게 본다. 러시아인들도 예외가 아니다. 그들이 '서방 집단Collective West'이라고 부르는 것은 일종의 다원적 제국 시스템을 가리키고 그 안에서 유럽인들은 봉신에 지나지 않는다. 그러나 제국의 개념을 사용하려면 일정한 기준을 따라야 한다. 중앙의 지배자와 주변부의 피지배자가 존재해야 한다는 뜻이다. 중앙의 지배자에게는 엘리트 계층의 공통 문화와 합리적인 지적 생활이 있어야 한다. 그런데 미국은 더는 여기에 해당하지 않는다.

그렇다면 '후기 제국bas impérial'일까? 미국과 고대 로마의 공통점은 매혹적이다. 나는 『제국 이후Après l'empire』에서 지중해 전체의 주인이 된 로마가 일종의 '세계화'를 최초로 시도하면서 중산층을 없앴다고 지적했다.[7] 이탈리아로 밀, 수공업품, 노예가 대거 유입되면서 농부와 수공업자가 사라졌는데, 그 방식이 중국 제품의 범람으로 미국의 노동자 계층이 사라진 현상과 유사하다. 약간의 과장을 섞으면 두 경우 모두 경제적으로 무용한 천민 계급과 포식자 같은 금권정치 계급으로 양극화된 사회가 출현했다. 긴 쇠락(데카당스)의 길이 열렸고 몇 번 다시 일어서기도 했지만 그 길은 피할 수 없었다.

그러나 '후기 제국'이라는 표현은 현재 나타난 새로운 요소가 많아서 만족스럽지 못하다. 인터넷의 출현, 변화의 (비교할 수 없는) 속도, 미국 주변에 나타난 러시아나 중국 같은 거대 국가 등이 그런 요소들이다 (로마 제국은 자기와 견줄 만한 이웃 국가가 없었다. 멀리 떨어진 페르시아를 제외하면 로마 제국은 말하자면 유아독존 상태였다). 근본적인 차이점은 후기 로마 제국은 기독교의 정착을 지켜보았다는 사실이다. 반면 기독교적 기반이 완전히 사라진 것이 우리 시대의 중요한 특성 중 하나이고 이는 미국 지배층의 분산을 설명해주는 중요한 역사적 현상이다. 이에 대해서는 다시 길게 다룰 예정이다. 서방이 경제력을 형성하는 데 상당 부분 기여했던 개신교는 죽었다. 대단하면서도 눈에 보이지 않고 생각해보면 현기증이 날 정도인 이 현상은 현재 세상의 혼란을 설명해주는 결정적인 단서라는 점을 우리는 알게 될 것이다.

우리가 했던 유형화 시도로 돌아오자. 나는 미국과 미국의 의존성에 대하여 후기 제국을 말하고 싶다. 미국이 제국의 군사적 기제를 유지하고 있지만 더 이상 지성을 담을 문화를 품고 있지는 않다는 점에서 말이다. 그러기에 미국은 제조업의 근간이 크게 위축되는 시기에 외교적·군사적 팽창을 시도하는 등의 무분별하고 모순된 행동을 한 것이다. '제조업 없는 현대전'은 모순어법이라는 것을 알면서도 말이다.

나는 2002년(『제국 이후』를 출간한 해)부터 미국의 변화를 관찰했다. 나는 미국이 다시 거대한 국민국가 형태로 복귀하기를 바랐다. 1945~1990년 소련에 맞섰던 적극적인 제국의 단계에 있었을 때 모습 말이다. 지금은 개신교의 죽음을 선언하고 부활은 불가능하다는 사실을 받아들여야겠다. 이로써 꽤 일반적인 역사적 현상, 즉 근본적인 과정 대부분은 비가역적이라는 것을 확인했을 뿐이다. 이 원리는 몇 개의 중요한 분야에 적용된다. '국가, 제국, 후기 제국 단계'의 연속, 사회의 도덕성과 집단 감정을 사라지게 한 종교의 퇴화, 시스템의 최초 중심부 해체와 맞물린 원심력 있는 지리적 확산 과정이 그것이다. 우크라이나로 수천억 달러가 흘러 들어가는 시점에 미국, 특히 공화당 혹은 트럼프주의가 우세한 주에서 사망률이 증가한 것이 이 과정의 특징이다. 『최후의 추락 *La Chute finale*』(1976)과 『제국 이후』(2002)(두 책 모두 미래의 시스템 붕괴를 예측했다)에서 나는 인류의 역사와 국가의 활동에 대해 '합리성을 부여하는' 표현들을 사용했다.[8] 예를 들어 『제국 이후』에서는 미국의 외교적·군사적 흥분을 '연극적인 마이크로군국주의'로 해석했다. 이는 미국이 합리적인 비용으로 소련 붕괴 이후 세계에 필수 불가결한 존재로 남으리라는 인상을 주려는 태도를 말한다. 이러한 태도는 기본적으로 합리적인 강대국이 되겠다는 목표를 가정했다. 이 책에서 나는 물론 전통적인 지정학에 속하는 요소들, 즉 생활 수준, 달러의 힘, 착취의 메커니즘, 객관적인 군사력의 역학 관계, 즉 표면적으로는 어느 정도 합리적인 영역만 취할 것이다. 미국의 생활 수준과 시스템 붕괴를 낳을 위험에 관한 문제는 매우 강하게 제기할 것이다. 반면 나는 합리적인 한 가지 이유라는 배타적 가설을 버리고 지정학과 역사의 측면에서 포괄적 관점을 제시할 것이다. 여기에 인간의 비이성적인 부분, 특히 인간의 영적 욕구가 더 잘 포함될 것이다.

앞으로 이어질 장章들은 사회의 종교적 모태, 인간이 수수께끼 같은 자신의 조건과 수용하기 힘든 성격에 대해 찾으려고 했던 해답들, 서방의 모태 기독교, 특히 개신교의 궁극적 붕괴가 불러올 수 있는 고통을 다룰 것이다. 모든 것이 부정적으로만 소개되지는 않을 것이다. 이 책의 내용은 극단적인 비관론이 아니다. 하지만 우리가 많은 관심을 가질 '니힐리즘'이 출현할 것이다. 내가 '종교의 제로 상태'라 부를 현상이 나타날 것이며 최악의 경우 무無의 숭배가 출현할 것이다.

내가 '니힐리즘'이라고 부르는 것은 가장 잘 알려진 뜻으로만 사용하는 것이 아니고 오히려 19세기 러시아 허무주의—이는 우연이 아니다—에 가깝다. 미국과 우크라이나가 결탁한 것도 니힐리즘을 바탕으로 한 것이다. 두 니힐리즘이 구체적으로는 꽤 상이한 역학의 결과이긴 하지만 말이다. 내가 뜻하는 니힐리즘에는 두 개의 근본적 차원이 있다. 가장 눈에 잘 드러나는 것은 물리적 차원이다. 그것은 사물과 인간에 대한 파괴 충동이며 전쟁을 연구할 때 때로 가장 유용한 개념이다. 두 번째 차원은 개념적이지만 역시 중요하다. 특히 사회의 운명, 운명의 가역성 여부를 생각한다면 말이다. 니힐리즘은 어쩔 수 없이 진리의 개념을 파괴하고 세상에 대한 합리적 설명을 금한다. 이 두 번째 차원은 어떻게 보면 니힐리즘이라는 말의 가장 잘 알려진 뜻과 비슷하다. 니힐리즘은 보통 가치의 부재에서 오는 무도덕주의를 뜻하니 말이다. 과학자 기질을 가진 나는 선과 악, 진실과 거짓을 구분하는 데 많은 어려움을 느낀다. 내 눈에 짝이 되는 이 개념들은 서로 혼재한다.

★

이처럼 두 의식이 충돌한다. 한쪽에서는 국민국가의 전략적 현실주의가, 다른 한쪽에서는 무너지는 제국에서 비롯된 후기 제국의 의식이 존재한다. 그러나 둘 중 그 무엇도 현실을 그대로 보여주지 못한다. 국민국가의 전략적 현실주의는 서방이 더는 국민국가로 구성되지 않으며 다른 무언가가 되었다는 사실을 이해하지 못했고, 후기 제국의 의식은 국민 주권의 개념을 받아들이지 못하기 때문이다. 양측의 현실에 관한 이해는 똑같지 않고 그 비대칭은 러시아에 유리하게 작용한다.

계몽주의 시대에 스코틀랜드에 살았던 애덤 퍼거슨Adam Ferguson이 『시민사회사*Essay on the History of Civil Society*』(1767)에서 보여주었듯이 인간 집단은 그 자체로 존재하는 것이 아니라 비슷한 다른 인간 집단과 상대적으로 존재한다. 그는 가장 작고 먼 섬에서도 항상 두 인간 집단이 대치할 것이라고 설명했다. 사회 시스템의 다원성은 인류와 동질이고 그 시스템들은 서로 대치하며 조직된다. 퍼거슨은 "동국인과 동향인의 지위는 외부인과 이민족에 맞서지 않는다면 (…) 폐기되고 의미를 잃을 것이다. 우리가 어떤 개인을 좋아하는 것은 그 개인의 특성 때문이다. 그러나 우리가 조국을 사랑하는 것은 나눠진 인류의 한 집단으로서 사랑하는 것이다"[9]라고 말했다.

프랑스와 잉글랜드의 출현이 훌륭한 사례다. 중세에 센강 계곡에서 형성된 두 개의 국가는 서로의 정체성을 상대적으로 정의했다. 그리고 프랑스 사람들에게 대체 적국은 독일이 될 것이다. 프랑스인들은 잊었지만 독일은 제1차 세계대전 직전 영국의 주요 경쟁국이었다.

퍼거슨의 핵심 이론 중 하나는 한 사회의 내부적 도덕성은 외부적 비도덕성과 관련이 있다는 점이다. 다른 집단에 대한 적대감이 내가 소속된 집단에 연대하게 한다는 것이다. "국가 간 경쟁과 전쟁이 없다면 시민사회는 목적이나 형태를 찾기 힘들 것이다."[10] 퍼거슨은 "다수의 사람에게 그들에게 반대하는 사람들에게 품는 적대감을 인정하지 않은 상태에서 내부의 단결심을 심겠다고 바라는 것은 쓸데없는 짓이다"라고도 했다. "갑자기 외부에 대한 경쟁심을 죽이면 사회관계가 끊기거나 약화할 가능성이 크고 국가의 활동과 미덕의 가장 활발한 무대가 막을 내릴 가능성이 크다."[11]

현재 서방의 시스템은 세계 전체를 대표하고 싶어 하고 타자의 존재를 더는 인정하지 않는다. 그러나 퍼거슨은 정당성 있는 타자의 존재를 인정하지 않으면 자신도 존재할 수 없다는 교훈을 준다. 러시아의 힘은 주권과 국가 간의 동등성을 기준으로 사고하는 데에 있다. 즉 러시아는 적대적 세력의 존재를 고려하여 사회적 단결을 확보할 수 있다.

★

이 책의 역설은 러시아의 군사 행동에서 출발하여 서방의 위기로 우리를 이끈다는 사실이다. 1990~2022년 러시아 사회의 역학을 분석하는 것은 간단하고 쉬울 것이다. 나도 여기서 시작할 것이다. 우크라이나와 옛 인민민주주의 국가들이 걸어온 길도 나름대로 모순적이긴 하겠으나 그렇게 복잡하지 않을 것이다. 반대로 유럽, 영국, 그리고 미국을 살펴보는 것은 지적으로 더 힘든 일이 될 것이다. 우리는 환상과 그림자, 신기루를 마주한 뒤 블랙홀을 닮아가는 것의 현실을 파악하게 될 것이다. 유럽의 추락을 넘어 영국과 미국에서 워낙 규모가 커서 전 세계 안정까지 위협할 내부 불균형을 보게 될 것이다.

마지막 모순점은 우리가 폭력과 고통의 경험이자 어리석음과 실수의 왕국인 전쟁이 그래도 현실을 시험하는 것임을 받아들여야 한다는 사실이다. 전쟁은 우리를 거울 반대편으로 안내한다. 그곳은 이데올로기, 통계적 속임수, 언론의 잘못, 국가의 거짓말, 음모론의 망상이 점진적으로 힘을 잃는 세상일 것이다. 그렇다면 단순한 진리가 나타날 것이다. 서방의 위기는 우리가 경험하는 역사의 동력이다. 그걸 이미 아는 사람들도 있다. 전쟁이 끝나고 나면 이를 부정할 사람은 아무도 없을 것이다.

제1장
러시아가 누리는 안정

러시아의 견고함은 전쟁이 보여준 가장 놀라운 일 중 하나였다. 원래는 놀랍지 않아야 했다. 러시아의 견고함을 예견하는 것은 쉬운 일이었고 그것을 설명하는 것도 쉬울 것이다. 진짜 문제는 서방인들이 왜 그렇게 적을 과소평가했을까 하는 것이다. 적은 쥐고 있는 유리한 패를 감추지 않았고 그에 대한 데이터도 접근 가능했는데 말이다. 미국에만 15만 명이 정보기관에서 일하고 있는데 시방인들은 어떻게 1700만 제곱킬로미터의 영토를 가졌고 없는 천연자원이 없으며 2014년부터 이러한 제재에 공공연히 대비해왔던 러시아를 스위프트 배제와 제재로 무너뜨릴 수 있다고 생각한 것일까?

푸틴 재임 기간 내내 이어진 인식의 오류가 얼마나 심각한지 보기 위해 2022년 3월 2일 자《르몽드》에 실린 실비 코프만Sylvie Kauffmann 논설위원의 칼럼 제목에서 시작해보자. 「러시아 수장 푸틴의 성적표는 그가 가해자로 만든 국가의 기나긴 지옥으로의 추락이다」. 이 제목에서 프랑스의 대표적 일간지가 어떻게 푸틴의 재임 기간을 표현했는지 볼 수 있다. 그러나 1990년대 소련 붕괴 이후 이어진 기간은 오히려 러시아가 지옥에서 탈출하는 시기였다. 이러한 기사를 놓고 고발하고 분노하고 기만적으로 비난하는 것—그런 반응을 보인 사람들은 진심이었다[1]—이 아니라 러시아가 훨씬 잘 될 수 있다고 예측하는 것이 그렇게 쉬웠건만 어떻게 이런 부조리한 내용이 작성될 수 있었는지 이해하는 것이 중요하다.

성공한 안정화: '도덕 통계'에 의한 증거

푸틴의 국가 안정화에서 핵심 기간이었던 2000~2017년, 알코올 중독에 의한 사망률이 인구 10만 명당 25.6명에서 8.4명으로 떨어졌다. 같은 기간에 자살률은 39.1에서 13.8로 떨어졌고 살인율도 28.2에서 6.2로 급감했다. 다시 말하면 알코올 중독에 의한 사망자는 연간 3만 7214명에서 1만 2276명으로 줄었고 자살자는 5만 6934명에서 2만 278명으로, 살인 발생 건수는 4만 1090건에서 9048건으로 줄어들었다. "기나긴 지옥으로의 추락" 중이라는 국가가 이러한 변화를 겪었다.

2020년 살인율은 더 떨어졌다. 10만 명당 4.7명은 푸틴이 처음 집권했을 때보다 여섯 배나 낮은 수치다. 2021년 자살률도 10.7명으로 3.6배 낮아졌다. 연간 유아 사망률은 2000년 살아서 출생한 신생아 1000명당 19명에서 2020년 4.4명으로 감소했다. 이는 미국의 5.4명보다 더 낮은 수치다(유니세프). 한 사회에서 가장 취약한 존재인 신생아에 관한 지수는 그 사회의 전반적인 상태를 평가하는 데 매우 중요한 기준이다.

그러나 20세기 사회학자들이 '도덕 통계'라 부르는 인구 지표들은 가장 가시적이고 심오한 현실을 말해준다. 러시아의 경제 통계 데이터를 살펴보면 2000~2010년 생활 수준 상승에 이어 2010~2020년 크림반도 병합에 따른 제재로 성장 둔화가 나타난 것을 알 수 있다. 그러나 도덕 통계가 보여주는 경향은 더 규칙적이고 심오하며, 사회적 평화 상태를 반영한다. 러시아 국민이 1990년대의 악몽 이후 안정적인 생활이 가능해졌음을 재발견한 것이다.

인구 통계 데이터라는 가장 객관적인 사실에서 볼 수 있는 러시아 사회의 안정은 러시아에 매우 중요한 요소가 되었고 그것은 푸틴의 연설에 자주 등장하는 그의 집착 중 하나이다. 이처럼 객관적인 요소들이 있는데도 다양한 비정부기구들은 러시아를 계속 과소평가했다. 이 단체들은 주로 미국 정부의 비공식 사무소여서 '유사' 비정부기구라고 부를 수 있을 것이다. 이들의 과소평가는 부조리한 주장으로 이어진다. 2021년 각국의 부패지수를 발표하는 국제투명성기구Transparency International는 미국이 27위이고 러시아가 136위라고 했다. 이는 불가능한 일이다. 유아 사망률이 미국보다 낮은 국가가 미국보다 더 부패할 수는 없다. 유아 사망률은 한 사회의 기저를 반영하므로 어떤 기준으로 만들어졌는지도 잘 알 수 없는 지표들보다 부패 현실을 더 잘 측정할 수 있다. 게다가 유아 사망률이 가장 낮은 국가들은 부패 정도도 가장 낮다는 사실을 확인할 수 있다. 스칸디나비아반도 국가들과 일본이 그렇다. 따라서 순위에서 상위를 차지하는 국가에서는 유아 사망률과 부패지수의 상관관계가 높다는 것을 알 수 있다.

경제 재건

유아 사망률을 지표로 쓰지 않는다고 《르몽드》와 미국 중앙정보국 CIA을 원망할 수는 없다. 그러나 경제 관련 데이터는 공개된 정보였다. 그 기간에 러시아 국민의 생활 수준 향상 외에도 매우 낮은 실업률과 러시아의 전략적 경제 분야로의 회귀가 눈에 띈다.

가장 괄목할 만한 분야는 농업이다. 다비드 퇴르트리가 2021년 저서에서 알려준 바와 같이, 러시아는 단 몇 년 만에 식량 자급자족을 이루었을 뿐 아니라 세계 최대의 농산물 수출국 반열에 올랐다. "2020년, 러시아의 농식품 수출은 300억 달러에 달해 최고 기록을 경신했다. 이는 같은 해 천연가스 수출액(260억 달러)보다 더 높은 수치다. 곡물과 콩류가 견인했던 수출 동력은 이제 육류 수출로도 이어진다. (⋯) 농업 분야의 성장으로 러시아는 2020년 농산물 순수출국이 되었다. 최근 역사상 처음 있는 일이었다. 2013~2020년, 러시아 농산물 수출은 세 배 증가한 반면 수입은 두 배 줄었다."[2] 농업의 실패로 얼룩진 소련 시절에 대한 멋진 설욕전인 셈이다.

러시아가 세계 2위의 무기 수출국 지위를 유지하는 것은 그렇게 놀랍지 않지만 체르노빌 이후 프랑스를 따돌리고 세계 1위 원전 수출국이 되었다는 사실은 놀랍다. 원자력 분야의 국영기업인 로사톰은 2021년에 해외 건설 중인 원전이 35기 있었다(특히 중국, 인도, 튀르키예, 헝가리).[3]

러시아가 유연성과 역동성을 보여준 또 다른 분야는 인터넷이다. 인터넷이 현대성의 정수인 만큼 능력 있는 정보기관이라면 러시아가 이뤄낸 발전을 인지했으리라 기대할 수도 있었다. 그러나 상황은 달랐다.

퇴르트리는 러시아가 이와 관련하여 얼마나 국가주의적이고 동시에 자유주의적이고 국민주의적이면서 유연한 태도를 가졌는지 매우 잘 설명했다. 러시아인들은 경쟁적인 세계에 머물기로 했으면서도 동시에 자주권 수호를 걱정했다. 퇴르트리는 이렇게 적었다. "사실 인터넷 규제의 러시아 버전은 많은 분야에서 그렇듯이 유럽과 중국의 중간이었다. 러시아에는 유럽과 마찬가지로 미국의 인터넷 거대기업들이 소재하며 엄청난 루넷Runet(러시아 인터넷) 사용자들을 보유하고 있다(특히 유튜브). (…) 그러나 이 분야에서 거의 힘을 쓰지 못하는 유럽과 달리 러시아는 인터넷의 모든 부문에서 1위를 달리는 국영기업들을 통해 독립성을 확보하고 러시아 인터넷 사용자들에게 대안을 제시할 수 있다."[4] "서방의 해법에 많이 개방적"이면서도 "[빅테크 기업들인] GAFA와 현지 경쟁사들 간에 제대로 된 경쟁이 벌어지는 유일한 강대국이다."[5]

앙겔라 메르켈에 이어 프랑수아 올랑드는 2014년 민스크 협정 체결이 우크라이나가 무장할 시간을 벌도록 하기 위해서였다고 주장했다. 그것은 분명 우크라이나의 의도였을 것이다. 메르켈과 올랑드의 흐릿했을 머릿속을 누가 알 수 있을까? 그러나 우리가 거의 보지 못한 것, 그리고 퇴르트리의 저서가 암시하는 것은 민스크 협정이 러시아에도 시간을 버는 수단이었다는 사실이다.[6] 2014년에 크림반도를 병합한 러시아가 휴전을 받아들인 이유 중 하나는 스위프트 체제에서 고립될 준비가 되어 있지 않았던 것이다. 당시에는 고립이 재앙이었다. 민스크 협정이 체결된 것은 그러니까 양측 모두 시간을 벌고 싶었기 때문이다. 우크라이나는 전쟁을 준비할 시간이, 러시아는 최대 규모의 제재에 대비할 시간이 필요했다. 퇴르트리가 말한 대로 2014년부터 러시아 중앙은행은 러시아금융결제시스템SPFS을 마련했다.[7] 2015년 4월에는 국가 결제카드시스템NSPK을 발족시켰다. 이 시스템은 "러시아 시중은행이 영토 내에서 발행한 카드의 작동을 서방의 제재 시에도 보증한다. 동시에 러시아 중앙은행은 '미르'라는 카드 결제 시스템을 만들었다."[8]

제재야, 고마워!

공산주의 붕괴 이후 러시아의 변화를 관찰해보면, 장애물이 지극히 많았다는 점에 놀라지 않을 수 없다. 갑작스러운 체제 붕괴에 이어 엄청나게 빠른 재건이 이루어졌기 때문이다. 그러나 가장 당혹스러운 점은 2014년 크림반도 병합으로 인한 제재 이후 러시아가 보여준 적응력이었다. 제재가 있을 때마다 러시아는 연쇄적인 경제 재전환을 이루고 서방 시장에 휘둘리지 않는 자주권을 되찾았다.

밀 생산이 아마 가장 놀라운 사례일 것이다. 2012년, 러시아의 밀 생산량은 3700만 톤이었다. 그러나 2022년에는 8000만 톤으로, 10년 만에 두 배 이상 증가했다. 이러한 유연성은 신자유주의에 물든 미국의 유연성 감소와 비교하면 의미가 있다. 레이건이 집권을 앞뒀던 1980년, 미국의 밀 생산량은 6500만 톤이었다. 그런데 2022년에는 4700만 톤에 그쳤다. 이러한 생산량 감소는 우리가 제9장에서 다룰 미국 경제 현실의 서막이다.

푸틴이 통치한 러시아는 완전한 보호주의를 표방하지 않았고, 따라서 경제 활동 일부가 무너졌다 해도 그것을 받아들였다. 러시아의 민간 항공 산업은 에어버스를 사는 바람에 희생당했다. 자동차 산업도 고전을 면치 못했다. 그러나 제조업 부문의 노동인구를 비교적 높은 수준으로 유지하고 세계화된 경제에 완전히 편입하지 않으면서 옛 인민민주주의 국가들이 그랬던 것처럼 서방에 노동력을 바치지 않을 수 있었던 것은 러시아가 부분적인 보호주의와 상황의 덕을 봤기 때문이다.

이 점에 대해서는 자크 사피르Jacques Sapir의 설명을 들어보자. "제조업과 농업을 보호하기 위한 주요 정책은 1998~1999년 이루어진 루블화의 매우 큰 평가절하였다. (인플레이션과 생산성 향상을 비교하여) 실질 환율로 계산한 1999년 말의 평가절하 규모는 적어도 35퍼센트였다. 이어 명목 환율은 인플레이션 차이가 벌어진 것보다 덜 줄어들었다. 그러나 2000~2007년 생산성이 크게 향상함으로써 실질 환율의 평가절하를 -25퍼센트로 유지했다. 이 평가절하는 2008~2014년에 점점 줄어들었다. 이후 러시아 중앙은행의 전략 변화(물가안정목표제로 전환)로 루블화는 2014~2021년 실질적으로 다시 평가절하되었다."[9]

루블화 약화에서 비롯된 보호 정책에 관세도 추가되었다. 자크 사피르는 다음과 같이 덧붙였다. "관세 정책과 관련하여 러시아는 2001년부터 공산품에 20퍼센트 세금을 부과하다가 2012년 8월 세계무역기구에 가입하면서 관세를 7.5퍼센트로 낮추었다. 물론 우크라이나 전쟁이 벌어지면서 이 모든 조치는 서방에서 수입되는 제품에 적용되지 않았다. 한편 농산물(과일과 채소)의 경우 2003년 관세가 약 7.5퍼센트 수준이었고, 세계무역기구 가입 이후에는 5퍼센트로 떨어졌다. 그러나 이번에도 금수 조치로 매우 보호주의적인 정책이 다시 수립되었다."

퇴르트리의 책을 읽으면 이해할 수 있지만, 2014년 서방의 제재는 러시아 경제에 어느 정도의 어려움을 야기하기는 했어도 기회를 주기도 했다. 러시아는 제재 때문에 수입을 다변화해야 했고 제조업을 재편해야 했다. 2023년 4월의 기사에서 미국의 경제학자 제임스 갤브레이스James Galbraith는 2022년 제재가 비슷한 효과를 냈다고 평가했다.[10] 제재 덕분에 러시아는 보호 시스템을 구축할 수 있었다. 러시아 국민이 시장 경제를 매우 강하게 수용하기 때문에 제재가 없었다면 러시아 정부는 이런 보호 시스템을 국민에게 강요할 수 없었을 것이다. 갤브레이스는 이렇게 썼다. "제재가 없었다면 현재 러시아 기업과 기업가들에게 주어지는 가능성이 어떻게 마련될 수 있었을지 상상하기 어렵다. 정치, 행정, 사법, 이데올로기 측면에서 볼 때 2022년 초에 러시아 정부가 관세, 할당제, 기업 추방과 같은 정책을 취하는 데 가장 큰 어려움이 있었을 것이다. 시장 경제에 사로잡힌 정책 결정자들, 올리가르히의 영향력, 그리고 '특별군사작전'의 소위 제한적 성격 때문이다. 그런 면에서 러시아 경제가 감당할 충격과 비용에도 불구하고 제재는 선물이었던 것이 분명하다."

푸틴은 스탈린이 아니다

다시 한번 말하지만, 지금까지 나온 모든 데이터는 접근 가능했다. 이 데이터들은 러시아 경제의 힘과 적응력을 보여주었다. 중요한 것은 그것을 밝히는 것이 아니라 왜 서방의 지도자들이 현실을 제대로 보지 못했는지 묻는 것이다.

현재 러시아에 대해 그들이 갖는 생각, 즉 러시아는 괴물 같은 푸틴이 지배하는 나라이고 러시아 국민은 바보라는 생각은 스탈린을 연상시킨다. 모든 것은 러시아가 볼셰비키의 본질로 회귀한다고 해석되었다. 그러나 다비드 퇴르트리의 훌륭한 저서 외에도 분석가들과 논평가들에게는 블라디미르 실랴펜토흐Vladimir Shlapentokh의 저서들이 있었다.

실랴펜토흐(1926~2015)는 키이우에서 소련 유대인으로 태어났다. 그는 브레즈네프 통치 시절 러시아 실증사회학의 창시자가 되었다. 타락하는 소련의 반유대주의 때문에 그는 1979년 미국으로 건너가 그곳에서 러시아와 미국, 그리고 일반사회학의 문제들을 계속 연구했다. 그의 저서 『러시아의 자유, 억압, 그리고 사유재산*Freedom, Repression, and Private Property in Russia*』은 2013년에 주변부에 있다거나 시스템 밖에 있다고 보기에 어려운 출판사인 케임브리지대학교 출판부에서 발간되었다. 이 책은 브레즈네프 시절 러시아에서 살았고 미국 시민이 된 뒤 바라본 푸틴의 러시아를 연구한 사람의 뉘앙스가 담겨 있으면서도 매우 정통한 (그리고 푸틴에 적대적인) 관점을 제공한다. 이 책을 읽고 나면 푸틴 체제를 수동적이고 우둔한 사람들을 굴복시키는 외계의 괴물이 권력을 행사하는 것이 아니라, 고유한 특징을 보이면서도 러시아 역사의 연장선에 있는, 이해 가능한 현상으로 정의하기 쉬워진다.

물론 국가 기구가 여전히 핵심이 된다. 천연자원이 워낙 중요하기 때문에 그러지 않을 수 없다. 가스프롬과 같은 기업은 공권력의 통제를 받지 않으면 안 된다. 물론 러시아 연방보안국FSB의 전신이자 푸틴이 몸담았던 국가보안위원회KGB는 중요한 역할을 계속했다. 물론 러시아는 자유민주주의 국가가 되지 않았다. 나는 러시아를 권위주의적 민주주의로 정의하겠다. 여기서 나는 '민주주의'와 '권위주의'에 동등한 무게감을 부여한다. 민주주의라고 정의하는 이유는 선거에 부정행위가 다소 있었더라도 여론조사 결과들을 보면—여기에는 이의가 없다—정부에 대한 지지가 전시에도 평시에도 흔들림이 없기 때문이다. 또 권위주의라 하는 이유는 러시아 체제가 자유민주주의 국가에 필수적 기준인 소수의 권리 존중이라는 기준에 부합하지 않는 것이 명백하기 때문이다. 러시아 체제가 띠고 있는 일체주의적 성격은 언론과 시민사회의 다양한 단체들의 자유를 제한하는 것을 보면 분명해진다.

그러나 푸틴 체제는 소련식 권위주의와 완전히 결별했음을 보여주는 몇 가지 특징이 있다. 첫째, 제임스 갤브레이스가 지적했듯이, 국가의 역할이 있음에도 시장 경제에 본능적으로 집착한다. 계획경제의 역사적 실패를 경험한 사람이 이런 집착을 보이는 것은 충분히 이해할 수 있다. 둘째, 푸틴은 모스크바와 상트페테르부르크의 최상류층은 실질적으로 굴복시킨 한편 노동자들의 요구에 매우 큰 관심을 보이고 서민층의 지지를 다지려고 늘 노력한다. 이런 특징을 서방 전체가 고운 시선으로 보지 않는다고 나는 생각한다. 오늘날의 서방은 '포퓰리즘'밖에 나올 수 없는 국민을 원칙적으로 경멸하기 때문이다.

서방의 분석가들에게 그들이 다루는 역사적 대상이 새로운 것임을 경고해주었어야 할 중요한 요소가 있다. 푸틴이 이동의 자유에 시종일관 집착했다는 점이다. 푸틴이 권력을 잡은 뒤 러시아인들은 국경 밖으로 나갈 수 있는 권리가 생겼고, 전쟁 중에도 그 권리를 누릴 수 있다. 출국의 완전한 자유. 이것이야말로 자유민주주의의 특징이다. 이것은 한 체제가 나름대로 자신감이 있거나 자신감을 가지려는 신호다.

유대인으로 소련을 떠나야 했던 실랴펜토흐가 가장 잘 설명할 수 있는 마지막 새로운 요소는 반유대주의의 완전한 부재이다. 이것은 러시아 체제와 사회가 건강하다는 것을 확인시켜주므로 우리는 기뻐해야 할 것이다. 사실 전통적으로 러시아 지도자들은 난관에 부딪혔을 때 권위를 다시 세우려고 반유대주의에서 해법을 찾곤 했다. 실라펜토흐는 스탈린 시대와 1968년 이후 소련이 얼마나 유대인에 적대적이었는지 말한다. 그래서 많은 유대인이 소련이 해체되었을 때 여건이 되자마자 소련을 떠난 것이다.

출국의 자유와 반유대주의의 부재라는 독특하고 긍정적인 특징을 푸틴의 공으로 돌리라는 것은 서방의 기자들과 정치인들에게 지나친 요구였다. 그들에게 그것은 러시아 체제의 자신감이나 안정에 대한 경고 정도였을 것이다. 러시아 체제가 중산층에 위협받아 부실하다는 편견이 그들의 눈을 가렸고 지금도 상황은 마찬가지다. 우리는 2023년 6월 23일과 24일에 이를 확인한 바 있다. 서방의 논평가들은 당시 바그너 그룹의 수장인 예브게니 프리고진Yevgeny Prigozhin의 반란에 말도 안 되는 희망을 걸었다. 서방의 무분별도 러시아 체제와 사회만큼이나 흔들림이 없다.

미국보다 러시아에 더 많은 공학도

안정화된 사회와 질서 있는 시장 경제. 여기에서 분석을 멈춰야 할까? 이 분석으로 우리는 전쟁이 계속되는 와중에 러시아가 보여주는 효율성을 이해할 수 있을까? 우크라이나 침공 직전 벨라루스를 포함하여 산출한 러시아의 GDP는 서방 GDP의 3.3퍼센트밖에 되지 않았다. 이 3.3퍼센트로 어떻게 적국보다 더 많은 군비를 유지하고 생산할 수 있었을까? 소진되어 바닥나기를 바랐던 러시아 미사일은 왜 우크라이나와 우크라이나 군대에 계속해서 떨어지는 것일까? 전쟁 초기부터 군사용 드론의 대량 생산은 어떻게 계속될 수 있었을까? 러시아군은 분명 드론 분야에서 취약하다고 확인되지 않았던가?

미국을 다룰 때 나는 미국의 GDP가 매우 비현실적임을 보여줄 것이다. 미국의 GDP는 무용한 활동이나 실질적이지 않다고 평가하기 애매한 활동까지 포함한다. 여기서는 러시아의 GDP가 정의하기 어려운 경제 활동보다는 유형의 자산 생산을 더 많이 포함한다는 사실만 짚고 넘어가자.

이제 한 걸음 더 나아가자. 노동인구의 사회학적 저변으로 내려가보자. 경제란 GDP보다 다양한 교육 수준과 능력을 갖춘 노동인구로 더 잘 설명되기 때문이다. 러시아 경제가 미국 경제와 근본적으로 다른 지점은 고등교육을 받는 사람 중 공학 전공을 선택한 사람의 비중이 훨씬 높다는 데 있다. 2020년 러시아에서는 그 비중이 23.4퍼센트였던 데 반해 미국에서는 7.2퍼센트에 불과했다.

러시아가 유일한 국가는 아니다. 일본은 18.5퍼센트, 제조업 경쟁력이 높은 독일은 24.2퍼센트를 기록하는 사실을 안다면 이 지표가 의미 있다는 것을 쉽게 알 수 있다. 프랑스는 14.1퍼센트지만 그 14.1퍼센트에서 은행권과 금융공학 계열로 빠져나가는 에콜 폴리테크니크, 국립 고등광업학교, 에콜 상트랄 졸업생은 차감해야 한다.[11]

총량으로 보았을 때 미국의 7.2퍼센트에 비해 러시아의 23.4퍼센트는 무엇을 나타낼까? 이 비중을 두 국가의 인구로 비교해보자. 러시아 인구는 1억 4600만 명이고, 미국 인구는 3억 3000만 명이다. 다윗과 골

리앗이나 마찬가지다. 러시아 영토가 워낙 커서 사람들은 잘 잊어버리지만, 인구로만 따지면 이것은 비대칭 전쟁이다. 미국은 동맹이 없어도 그 자체로 대국이다. 러시아는 일본보다 인구가 약간 더 많은 수준이어서 일본의 좁은 열도에 러시아인들을 데려다 놓는다고 해도 큰 어려움이 없다.

20~34세 인구는 러시아에 2150만 명(2020년경), 미국에 4680만 명이 있다. 여기서도 불균형이 드러난다. 러시아와 미국에서 고등교육이 동일하게 정의되지 않기는 하지만 두 국가에서 코호트의 40퍼센트가 고등교육을 받는다고 가정하자. 열심히 계산해보면, 미국에서는 4680만 명의 40퍼센트 중 7.2퍼센트가 공학을 전공하니 그 수는 135만 명이 된다. 러시아에서는 2150만 명 중 40퍼센트의 23.4퍼센트이니 200만 명이 나온다. 인구는 적지만 러시아가 미국보다 훨씬 더 많은 공학도를 교육한다.

물론 이 계산은 완벽하지 않다. 미국은 공학도를 해외에서 많이 유입하고 중국과 인도를 중심으로 더 많은 과학자를 들여오지만 그 사실은 고려하지 않았기 때문이다. 그러나 우리는 다윗인 러시아가 제조업과 기술, 즉 군사 분야에서 골리앗인 미국을 어떻게 상대할 수 있었는지 이해할 수 있다.

중산층과 인류학적 현실

1840~1980년에 서방에서 발표된 사회학과 정치학 문헌을 검토하면 연구자들이 노동자 계층을 중점적으로 다룬다는 사실을 알 수 있다.

노동자는 질서나 무질서, 안정이나 혁명을 낳는 문제적 계층이다. 관점에 따라 노동자 계층은 희망의 대상이 되기도 했고 두려움의 대상이 되기도 했다. 오늘날 세계화된 세상에서는 노동자 계층의 주요 업무가 아시아로 이전되면서 중산층이 사회학자와 정치학자의 관심을 끈다. 이 책도 예외가 아니다. 중산층이 증가할 때 사람들은 중산층에 희망을 걸었고, 중산층이 줄어들면 우려했다. 마르크스주의가 프롤레타리아 혁명을 기대했다면 신자유주의는 중산층─러시아, 중국, 이란의 중산층─의 봉기로 서방의 질서를 거부하는 체제가 추락하기를 기대한다. 아리스토텔레스의 교훈(서론에서 말했다)에 따르면 서방에서는 지배적인 중산층이 없을 때 사회가 균형을 잡을 수 없고 민주주의적이거나 자유주의적일 수 없다는 합의가 있다. 우리는 지난 몇십 년 동안 교육 수준이 높은 중산층의 출현이 자유주의, 더 나아가 무정부주의의 발달과 상관관계가 있음을 보았다. 그러나 경제나 교육으로 정의되는 계층 구조가 정말 자유민주주의의 성공이나 실패를 가름하는 유일한 요소일까?

러시아의 중산층을 살펴보자. 러시아 중산층이 하루아침에 푸틴의 권위주의 체제를 전복하리라는 상상이 합리적으로 가능할까?

공산주의가 무너지게 만든 것은 교육으로 정의된 중산층의 성숙이었다. 1976년, 『최후의 추락』에서 나는 유아 사망률 증가를 근거로 소련 시스템의 경제적 실패를 가늠하고 파산을 예상했다. 그러나 지금에 와서 보면, 추락의 결정적 요인은 경제의 마비가 아니라 고등교육을 받은 중산층의 출현이었다.

그런데 소련의 공산주의는 무엇이었나? 그것은 문맹 퇴치의 첫 단계였다. 우리는 일차적인 민주주의 성향─자유주의든 권위주의든, 평등하든 불평등하든, 국가의 인류학적 구조에 따라 다양한 형태를 띤다―의 확산과 50퍼센트 이상의 문맹퇴치율을 실증적으로 연결할 수 있다. 문맹퇴치율이 50퍼센트를 넘어섰을 때 17세기와 18세기의 영미권에서는 자유주의가 탄생했고, 18세기 이후 프랑스에서는 평등한 자유주의가, 19세기와 20세기에 독일에서 사회민주주의와 나치즘이, 그리고 러시아에서 공산주의가 탄생했다. 마찬가지로 세대별로 대학 진학률이 20~25퍼센트에 이르면 문맹 퇴치 단계와 결부된 이런 일차적인 이데올로기들이 쇠퇴한다. 그리고 새로운 사회 계층 구조가 만들어진다. 글, 그리고 이데올로기와의 관계가 더 중요해지면서 신의 말씀, 총통의 현혹적인 연설, 정당의 지시가 초월성을 상실한다. 러시아는 1985~1990년에 이 단계에 이르렀다(미국은 그 시기가 1965년이었다. 이에 대해서는 뒤에서 다시 살펴본다).

따라서 우리는 고등교육을 받은 중산층의 출현과 공산주의의 와해가 병존함을 알 수 있다. 그러나 이는 30~40년 전의 일이다. 푸틴 체제는 당시 위기에서 탄생했고 1990년대의 (자유주의라기보다) 무정부 단계 이후 공산주의를 계승했다.

그래서 서방인들은 중산층이 공신주의를 무너뜨린 뒤 푸틴을 쓰러뜨려 줄 것을 꿈꾼다. 그래서 러시아 대도시의 진보 중산층에 계속해서 호소했던 것이다. 서방인들의 희망이 아예 말이 안 되는 것은 아니다. 모스크바와 상트페테르부르크의 고등교육을 받은 중산층에 푸틴에 적대적인 러시아인이 가장 많은 것이 사실이다. 소련을 무너뜨린 보리스 옐친을 지지했던 것도 같은 도시의 같은 중산층이었다. 옐친은 1990년대 초 미국에서 건너와 러시아 경제를 개혁하려는 자유주의 개혁 세력의 총애를 받았다. 알렉상드르 라차Alexandre Latsa의 선거구에 관한 훌륭한 연구는 푸틴에 반대하는 정당들이 대도시, 그중에서도 가장 부유한 지역에서 더 많은 지지를 받는다는 것을 보여준다. 이 지역에 가장 교육 수준이 높은 사람들이 몰려 있다.[12]

다양한 사회 계층의 성향을 부각함으로써 서방과 대조되는 러시아의 사회정치적 모델을 만들어볼 수도 있겠다. 예를 들어 한쪽에는 서민층을 지지 기반으로 삼고 중산층을 배제하는 러시아 체제를 두고, 다른 한쪽에는 중간에 있는 중산층과 연합한 중상위층이 서민층을 배제하는 서방의 시스템을 둘 수 있다.[13] 그러나 이것은 러시아 중산층을 서방 중산층과 구분 짓는 특징을 너무 쉽게 생각하는 것이다. 러시아 중산층이 다른 계층보다 조금 더 자유주의적인 것은 사실이지만 서방 중산층과 모든 면에서 같다고 할 수는 없다. 앞에서도 보았듯이 러시아 중산층에서 공학도가 더 많이 배출된다는 사실이 그 예다. 그 차이는 독특한 인류학적 배경에 뿌리를 두고 있다. 게다가 그것은 러시아가 서방에 굳건하게 맞서고 있는 이유를 설명해주는 요소이기도 하다.

1983년, 나는 공산주의와 농촌 공동체의 연관성에 관한 가설을 세웠다. 농촌 공동체는 러시아뿐 아니라 중국, 세르비아, 토스카나, 베트남, 리투아니아, 에스토니아, 핀란드 내륙 지방에서도 볼 수 있다.[14] 가족적이고 부계적인 공동체는 하나의 농장에 모여 사는 아버지와 결혼한 아들들로 이루어진다. 이곳에서는 권위(아들에 대한 아버지의 권위)와 평등(아들들 간의 평등)의 가치가 통용된다. 러시아에서는 이런 공동체가 최근에 형성되었다는 특징이 있다. 16세기에서 17세기로 넘어가는 전환기에 농노와 함께 농민의 신분이 탄생했다. 따라서 예를 들어 중국과는 달리 여성의 지위가 심하게 낮아지지 않았다. 러시아에서 부계 원칙은 이름을 지을 때 이름-아버지의 이름-성, 이렇게 세 개의 이름을 쓰는 제도로 상징적으로 남아 있다. '블라디미르 블라디미로비치(블라디미르의 아들) 푸틴', '세르게이 빅토로비치(빅토르의 아들) 라브로프'라는 식이다. 프랑스라면 '에마뉘엘 장-미셸의 아들 마크롱' 또는 '마린 장-마리의 딸 펜'이 될 것이다. 러시아에서는 모든 사회 계층이 이런 작명법을 따르고 있고 러시아 출신이 아닌 사람도 예외가 아니다. 러시아 중앙은행 총재는 타타르인 가정에서 태어났지만 이름은 엘비라 사히프자도브나(사히프의 딸) 나비울리나Elvira Sakhipzadovna Nabiullina이다.

공산주의는 레닌의 뛰어난 머리에서 나온 것이 아니다. 그것은 전통적인 농촌 가족의 붕괴에서 온 것이다. 1861년 농노제 폐지, 도시화, 문맹 퇴치는 숨 막히는 가족 공동체에서 개인을 해방했다. 그러나 해방된 개인은 방향을 완전히 상실했고, 정당, 중앙집권화된 경제, KGB에서 부권의 대체재를 찾으려 했다. 어떤 의미에서는 사람들을 하나하나 관리했던 KGB가 전통적인 가족과 가장 가까운 제도였다.

러시아 역사에서 공산주의의 탄생은 사회적 배경과 관련이 있기에 공산주의가 무너진 뒤 모스크바에서 블라디보스토크까지 서방식 자유민주주의가 들어설 가능성은 거의 없었다. 소련 시절 가족과 사회 전반에서 공유되던 권위와 평등의 가치가 겨우 몇 년 만에 사그라질 수는 없었다. 나의 가설은 합리적이고 현실적이라 생각한다. 그러나 또 그것이 특이할 것이 없는 가설이라는 말도 덧붙인다.

세상의 다양성을 외면하다

정치와는 별개이지만 정치에 영향을 미칠 수 있는 러시아의 특이한 공동체적 성향이 서유럽에서는 오랫동안 받아들여졌음을 상기할 필요가 있다. 아나톨 르루아-보리외Anatole Leroy-Beaulieu의 아름다운 작품 『차르의 제국과 러시아인들』을 보자. 이 작품의 초판은 1881년에 발행되었고, 증보판인 제3판은 1890년에 나왔다. 책에는 이런 구절이 나온다.

공장에서 일하는 무지크muzhik*는 농촌에서 그랬던 것처럼 개인주의적인 모습을 보이지 않는다. 공동체에서 기꺼이 자신을 숨긴다. 혼자 있는 것을 두려워하고, 동료들과 함께이고 그들과 하나라는 것을 느끼고 싶어 한다. 아버지 혹은 연장자의 권위를 따르는 가부장적 대가족, 미르mir**의 권위를 따르는 마을 공동체는 무지크를 이미 공동생활에 적응하도록 만들어놓았다. 무지크는 어떤 일을 도모하거나 특히 마을을 떠난 뒤에는 곧바로 협동조합인 아르텔artel을 만들어 함께 모인다. 특히 큰 공장의 농민 출신 노동자 대부분이 아르텔에 가입한다. 그들은 결사의 힘을 알고 있고, 단기 아르텔을 형성하기도 한다. 이즈바izba***와 마을에서 멀리 떠나온 그들에게 아르텔은 가족과 마을 역할을 한다. 아르텔은 그들이 공장에 유배된 동안 피난처이자 지지대가 되어준다. 아르텔 덕분에 그들은 덜 외롭고 덜 낯섦을

* 제정 러시아 시절의 농민으로 농노보다 나을 것이 없는 신분이었다.
** 제정 러시아 시절의 농촌 공동체.
*** 통나무로 만든 러시아의 전통가옥.

느낀다. 공산주의 성향과 연대의 실천이 특징인 아르텔은 결사의 자발적인 형태이자 민족적인 형태이다.[15]

1890년에 러시아 민족을 소개하는 이 작품에서 '공산주의'라는 말이 나온다. 프랑스가 제3공화국 전반기에 생각할 수 있었던 것을 지금의 우리는 할 수 없게 되었다. 비슷한 시기인 1892년에 프랑스는 러시아와 동맹을 맺게 되는데 당시 프랑스는 자신의 파트너가 누구인지 잘 파악하고 있었다. 공산주의라고까지는 말하지 못하지만, 공동체 성향이 강한 차르의 제국이라는 것을 말이다.

더 놀라운 것은 아이젠하워의 미국이 이러한 러시아의 특수성을 알고 있었다는 사실이다. 우선 이 분야의 훌륭한 학자들의 저서를 소개한다. 마거릿 미드Margaret Mead의 『권위에 대한 소련인들의 태도』(1951)[16]와 제프리 고러Geoffrey Gorer, 그리고 존 릭먼John Rickman의 『대러시아의 민족』(1949)[17]이다. 고러는 영국인이었지만 미드의 제자였다. 시사하는 바가 많은 제목이니만큼 딘코 토마시치Dinko Tomašić의 『러시아 문화가 소련 공산주의에 미친 영향』(1953)[18]도 추가하자. 1953년에 《아메리칸 앤스로폴로지스트American Anthropologist》에 게재된 훌륭한 글 「문화와 세계관: 러시아 농촌에 적용한 방법 또는 분석Culture and World View: A Method or Analysis Applied to Rural Russia」은 러시아의 가족 공동체와 우크라이나의 핵가족을 매우 명확하게 기술하고 있다. 나는 다음 장에서 이 글을 참고로 소러시아*와 대러시아의 차이를 설명할 것이다. 냉전이 한창일 때 미

---

* 우크라이나를 가리킨다.

국은 자신의 적에 관심을 가졌고, 더 광범위하게는 적이 뒤처지는 이유(이탈리아)[19]나 이상한 권위주의(독일이나 일본)[20]를 문화적 저변에서 찾으려 했다.

그러자 사람들은 세상이 균일하지 않다고 생각하기 시작했다. 이러한 생각은 베스트셀러가 된(그리고 자주 비난받는) 루스 베네딕트Ruth Benedict의 책『국화와 칼』에서 절정을 이루었다. 1944~1945년에 미군의 요청으로 쓰인 이 책은 일본인 전쟁 포로들을 인터뷰한 내용을 기반으로 했다. 적국 일본을 정복하려면 일본인의 정신 상태를 알아야 했기 때문이다. 이 책은 일본인은 미국인과 다르다는 사실을 받아들이고 미국이 일본의 천황 체제 유지를 수용하는 데 도움이 되었다. 따라서 미국이 건설하던 세계 시스템에는 다양성에 대한 관용이 존재했다. 그 관용은 인류학의 합리적인 학파가 만들어낸 미국의 다원주의적 성향에 바탕을 두었다.

개인적으로 나는 냉전이 전쟁으로 치닫지 않을 수 있었던 이유 중 하나가, 미국의 지도자들이 스스로를 '일반적인' 공산주의에 대항할 '일반적인' 자유의 수호자라고 인식했어도 속으로는 러시아의 특수성이 있으며 공산주의 위협은 그렇게 '보편적'이지 않다고 느꼈기 때문이라고 생각한다. '봉쇄' 개념을 창안한 조지 케넌George Kennan은 맹목적인 반공산주의자가 아니었다. 그는 러시아어를 구사했고 러시아 문화에 정통하고 그것을 사랑했다. 그가 고안한 전략은 군사적 충돌을 막는 것이 목표였다. 그는 죽을 때까지(그는 2005년에 101살의 나이로 작고했다) 자신의 전략이 베트남에서나 레이건에 의해 왜곡된 것에 분노했다. 1997년 그가 마지막으로 발표했던 공개 입장은 나토의 동진에 관한 경고였다.[21]

미국은 물론 매카시즘도 경험했다. 케넌은 이 보편주의적 망상을 증오했다. 그러나 매카시즘의 불꽃은 짧게 타올랐고 제한적이었다. 무관용이 만개한 것은 매카시즘의 자기도취적 상속자인 네오콘이 등장했을 때다.

내 생각에 미국 지도자들이 공산주의의 위협을 완전히 보편화한 것은 베트남 전쟁 때다. 케네디와 존슨 행정부에서 국가안보 고문을 지낸 월트 로스토Walt Rostow(1916~2003)는 1960년에 발간한 『경제 성장의 단계: 반공산당 선언』[22]으로 이러한 지적 쇠락을 일으킨 장본인 중 한 명이다. 이 책에는 아주 옳은 아이디어와 아주 그른 아이디어가 공존한다. 아주 옳은 아이디어는 모든 국가가 발전하면서 정치적 위기가 발생할 수 있는 위험한 단계를 거친다는 것이다. 로스토는 그것을 경제 발전과 연관지었고, 나는 문맹 퇴치와 결부시켰다. 중요한 것은 그게 아니다. 그다음에 아주 그릇된 아이디어가 나온다. (미군에 의해) 처리된 국가가 정치적 위기를 피하고 자유민주주의 사회로 곧장 나아가려면 그곳에 개입하면 된다는 것이다. 로스토는 베트남 전쟁의 매파였고 그의 저서에 숨어 있는 아이디어는 당연히 공산주의가 세계 곳곳에 확산될 수 있다는 것이었다.

가족 공동체 국가인 베트남은 공산주의 국가가 될 소인이 있었고 결국 미국의 개입도 공산주의의 승리를 막지 못했다. 핵가족 시스템이 지배적이지만 베트남에 인접해서 어쩔 수 없이 전쟁 지역이 되었던 캄보디아는 크메르루주 학살로 자멸했다. 공산주의는 실질적이든 광적이든 핵가족 국가인 말레이시아나 태국에서는 자리를 잡지 못했다.

따라서 러시아에 대한 현재 태도—푸틴 체제를 일반적인 수준 이상으로 인지하지 못하는 점, 푸틴 체제를 설명할 수 있는 러시아 문화를 고려하지 않는 점—는 1960년대에 단계적으로 변화한 서방의 태도에서 비롯된다. 세상의 다양성을 이해하는 우리의 능력이 사라지면서 우리는 러시아에 대한 현실적인 관점을 가질 수 없게 되었다.

공산주의 이후의 러시아가 시장 경제를 도입했어도 공동체적 성격을 버리지 못하리라는 것은 자명했다. 그 성격 중 하나가 그 어느 곳보다 강한 국가의 존재라는 것, 그 국가가 서방과는 다른 방식으로 다양한 사회 계층과 관계를 맺는다는 것, 정도는 달라도—중산층보다 서민층에서 더 강하게 나타난다—계층을 막론하고 권위주의, 그리고 사회의 균일성에 대한 갈망을 수용하리라는 것은 자명했다.

또한 우리는 러시아의 견고함을 만들어낸 것, 세계화된 시스템에서 주권을 지킬 수 있도록 해준 것이 절대적인 개인주의(여기에는 가치 판단이 들어가지 않았다. 이것은 내가 1950년대 미국 인류학자처럼 말하는 것이다)의 발달을 저지하는 타고난 능력이라는 것을 이해할 필요가 있다. 러시아에는 공동체적 가치—권위와 평등—가 아직 충분히 남아 있어서 하나로 뭉친 국가의 이상이 여전히 살아 있고 특수한 형태의 애국주의가 재출현했다.

불평등에도 불구하고 체제를 지지하는 국민

러시아에서 권력과 서민층의 직접적인 상호작용이 갖는 특수성과 중상위층 내 공동체를 중시하는 정신적 흔적의 존재는 1960~2000년에 모든 선진 사회에 적용되었던 서열화의 일반 원칙이 러시아도 예외가 아니었음을 잊게 한다.

러시아에서는 코호트당 고학력자 비중이 20퍼센트를 넘어서고 그로 인해 공산주의 이데올로기가 마비된 1985~1990년에 교육 수준에 따른 새로운 계층 형성이 이루어졌다. 중앙집권화된 경제가 붕괴하고, 특권층 중에서도 가장 대담하고 돈으로 움직이는 무리가 옐친 시절 '민영화' 중인 국가 자산을 쓸어 담자 불평등이 폭증하고 부와 소득이 지나치게 편중되었다. 이러한 부의 집중은 안정화되어 아래로 확산했고 결국 중상류층의 출현을 도왔다. 중상류층이 누리는 경제적 특권은 서방의 중상류층 부럽지 않게 컸다. 세계불평등데이터베이스World Inequality Database는 러시아의 상위 1퍼센트와 그다음 9퍼센트의 세전 소득이 미국을 앞지른다고 발표했다. 2021년, 러시아의 상위 1퍼센트는 전체 소득의 24퍼센트를 차지했고 미국은 19퍼센트를 차지했다. 그다음 상위 9퍼센트의 소득은 러시아와 미국 모두 27퍼센트를 차지했다. 프랑스와 비교해보자. 프랑스의 상위 1퍼센트는 소득의 9퍼센트밖에 차지하지 않으며 그다음 상위 9퍼센트는 22퍼센트를 차지한다. 프랑스에서 객관적인 불평등은 스칸디나비아반도 국가들 같은 가장 민주적인 유럽 전체의 평균에 가깝다.

공산주의로의 사회 변환과 능력 위주의 소련식 교육으로 만들어진 러시아 중산층도 나머지 국민과 마찬가지로 푸틴 시대의 사회적 평화를 누린다. 그것을 증명하는 것이 앞에서 보았던 자살률, 살인율, 알코올 중독에 의한 사망률 감소이다. 유아 사망률은 러시아 역사에 존재하지 않았던 평화로운 정신적·사회적 분위기의 효과이자 상징으로 보아야 한다. 실라펜토흐는 자유를 포함하여 러시아의 생활 환경이 푸틴 때

만큼 좋은 때가 없었다고 강조했다.

따라서 중상류층은 러시아의 정치 체제를 받아들였다. 올리가르히들이 자주적인 권리를 행사할 뜻을 아예 포기한 것처럼 말이다. 2003년 10월 미하일 호도르콥스키Mikhail Khodorkovsky[*]가 체포된 사건은 국가와 올리가르히가 상황을 정리하는 계기가 되었다. 푸틴은 올리가르히들의 재산은 건드리지 않았다. 재산만 안 건드린 것이다. 사실 '올리가르히'라는 말에는 힘arkhè(원질)의 개념이 포함되어 있지만 러시아 현실을 더는 제대로 반영하지 못한다. 우크라이나 전쟁 초기부터 서방에서 시작된 러시아 '올리가르히' 사냥이 진짜 올리가르히화 된 것은 미국이라는 인식을 미국 사회에 널리 알렸다는 사실이 재미있다. 미국의 올리가르히들은 러시아와 다르게 정치 시스템에 깊이 관여할 수 있다.

'푸틴 시스템'은 안정적이다. 그것이 한 인간의 작품이 아니라 러시아 역사의 산물이기 때문이다. 미국은 러시아에서 푸틴에 대항하는 봉기가 일어나기를 간절히 꿈꾸지만 그것은 그야말로 꿈에 불과하다. 서방이 그런 꿈을 꾸는 것은 푸틴의 통치 이후 러시아인의 생활 수준이 향상되었고 러시아 정치 문화에는 특수성이 있음을 인정하지 않기 때문이다. 이제 러시아가 가지고 있는 진짜 취약성에 대해 알아보자. 그것은 바로 인구다.

---

[*] 옛 러시아 최대의 민간 석유 기업 유코스의 회장. 2003년 10월 사기 및 횡령 등 7개 혐의로 기소되었고 2004년 11월 유코스는 가스프롬에 매각되어 사실상 파산했다.

희소 자원이 된 남성 인구를 위한 전략

지금까지 알아본 요소들만 존재한다면 러시아가 서방에 저항하는 차원을 넘어서리라 예측할 수 있을 것이다. 새로운 제국주의의 가능성 말이다.

그러나 러시아에는 근본적인 취약점이 있다. 바로 저출산이다. 사실 저출산은 모든 선진국에서 나타난 현상이다. 1995~2000년 러시아의 출산율은 여성 1인당 1.35명으로 떨어졌다. 2016년에는 1.8명으로 상승했다가 1.5명으로 유지되었다. 출산율 변화로 이미 시작된 전체 인구 하락을 예측하게 되었다. 지금으로서는 우크라이나에 속했던 영토 병합으로 주민이 유입되면서 하락이 상쇄되고 있지만 말이다. 2021년 러시아 인구는 1억 4600만 명이었다. 유엔의 추정치에 따르면 2030년에 1억 4300만 명, 2050년에 1억 2699만 명으로 줄어들 것이다. 전쟁 전인 2020년 인구 피라미드, 특히 징집 가능한 인구를 살펴보면 35~39세 남성 인구는 600만 명, 30~34세 남성은 630만 명, 25~29세 남성은 460만 명, 20~24세 남성은 360만 명이다. 이것은 추정치가 아닌 현지 실제 수치이다. 러시아는 동원 가능한 남성 인구(각 연령 그룹의 40퍼센트)가 감소하는 단계에 들어갔다. 그래서 러시아가 우크라이나를 정복하고 유럽을 장악할 수 있다고 말하는 것은 환상이나 선전이라는 것이다. 사실 인구가 감소 중인 러시아는 국토 면적이 1700만 제곱킬로미터에 달해서 새로운 영토를 정복하고 싶어 하지 않고 오히려 이미 보유한 영토를 어떻게 계속 점유할 것인가에 관심이 있다.

인구 상황에 대한 걱정은 푸틴을 비롯한 러시아 체제의 다른 지도자들이 하는 연설에 언제나 등장한다. 그것은 우리 언론이 러시아의 군사 전략을 제대로 이해하지 못했거나 군사 전략은 너무 잘 이해했지만 독자나 청자에게 일부러 숨기기로 한 것임을 설명해준다.[23] 언론은 흔히 푸틴을 스탈린과 비교한다. 그러나 스탈린 통치 시절에는 남성 인구가 많았고, 러시아는 인구 팽창기(1928년경부터 출산율이 하락하기 시작했지만)에 있었다. 그래서 붉은 군대는 제2차 세계대전 때 수백만 명의 남성을 희생시킬 수 있었다. 그러나 현재 러시아의 군사 교리는 남성이 희소 자원이 되었다는 사실의 인식에서 비롯되었다. 이것이 러시아가 우크라이나에 12만 명의 병사만 데리고 진입한 이유 중 하나다. 러시아가 적을 과소평가했다는 점은 매우 분명하지만(그 이유는 다음 장에서 살펴보자) 흑해 연안에 있는 우크라이나 영토의 상당 부분을 차지한 것도 사실이다. 우리가 자주 들었던 소리와는 달리, 러시아 군대는 병사를 아끼기 위해서 느린 전쟁을 선택했다. 찔끔찔끔 진행되었던 동원령과 전쟁 초기에 체첸 군대와 바그너 그룹이 중요한 역할을 했던 것도 그런 선택의 결과였다. 러시아의 우선순위는 최대한 많은 영토를 차지하는 것이 아니라 병력 희생을 최소한으로 줄이는 것이었다. 2022년 가을 대동원령 이후 벌어진 우크라이나의 반격으로 3대 1의 수세에 몰린 러시아는 동부의 하르키우주를 포기했고 남부에서는 싸우지도 않고 드니프로강 좌안으로 철수했다. 이 결정을 내린 세르게이 수로비킨Sergey Surovikin 장군은 쓸데없이 병사를 희생하지 않고도 전쟁에서 이길 수 있다고 설명했다. 이후 전쟁은 더 치열해졌고 양측에서 사상자가 늘어났다. 우크라이나든 러시아든 믿을 만한 통계는 아직 나오지 않았다. 전쟁이 끝나야 현실적인 통계가 나올 것이고, 나는 역사학자 대부분이 양 진영의 사상자 수를 정말 궁금해하리라 생각한다.

소련의 붕괴와 제국의 해체 이후 러시아인들은 2023년 회원국 인구가 8억 8700만 명(여기에 외교적 입장이 불분명한 튀르키예 인구는 포함하지 않았다)에 달하는 나토와 더는 대적할 수 없다는 것을 알았다. 그래서 러시아 군대는 새로운 군사 교리를 단계적으로 만들었다. 이 교리는 병사를 아껴야 한다는 절대 명제 외에도 매우 큰 변화를 포함한다. 재래식 무기에서 수적으로 우위를 보였던 소련은 핵 선제공격의 가능성을 배제했다. 그러나 빈약한 병력을 고려한 새로운 교리는 러시아 국민과 국가가 위협받는다면 전술핵 공격을 허용한다.

서방은 이 경고를 심각하게 받아들여야 한다. 러시아 지도자들은 폴란드의 군사 개입을 무엇보다 두려워했다고 나는 생각한다. 폴란드가 개입하면 러시아가 총동원령을 내려야 할 테고, 그렇게 되면 사회 전체가 군대 조직으로 변하면서 푸틴 재임 시절 되찾은 시민들의 평화가 깨질 수 있기 때문이다. 러시아의 외교와 군사 관행의 특징은 (미국과 정반대로) 이미 한 약속은 지킨다는 신뢰성이다. 러시아는 바샤르 알아사드 시리아 대통령을 지켜주겠다고 약속했는데, 시리아 대통령이 학살자였고 희망이 없어 보였는데도 약속을 저버리지 않고 2015년 9월 시리아로 군대를 파견했다. 러시아가 주권에 대한 직접적 위협이 있을 때 전술핵 공격 가능성을 원칙으로 세웠다면 나토는 이를 액면 그대로 받아들여야 한다. 러시아는 약속을 지킬 것이다. 이것이 암울한 생각이라는 사실은 나도 인정하지만 서방 지도자들은 우크라이나 전쟁과 관련해서 경솔한 결정을 너무 많이 내렸다. 시민으로서 우리가 우선시해야 하는 것은 지도자들이 스위프트 체제에서 배제될 경우 러시아 은행이 어떤 반응을 보일지 아는 것보다 러시아 군대의 교리를 더 잘 파악하는 것이다.

전쟁 승리를 위한 5년

러시아는 2022년 2월 나토에 도전장을 내밀었다. 이젠 준비가 되었다고 느꼈기 때문이다. 2018~2019년 러시아는 미국을 포함하여 전 세계 모든 국가에 대한 절대적 우월성을 담보해주는 초음속 미사일을 보유하고 있었다. 러시아는 스위프트에서 배제되어도 잘 살 수 있음을 이미 증명했다. 상황도 예상보다 러시아에 유리하게 돌아갔다. 초기 충격을 잘 버텼고 미국의 간섭을 더는 참지 못한 많은 나라가 러시아와 무역을 계속했으며 실제로는 러시아를 지지했기 때문이다(제11장에서 다시 살펴보자). 그러나 2022년 러시아에 '기회의 문'이 열렸다면 그 문은 곧 닫혀버렸다.

미국도 푸틴 못지않게 러시아의 인구 문제를 잘 알고 있었고, 심지어 그로 인해 미국이 전략적 오류를 범했다고 말할 수 있다. 미국 인구는 증가세인데 러시아 인구가 줄어든다는 전망은 미국이 나토 확장을 반대하는 러시아의 의사를 무시하는 데 분명 영향을 미쳤다. 워싱턴의 전략가들은 지금도 중국에 대해 똑같은 오류를 범하는 것으로 보이는데, 아무튼 내가 '인구주의démographisme'라고 부르는 덫에 빠졌다. 그들은 교육과 기술 수준이 높은 인구를 가진 나라는 인구가 줄더라도 군사력을 금방 잃지 않는다는 사실을 잊었다. 교육과 기술 수준의 상승은 초기에 인구 감소를 상쇄하고도 남는다.

러시아 지도자들에게는 통찰력이 있었다. 그리고 자국의 주권을 지킨다는 것은 그들에게 도덕적 과제다. 그들의 입장에 서보자. 그들은 자국의 인구가 줄어든다는 것을 알고 있었다. 그 사실에서 어떤 결론을 도출했을까? 미국인들이 생각하는 것과는 다르게 그들은 우크라이나 공격이 미친 짓이라고 보지 않았다. 인구 감소는 중장기적으로만 위험하므로 최대한 빨리 움직여야 한다고 생각했다. 더 늦으면 너무 늦기 때문이다. 그들은 인구 감소 속도로 보아 전쟁을 5년 안에 끝내야 한다고 생각했다. 5년이 지나면 인구가 매우 빈약한 연령대가 생길 테고 군인이든 민간인이든 동원 자체가 매우 힘들어질 것이다.

러시아는 지금까지 천천히 움직였다. 개전도 점진적으로 이루어졌다. 그것은 사상자를 줄이기 위해서였다. 또 푸틴 시대의 중요한 업적인 안정 회복을 지키기 위해서였다. 국가 안정으로 모든 러시아 국민에게 편안한 삶이 보장될 수 있었다. 현재로서는 내가 생각한 러시아의 전략적 계산이 옳았던 것으로 보인다. 시간은 자꾸 흘렀고 서방의 산업적·군사적 허점이 차례로 드러났기 때문이다. 지금 시간은 러시아 편이다. 그러나 우리는 시간이 영원히 러시아 편이 아님을 알고 있다. 그들은 5년 안에 결정적 승리를 얻이야 한다. 우크라이나와 나토를 제한된 시간 안에 무찔러야 하니 협상, 휴전, 또는 더 나쁘게 분쟁의 동결로 시간을 벌게 해서는 안 된다. 미국은 환상을 버려야 한다. 러시아가 원하는 것은 더도 말고 덜도 아닌 승리뿐이다.

서방인들이 나의 모델에 허점이 있다고 하는 것을 인정한다. 내 모델은 블라디미르 푸틴이 똑똑한 사람이라는 것을 전제하기 때문이다.

제2장
우크라이나라는 수수께끼

이번 장의 목적은 우크라이나의 역사를 되돌아보거나 특정 날짜에 우크라이나의 상태가 어땠는지 기술하는 것이 아니다. 이번 꼭지의 목적은 다음과 같은 질문에 답하는 것이다. "모두가 해체 중이라고 판단했던 사회가 어떻게 러시아의 군사 공격에 그토록 훌륭하게 저항할 수 있었는가?"

사건을 있는 그대로 평가해보자. 충격에 빠진 논평가들은 텔레비전에 연이어 등장해서 '고강도' 전쟁을 고집스럽게 주장했다. 전쟁이 끝나면 수십만 명의 사망자가 나올 것이라고 말했다. 그러나 그 정도의 사망자 수는 유럽에서 벌어졌던 전쟁과 비교하면 중강도의 전쟁이라는 것을 알 수 있다. 제1차 세계대전과 제2차 세계대전에서는 군인과 민간인 사상자를 세는 단위 자체가 100만 명이었다. 그렇게 따지면 우크라이나의 사상자는 고강도 전쟁 사상자 수의 10분의 1밖에 되지 않는다. 러시아 군대가 우크라이나에 진입했을 때 병력이 고작 12만 명이었다는 사실도 다시 상기하자.

그렇다고 해도 러시아는 우크라이나의 항복이나 체제 붕괴를 기대했을 가능성이 크다. 최초 공격에 대한 우크라이나의 저항과 잃어버린 남부와 동부의 영토를 다시 찾겠다는 의지는 뜻밖이었을 것이다. 러시아 군대가 장악한 영토뿐만 아니라 러시아인이나(돈바스와 크림반도) 러시아어 사용자가 대다수(특히 헤르손주와 자포리자주) 사는 곳까지 되찾으려 하리라는 것은 예상하지 못했다. 미국도 우크라이나의 저항에 놀랐다. 우크라이나 군대를 재조직하고 장비를 갖추게 하기에 바빴던 미국은 러시아 침공이 임박했다고 알린 뒤 재빨리 도망가버렸다. 카불에서 철수 기술을 제대로 익혔기 때문이리라.

러시아, 그리고 침공 소식을 들은 서방이 놀란 것은 우크라이나를 이미 파산한 국가, 또는 앞으로 파산할 국가로 여겼기 때문이다. 우크라이나가 그랬던 것은 사실이다. 러시아보다 우크라이나가 소련 시스템에서 빠져나오는 데 더 실패했기 때문이다. 1991~2021년 우크라이나 인구는 5200만 명에서 4100만 명으로 20퍼센트 이상 줄었다. 첫 번째 원인은 러시아보다 훨씬 낮은 출산율이다. 2015~2020년, 러시아의 출산율은 1.8명이었던 데 반해 우크라이나의 출산율은 1.4명이었다. 2020년 러시아의 출생률은 1.5명, 우크라이나의 출생률은 1.2명이었다. 주원인은 이민이다. 인구가 러시아와 서유럽으로 빠져나갔다는 것은 우크라이나 시스템이 장기적으로 안정을 찾는 데 실패했음을 의미했다.

다른 많은 분석가들이 지적한 부패와 올리가르히도 다시 떠올려보

자. 여기에 그렇게 자주 사용되지 않는 사회 해체 지표를 덧붙이자. 영리 목적으로 행해지는 대리모 출산 말이다. 대리모 출산은 도덕적 가치라는 관점으로 볼 때 세계를 동쪽과 서쪽, 남쪽과 북쪽으로 가르는 데 사용될 수 없다. 2016년경 미국의 주 대다수, 오스트레일리아, 영국, 인도, 러시아, 우크라이나가 대리모 출산을 합법화했고 유럽연합 회원국은 대부분 대리모 출산을 금지했기 때문이다. 전쟁 전 우크라이나는 대리모 출산의 천국이었다.[1] 가격 경쟁력이 있어 세계 시장의 25퍼센트를 차지했다. 이처럼 특화된 경제 부문이 있다는 것은 우크라이나가 세계화와 서방에 통합되었음을 의미한다. 우크라이나인의 몸을 빌려줘서 서방의 아이들을 만드는 것이었으니 말이다(지금도 진행 중이다). 대리모 출산 수요는 서방 선진국에 있지만 우크라이나가 이를 용인하는 것(러시아에서도 합법이지만 외국인 고객에게는 금지되어 있다)은 인간의 몸을 경시했던 소련의 유물로 보인다. 낙태를 생각해보자. 낙태는 소련 전역에서 산아제한의 표준 기술로 사용되었다. 나는 낙태의 자유를 찬성한다. 그것을 금하는 것은 산아제한의 기술로 사용하는 것만큼이나 야만적이라고 생각하기 때문이다. 그러나 돈이 오가는 대리모 출산에는 도덕적 이유로 찬성하지 않는다. 그리고 대리모 출산이 경제 부문이 되는 것은 사회 해체의 신호라고 본다. 우크라이나에서 대리모 출산은 신자유주의와 소비에티즘이 결합한 것이다.

전쟁이 나도 대리모 출산은 거의 줄지 않았다. 2023년 7월 26일《가디언》이 발표한 기사를 보면 "러시아 침공 이후 1000명 이상의 아이가 대리모에 의해 태어났다. 그중 600명은 유럽에서 규모가 가장 큰 키이우 바이오텍스컴BioTexCom 병원에서 출생했다." 전쟁에도 불구하고 서방의 수요는 감소하지 않았고 수요가 완전히 충족될 수도 없다. 활발히 이루어지는 대리모 출산이 우크라이나 사회의 생명력을 증명한다고 생각하는 것이 명백한 《가디언》은 많은 대리모의 남편이나 동반자가 전선으로 떠났다고 지적했다. 인터뷰에 응한 '다나'라는 여성은 이탈리아 부부의 아이를 가진 대리모였다. 그녀는 '금전적 이득'을 위해 대리모를 택했다고 말했다. 이러한 금전 거래를 자연스러운 현상으로 만든 것은 신자유주의 시대에 영국과 우크라이나의 도덕 시스템이 양립 가능하다는 점이다. 전선으로 보내진 남편들이라고 하니 다시 군사 문제로 돌아가자.

우크라이나 저항의 수수께끼를 풀려면 두 번째 수수께끼를 먼저 풀어야 한다. 2014년 유로마이단(러시아인들은 '마이단 쿠데타'라고 부른다) 이후 러시아어를 사용하는 우크라이나 정치 세력이 사라졌다. 우크라이나는 파산 국가일 뿐 아니라 민족과 언어 구성이 복잡해서 문제가 생길 수 있는 다원적 국가였다. 그런데 2014년부터 우크라이나 정계에서 러시아어 사용자의 비중이 급락했고 러시아에 저항할 수 있는 균일한 우크라이나가 출현했다. 러시아어는 물론 국민주의적인 우크라이나 정부에 의해 러시아어 사용 지역에서 공식 언어의 지위를 잃었지만 우크라이나에서는 독일어, 프랑스어, 영어와 함께 문화어로 사용되었기에 이 현상은 더욱 놀랍다. 우크라이나어는 문화적·과학적 유산의 상대적 풍요성이라는 점에서 네덜란드어의 지방어 격인 플라망어*와 지위가 비슷했다.

---

* 벨기에 북부에서 사용되는 네덜란드어. 표준 네덜란드어와는 다르다.

우크라이나는 러시아가 아니다

우크라이나에는 인류학이 부여하는 의미로 고유의 문화가 존재한
다. 여기에는 가족의 삶과 친족 구성이 포함된다. 우크라이나는 러시아
와 다르다. 이를 확인하는 가장 확실한 방법은 혼란스러웠던 20세기 이
전의 증거들에서 출발하는 것이다. 이후의 데이터들은 이데올로기적
입장을 정당화하려고 일부 왜곡되었기 때문에 신뢰성이 떨어진다.

러시아 '공산주의' 가족과 관련하여 앞에서 언급했던 르루아-보리
외의 책을 다시 펼쳐보자. 그는 오늘날의 우크라이나 중부와 대부분 겹
치지만 흑해 연안의 (19세기의 의미로) '노보로시야' 영토는 포함하지 않
는 소러시아의 가족을 기술했다. "두 부족의 가족과 공동체, 집과 마을
의 대조는 더 뚜렷하다. 소러시아에서는 개인이 더 독립적이고 여성이
더 자유로우며 가족의 응집이 더 느슨하다. 집들은 더 떨어져 있고 정
원과 꽃으로 둘러싸인 경우가 많다."[2]

19세기 말 차르 시대에 우크라이나의 가족은 개인주의와 여성의 지
위 면에서 러시아 가족과 뚜렷이 구분된다. 가족 시스템과 정치 이데올
로기가 연관성이 있다고 보는 내 모델에 따르면 개인주의와 여성의 높
은 지위는 우크라이나 문화가 자유민주주의와 토론에 러시아 문화보
다 더 개방적이라는 것을 시사한다.

더 이후에 더 기술적으로 이루어진 연구도 이 진단이 옳았음을 말
해준다. 역시 앞에서 언급했던《아메리칸 앤스로폴로지스트》의 논문은
냉전 때 작성된 것이어서 신뢰성이 더 떨어질 수 있다. 그러나 당시 미
국인들은 문화 다양성의 개념을 수용했고 민족의 차이를 진지하게 분

석했다. 이 논문에서 다룬 세 개의 공동체 중 두 개는 러시아에 소재한 대러시아 공동체였고, 나머지 한 개는 우크라이나인으로 구성된 공동체였다. 이 공동체는 더 동쪽에 있었고 현재 러시아의 도시인 보로네시에서 멀지 않은 곳에 있었다. 예상하는 바대로 대러시아 공동체에서는 아버지와 아들들이 함께 사는 가족을 관찰할 수 있다. 가족의 평균 구성원 수는 대러시아 공동체의 경우 첫 번째 공동체가 6.5명(1877년), 두 번째 공동체가 6.2명(1864~1869년)이었다. 반면 우크라이나 공동체의 가족 구성원 수는 4.7명이다(1879년). 가족의 크기가 꽤 다르다. 아마도 오늘날 이루어지는 모든 가족 구조 분석 연구도 상이한 두 유형의 가족이 있음을 분명 강조할 것이다.

논문은 이를 언급하지 않지만 소러시아 가족은 그래도 부계 시스템에 포함되어 있을 가능성이 크다. 가정을 넘어 남자들끼리의 연합이 중요했을 것이다. 아이의 이름을 지을 때 '이름 + A의 아들 + 성'으로 러시아와 똑같이 중간에 아버지 이름을 넣는 것에서 이를 추측할 수 있다. 앞에서도 보았듯이 러시아에서는 '블라미디르 블라디미로비치 푸틴'처럼 이름을 짓고, 우크라이나에서는 '이호르 볼로디미로비치 클리멘코'(이 책을 쓰는 현재 우크라이나의 내무부 장관)처럼 이름을 짓는다.

가장 최근에는 어떨까? 신뢰성 있는 연구가 부족한 실정이다. 소련 시절의 인류학은 이런 문제에 많은 관심을 보이지 않았고 특히 공동주택(코쿠날카) 정책이 시행되어 도시의 가족들을 분석하기가 꽤 어려웠기 때문이다. 그러나 우리는 우크라이나의 핵가족 시스템이 프랑스나 영국처럼 친족 관계에서 완전히 벗어나 있었는지 살펴봐야 한다. 그랬다면 우크라이나의 핵가족 시스템은 서방에 속하는 것이 분명하다.

그러나 만약 부계 시스템에 들어 있는 핵가족이라면 훈족과 몽골족 시대 사이에 존재할 수 있었던 스텝(대초원) 지대의 가족 시스템과 가깝다. 이것은 내가 확실한 대답을 할 수 없는 질문이다. 현재 소러시아에서 진정한 핵가족 시스템이 존재하기가 아예 불가능하지 않다. 아버지의 이름을 넣어 아이의 이름을 짓는 방식이 여태껏 살아남은 점이 의구심을 들게 하지만 말이다. 옛 카자크 영토에 해당하는 우크라이나 남부 지역에서는 몽골식 가족 시스템이 지배적일 것이다. 카자크인들이 최초의 우크라이나 국가의 기원이었다고 한다. 카자크는 '대초원의 세상'이었다.

내가 이 문제에 관심을 두게 된 것은 최근 영국 언론이 보도한 르포르타주 때문이었다. 르포르타주의 목적은 아들을 따라 군대에 입대한 아버지, 함께 전장에서 싸우는 형과 동생 등 유연한 부계 시스템의 전형적인 조합을 보여줘 감동을 불러일으키려는 게 분명했다.

우크라이나 문화가 여전히 부계라는 것을 암시하는 또 다른 요소도 있다. 지극히 '젠더화된'(요즘 서양에서 말하는 대로) 인구의 대이동이 그것이다. 남자는 모두 전선으로 떠나야 했고 여자는(적어도 많은 여자) 해외로 떠나야 했다. 성별에 따라 매우 명확하고 단호하게 이루어진 분류는 완벽하게 기능하고 있는 부계 중심 문화를 드러낸다. 그러나 다시 한번 말하지만 그것은 유연하고 핵가족적이며 러시아의 집약된 공동체 시스템보다 자유민주주의에 더 개방된 부계 문화이다. 몽골식 부계 문화인 것이다. 몽골식이라 부르는 데 빈정거리는 뜻은 전혀 없다. 오늘날의 몽골은 원칙적으로 몽골식 가족 시스템을 물려받았고 소련 이후의 세계에서 보기 드문 제대로 된 민주주의 국가이다. 현대 정치학이 보기에는 수수께끼지만 가족과 이데올로기를 연계하는 내 모델이 그 수수께끼를 풀 수 있다.

부계 문화의 마지막 징후인 동성애 혐오는 우크라이나에서도 러시아만큼 강하다. 우크라이나 지도자들이 성소수자LGBT 교리에 영향을 받아 법을 통해 동성애 혐오 현상을 없애고 우크라이나의 서방 편입에 속도를 내려 했지만 소용없었다.[3]

오래된 국민 정서

오늘날 우크라이나 국민 정서의 참모습을 파악하려면 또다시 소련 이전의 시절로 돌아가야 한다. 우크라이나의 정치 성향을 파악하려는 우리는 다행히 1917년 11월 치러진 제헌의회 선거 결과를 참고할 수 있다. 이 선거는 제국의 주민들이 공산주의의 종말 이전에 자유로운 의사 표현을 할 수 있었던 유일한 기회였다. 1918년 1월에는 소수파로 머무는 데 만족하지 못했던 볼셰비키가 의회를 해산했기 때문이다. 올리버 래드키Oliver Radkey는 『러시아가 투표하러 간다』에서 주 단위로 선거 결과를 분석했다.[4] 지리적 분포를 보면 볼셰비키는 특히 공동체 가족의 중심지인 러시아 북서부에서 많은 지지를 받았다.

1917년 우크라이나에는 반혁명 세력이 아닌 정당들도 있었다. 예를 들어 우크라이나의 사회혁명당원들은 러시아의 사회혁명당원들과는 달랐다. 우크라이나 정당들이 거둔 성적은 놀라웠다. 키이우에서 77퍼센트, 포딜리야에서 79퍼센트, 볼히니아에서 70퍼센트라는 놀라운 성적을 얻었기 때문이다. 또 폴타바에서 66퍼센트, 체르니히우에서 51퍼센트를 획득했다. 그러나 유로마이단 이전 러시아어를 사용하는 주민이 대다수였던 지역들에서는 우크라이나 정당들이 얻은 득표수가 적었다. 나중에 드니프로페트로우스크로 이름이 바뀐 예카테리노슬라프에서는 득표율이 46퍼센트 수준에 그쳤다. 헤르손에서는 10퍼센트였고, 크림반도와 북쪽에 있는 내륙 지역에 해당하는 타우리다에서도 역시 10퍼센트를 기록했다. 하르키우에서는 고작 0.3퍼센트를 얻었다. 이 수치들은 단독 출마한 우크라이나 정당들이 얻은 것이다. 다시 말하면 공동 후보 명단에 '러시아' 정당과 연계한 우크라이나 정당은 포함하지 않았다.

따라서 1917년 선거부터 '소러시아'의 특수성이 존재했으며 '노보로시야'에서 볼 수 있는 부차적 특수성을 동시에 확인할 수 있었다. 중부 지역에서 우크라이나 정당들은 70퍼센트가 넘는 득표율을 보였기 때문에 1917년 혁명 이후 우크라이나의 정체성이 존재했음이 분명하다. 그러나 당시에 자신을 우크라이나 사람으로 여기는 것은 반러시아적 행위였다고 올리버 래드키Oliver Radkey는 설명했다. 공동 후보 명단이 있었다는 것은 100년 전만 해도 평화로운 공존이 가능했음을 가리킨다.

순교자 국가에서 최혜국으로

이 통계 데이터는 제정 러시아 시절을 벗어난 우크라이나에 관한 것이다. 그런데 소련 영역의 다른 요소들과 마찬가지로 우크라이나도 이후 상상하기 힘들 정도로 혼란을 겪었다. 1917~1960년 경제 발전

강도는 1780~1850년 산업혁명을 겪었던 영국 정도와만 비교가 가능하다. 1842~1845년 아일랜드, 1931~1933년 우크라이나에서 발생한 두 차례의 대기근은 우연일 수 없다. 급진적인 사회적 실험장이었던 영국과 소련에서 발생했으니 말이다.

카자흐스탄에도 큰 피해를 입힌 소련의 대기근의 일환이었던 우크라이나의 대기근인 '홀로도모르'가 요즘 자주 언급된다. 이 비극은 스탈린이 농업국인 우크라이나에 행한 폭력 행위라고 볼 수도 있다(스탈린은 부농인 쿨라크kulak를 없애고 싶어 했다). 아일랜드의 대기근으로 아일랜드인들이 영국을 원망하듯이 홀로도모르가 우크라이나인들의 러시아에 대한 지속적인 원망에 불을 붙인 것은 당연한 일이다.

두 대기근이 정반대되는 이데올로기로 초래되거나 순화된 것은 아이러니가 아닐 수 없다. 우크라이나의 경우에는 비상식적인 국가 집산주의였고 아일랜드의 경우에는 국가의 개입을 거부하는 교화적인 자유주의였다. 하지만 공정하게 따지면 아일랜드에서 더 효과적으로 사람들의 목숨을 앗아간 자유주의가 우크라이나의 집산주의보다 더 우월하다는 것은 인정해야 한다. 아일랜드의 대기근으로 850만 명의 인구 중 12퍼센트에 해당하는 100만 명이 목숨을 잃었다. 우크라이나의 대기근은 3100만 명 중 8.5퍼센트에 해당하는 260만 명을 죽음에 이르게 했다.[5]

그러나 우크라이나의 역사를 홀로도모르로 한정해서 보는 것은 오류일 것이다. 농업국인 우크라이나가 스탈린에 의해 순교자가 되었지만 반대로 제2차 세계대전 이후에는 소련의 우대를 받았다. 우크라이나는 소비에트 사회주의 공화국연방에서 첨단 항공 산업과 군수 산업

지도 2.1 2001년 우크라이나 도시 네트워크

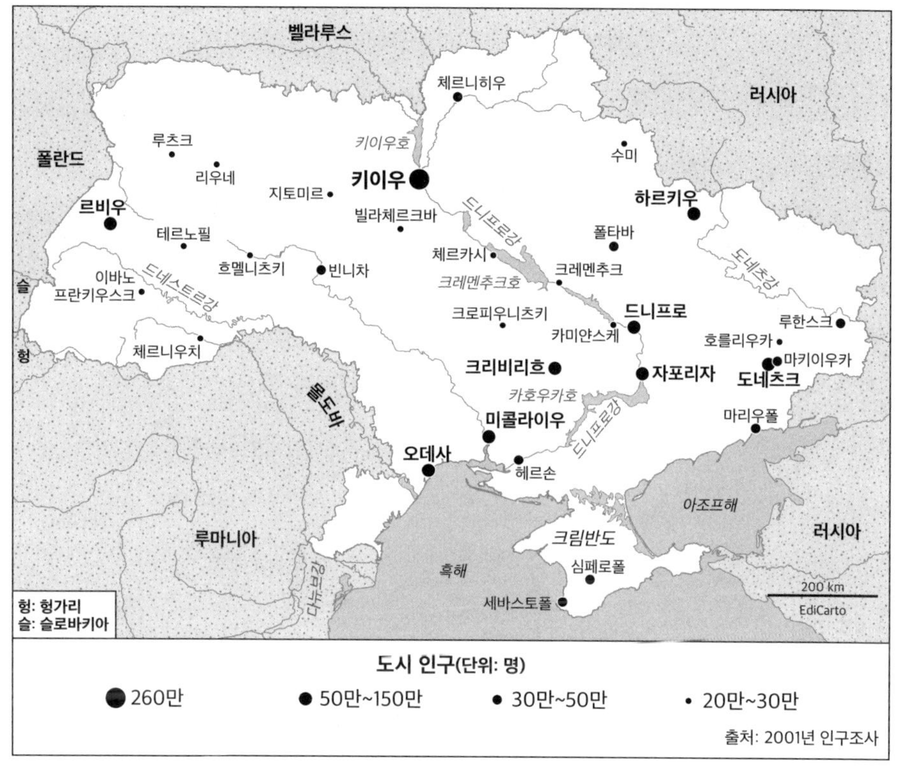
벨라루스
러시아
폴란드
체르니히우
루츠크
키이우호
수미
리우네
키이우
하르키우
르비우
지토미르
빌라체르크바
드니프로강
폴타바
테르노필
체르카시
크레멘추크
드네츠강
흐멜니츠키
빈니차
크레멘추크호
이바노
프란키우스크
드네스트르강
크로피우니츠키
드니프로
루한스크
카미얀스케
호를리우카
체르니우치
크리비리흐
마키이우카
자포리자
도네츠크
몰도바
카호우카호
미콜라이우
드니프로강
마리우폴
오데사
헤르손
아조프해
러시아
루마니아
크림반도
흑해
심페로폴
200 km
세바스토폴
EdiCarto
헝: 헝가리
슬: 슬로바키아
도시 인구(단위: 명)
260만
50만~150만
30만~50만
20만~30만
출처: 2001년 인구조사

지도 2.2 2020년경 우크라이나 인구밀도

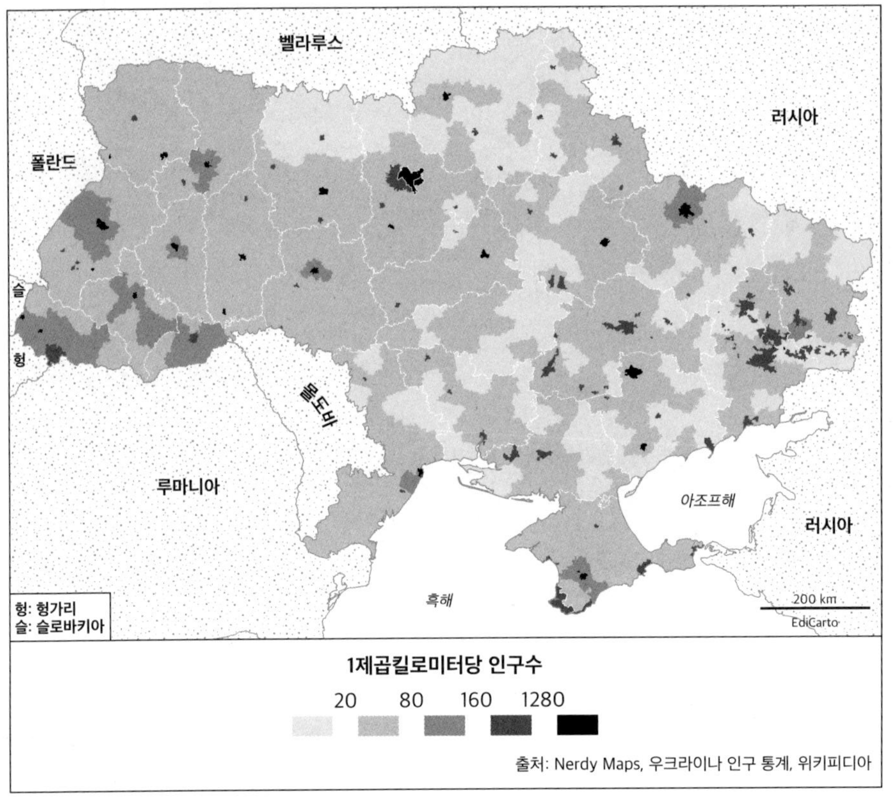
벨라루스
러시아
폴란드
슬
헝
몰도바
루마니아
아조프해
러시아
흑해
200 km
EdiCarto
헝: 헝가리
슬: 슬로바키아
1제곱킬로미터당 인구수
20   80   160   1280
출처: Nerdy Maps, 우크라이나 인구 통계, 위키피디아

을 포함한 산업 우선 개발 지역이 되었다. 이는 1991년 독립 직전 나타난 도시화 형태를 이해하게 해준다.

지도를 보면 인구밀도가 동부와 서부에서 높고 키이우를 제외한 중부에서는 낮다. 동부와 서부는 인구밀도가 다 높지만 형태가 서로 다르다. 동부에서는 도시 중심지들이 발달한 것을 볼 수 있지만 제2차 세계대전 이후 소련에 통합되었고 오스트리아-헝가리 제국이나 폴란드 땅이었던 서부에서는 농촌의 인구밀도가 더 높아졌고 어느 정도 규모가 있는 도시는 르비우(러시아어로 리보프, 독일어로 렘베르크) 정도가 있다. 독립 당시 우크라이나의 대도시는 키이우 외에 오데사, 드니프로, 도네츠크, 하르키우 등이 있었다. 남부와 동부에 있는 이 도시들은 러시아어를 사용하는 주민이 가장 많은 곳이기도 하다.

인구 10만 명 이상의 도시 수는 1959년 25개였다가 1979년 46개로 늘어났다. 독립 이전의 우크라이나는 소련 지역 중 가장 많이 발전한 곳이었다. 결국 다른 지역들과 마찬가지로 시스템에 막히기는 했지만 말이다. 우크라이나는 러시아화가 진행 중인 지역이 아니었다. 우크라이나의 언어와 정체성에 부딪힌 소련의 공산 체제는 약간 망설였지만 민족 문화를 존중하라는 레닌의 이론과 레닌 자신이 '대러시아의 국수주의'라고 부른 것에 대한 원칙적인 적대감이 소련 전역에서 우세했다. 이는 1935년부터 민족자결권에 가해진 제동과는 아무런 상관이 없었다. 군대에서 복수의 언어를 사용하는 것이 그리 편리하지 않다는 것을 알아차렸기 때문이다. 1991년 우크라이나 문화와 언어가 존재했고 발달했지만, 문화계와 행정부 등 사회 상류층에서는 여전히 러시아어로 의사소통이 이루어졌다.

국가 없는 국민

우크라이나는 소련 마지막 시기에 우대를 받은 편이지만 국가다운 국가로 발전하지 못했고 우리가 국민국가라고 부르는 것이었던 적이 없었다. 러시아에 의한 소련 청산이 불러일으킨 패닉 상태에서 우크라이나는 1991년에 국민투표로 독립을 결정했다.

국민국가가 탄생하려면 공통의 문화가 있어야 하고 무엇보다 공통의 언어가 있어야 한다. 농민이나 노동 계층의 존재만으로는 충분하지 않고 도시에 집중된 중산층의 존재도 꼭 필요하다. 도시 네트워크와 도시를 채우는 중산층은 국가의 인적 기반이 된다. 국가의 생리학적 시스템이 되는 것이다. 국가는 개념, 아이디어 혹은 조직도에 그치지 않기 때문이다. 절대적으로 그렇기도 하지만 국가는 능력이 있고 실재하는 개인들의 집합이기도 하다. 가장 조직화된 개인들은 도시에 살며 일정 수준의 집단의식이 작용하는 중산층을 형성한다. 그런데 소련 시절 산업화가 이루어질 때까지 도시화가 늦어진 우크라이나에는 중산층이 없었다.

1991~2014년 우크라이나는 안정을 찾지 못했다. 공산주의를 벗어나면서 초래된 심리적 위기는 기대수명, 자살률, 살인율, 알코올 중독에 의한 사망률 같은 지표들이 보여주듯 그 강도가 러시아보다 약해 보였지만 말이다. 실제로 우크라이나의 살인 사건 발생률은 1990년 인구 10만 명당 7명에서 1996년 15명으로 증가했고, 러시아는 1990년 14명에서 1995년 34명으로 증가했다. 공산주의 시대가 끝났을 때 우크라이나는 모든 발전 지표에서 러시아를 조금 앞섰다.

중유럽 문화보다 폭력성이 훨씬 더 낮았던 우크라이나 문화는 소련에서 떨어져 나올 무렵에도 러시아 문화보다 덜 폭력적이었다. 그렇다고 그런 차이의 원인을 핵가족으로 볼 수는 없다. 유럽에서 가족 공동체주의의 중심지라 할 수 있는 벨라루스도 우크라이나보다 덜 폭력적이었으니 말이다. 탈공산주의의 위기가 시작되었을 때 우크라이나의 살인 사건 발생률은 러시아보다 2.5배 낮았지만 벨라루스보다는 3배나 높았다.[6] 러시아에서는 살인 사건 발생률이 지역마다 천차만별이었는데, 여기에는 민족적 이질성이 한몫했다. 제정 러시아 시절로 보면 벨라루스와 우크라이나는 지방에 불과했다. 우크라이나에는 우크라이나어를 사용하는 주민과 러시아어를 사용하는 주민이 함께 살았지만 문화적으로는 현재 다민족 국가인 러시아보다 더 동질적이었다. 현재 러시아 국민 중 순수한 러시아인은 인구의 약 80퍼센트이다.

러시아보다 좀 더 평화롭고 선진적이며 가족 전통이 우세한 우크라이나에서 왜 자유민주주의가 발전하지 못했는가? 나는 여기서 가족 유형에 따른 국가의 출현에 대해 일반론을 펼치지 않을 것이다. 단지 우크라이나든 그 어느 곳에서든 핵가족 배경은 다원주의를 실질적으로 촉진하지만 그것 하나만으로는 국가가 탄생하지 않고 자유롭고 민주적인 국가는 더더욱 탄생하지 않는다. 국가를 건설하는 과정은 길고 복잡하다. 나는 그 어떤 국가도 처음부터 자유롭고 민주적으로 태어난다고 생각하지 않는다. 늘 독재 체제—군주제, 전제정치—라는 단계 이후에 민중에 의한 정권 장악 단계가 이어진다고 생각한다. 고대 아테네, 영국, 프랑스도 그런 과정을 거쳤다. 중산층이 약하고 미성숙하며 중상위층에 속하는 사람만 러시아어를 사용하는 우크라이나가

1991~2014년 어떻게 국가 전통이 없는 상태에서 합리적으로 '우크라이나식' 자유민주주의 사회로 변신할 수 있겠는가? 이러한 맥락이라면 핵가족과 결합한 개인주의 성향은 무정부 상태만 만들어낼 뿐이다. 그리고 실제로도 그런 일이 발생했다.

1990~2014년 우크라이나에서는 선거가 치러졌다. 러시아에서는 찾아볼 수 없는 다원주의가 나타났지만 국가의 뼈대는 아직 완성되지 않았다. 같은 시기에 러시아는 매우 폭력적인 혼란을 겪었고, 이후 다시 독재 국가가 출현했다. 국민은 푸틴 체제를 중심으로 결집했다. 우크라이나는 그런 혼란을 겪지 않았고 그만큼 질서 수습도 없었다. 2003년 푸틴은 올리가르히들을 제압했지만 우크라이나에서는 그런 일이 일어나지 않았다. 우크라이나에 서방의 영향력을 전파하는 일을 공식 업무로 삼고 있는 스웨덴 경제학자 안데르스 오슬룬드Anders Åslund에 따르면, 구소련 국가 중 우크라이나만큼 올리가르히들의 사회정치적 영향력이 큰 국가는 없다.[7] 천연가스(여기에 동우크라이나의 산업 분야도 포함하겠다) 거래 통제는 그들이 가진 권력의 바탕이었다. 그들은 정치 시스템 전반에 퍼진 부패에 가담할 뿐만 아니라 다원주의 유지에도 힘썼다. 오슬룬드는 텔레비전 방송국을 소유한 올리가르히들이 빅토르 야누코비치 대통령의 과대망상적 행동을 고발했다고 말한다. 야누코비치 대통령은 2014년 유로마이단이 발발하자 국외로 도망갔다. 그는 물론 과대망상에, 부패를 저지르고 또 부패에 물든 자이지만 4년 전 정상적으로 선출된 대통령이었다.

우크라이나 국민이 다원주의를 선호할 줄 아는 것은 한편으로는 핵가족이 낳은 개인주의 성향 때문이고 다른 한편으로는 금방 살펴보았듯이 통제를 벗어난 올리가르히들 때문이었다. 그러나 그것은 어쩔 수 없이 우크라이나의 민족과 언어의 이중성에서 비롯된 것이기도 하다. 우크라이나어를 사용하는 우크라이나와 어떻게든 러시아와 연결된 끈을 놓지 않으려는, 러시아어를 사용하는 우크라이나가 나란히 공존한다.

이와 같은 두 개의 우크라이나는 2010년 선거 지도에 당황스러울 정도로 극명하게 드러났다. 지도를 보면 우크라이나 서부와 중부는 페트로 포르셴코 후보에게 투표했고, 남부와 동부는 야누코비치 후보에게 투표했다는 것을 알 수 있다. 그 차이는 매우 컸다. 도네츠크와 루한스크, 크림반도에서 야누코비치의 득표율은 각각 90.44퍼센트, 88.96퍼센트, 78.24퍼센트였지만, 서부의 르비우, 테르노필, 이바노프란키우스크에서 득표율은 각각 8.6퍼센트, 7.92퍼센트, 7.02퍼센트에 그쳤다.

서부가 우크라이나어 사용 지역이고 동부가 러시아어 사용 지역인데, 언어로 구분하는 것이 늘 작동하는 것은 아니라는 점을 기억하자. 러시아어 사용자와 우크라이나어 사용자, 두 언어를 섞은 사투리를 쓰는 사람의 비중을 알아내기 위해 이루어진 조사는 너무 많은 이데올로기에 물들어 믿을 수 없게 되었다. 선거 지도가 훨씬 효율적이다. 우크라이나인 우크라이나와 친러 성향의 우크라이나를 한눈에 구별해낼수 있기 때문이다.

우크라이나의 무정부 상태를 다시 살펴보자. 이를 설명하기 위하여 우리는 핵가족, 올리가르히, 민족과 언어의 이중성을 내세웠다. 이 요소 중 그 자체로 충분한 것은 없다. 중부 지방에서 핵가족 전통이 강한 프랑스는 국민국가의 모델이 되었고, 러시아는 올리가르히들을 제압하는 데 성공했으며, 민족과 언어의 다양성이 우크라이나보다 더 잘 수용

지도 2.3 2010년 우크라이나 대선: 야누코비치 득표율

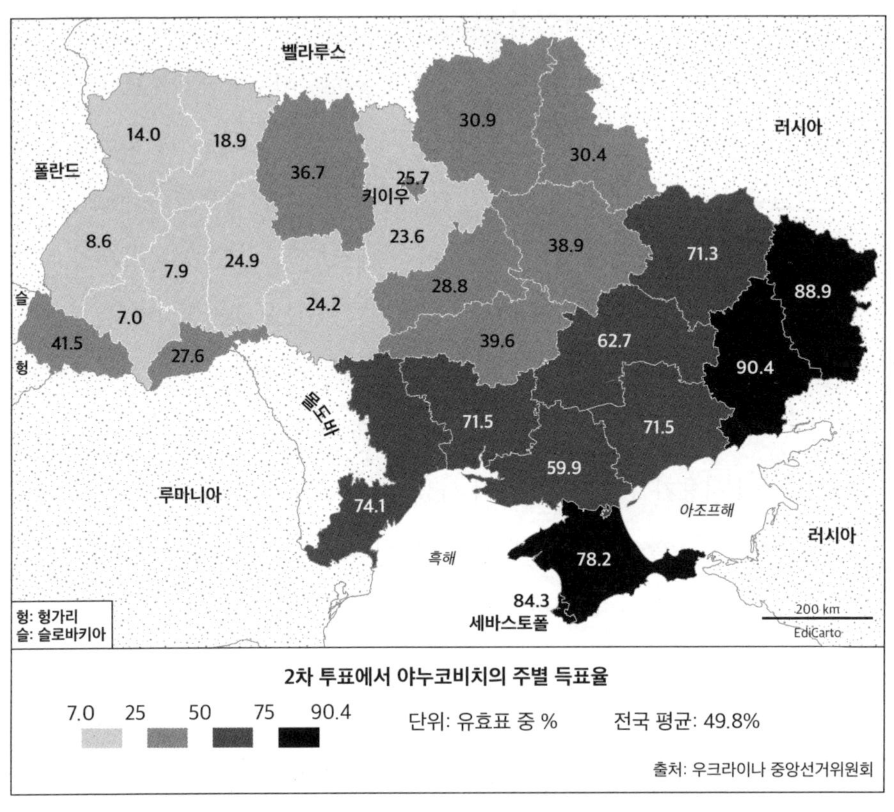

된 국민국가들이 존재하기 때문이다. 여기에 공산주의가 무너질 때 우크라이나가 소련의 변방에 있던 국가라는 점을 추가하자. 공산당의 지역 지도자들은 모스크바로 '올라가지' 못한 무능력자, 소련 시스템에서 실패한 지방의 관리들이었다. 이 점은 왜 지역 '엘리트'가 모스크바와 상트페테르부르크에서 불기 시작한 자유주의 바람에 적응하는 데 어려움을 느꼈는지 설명해준다. 그러나 태동하는 우크라이나라는 국가의 불안정성을 이해하려면 이런 단기 현상을 초월해야 한다. 우크라이나가 실패한 근본적 원인은 도시 중산층이 전반적으로 적었다는 점이다.

농촌이 많은 서부에는 중산층이 거의 없었다. 서부는 우크라이나에서 국민주의 성향이 가장 짙은 지역이고 주로 동방 가톨릭교회(16세기 말 가톨릭교에 합류한 동방정교회) 신자인 주민들이 소련에 통합된 것은 1945년 이후였다. 또한 서부는 우크라이나 국민국가 형성 계획을 가장 잘 방어할 수 있는 지역이었지만 중산층이 약했다.

도시화가 더 진행된 동부에서는 중산층의 수가 더 많았지만 친러 성향이 워낙 강해서 우크라이나 국민국가의 이름으로 생각하고 적극적으로 행동하리라 쉽게 기대할 수 없었다. 그러나 동부의 궁극적 진실은 뜻밖이며 간단하다. 동부의 중산층이 러시아로 이주한 것이다.

진짜 수수께끼: 러시아어를 사용하는 우크라이나의 쇠락

우리는 이제 우크라이나 수수께끼의 한복판으로 들어간다. 그 수수께끼는 우크라이나가 국민국가가 될 수 없었다는 것 이상이다. 우크라이나의 실패는 어찌됐건 우크라이나어 사용권에서 도시 네트워크가 약했다는 점으로 쉽게 설명된다. 문화계는 러시아어를 사용했고 민족주의 성향을 띠는 우크라이나어 사용권에서는 다른 언어를 쓰려고 했다는 사실로도 설명된다. 농민 비중이 높은 나라가 국가를 탄생시키지 못한다는 것은 놀라운 일이 아니다. 역사에서 우리는 이미 많은 사례를 보았다.

궁금한 것은 2014년 유로마이단 이후 러시아어를 사용하거나 친러 성향을 띤 세력이 독립적인 정치 주체로서 살아남지 못했다는 점이다.

현재 산발적으로 우크라이나군의 공습을 받는 러시아 벨고로드의 이상한 운명이 설명의 단서를 제공해준다.

2017년 모스크바주재 프랑스 대사 파스칼 코시Pascal Cauchy[8]는 러시아 연방 고등교육부가 발표한 통계를 근거로 5년간 이루어진 박사 연구를 직접 지도로 제작했다. 러시아의 모든 대학에서 박사 과정생의 수는 줄어들거나 정체되어 있었다. 그런데 러시아의 두 지역에서만 그 수가 상당히 증가했다. 체첸과 벨고로드였다. 체첸에서 수가 늘어난 원인은 체첸 공화국의 수장이자 푸틴의 부하로 현재 진행 중인 전쟁에서 매우 활발히 활동하는 람잔 카디로프Ramzan Kadyrov가 추진한 국위 선양 정책이다. 벨고로드의 경우에는 우크라이나의 대학 도시 하르키우에서 학생들이 이주해 오면서 박사 과정생의 수가 증가했다. 하르키우는 경제적으로나 학문적으로 명백히 쇠락하고 있었고 벨고로드의 대학은 1804년에 러시아 최초의 대학 중 하나로 설립되어 특히 뛰어난 공학 교육으로 유명했다.

우크라이나 정계에서 러시아어를 사용하는 세력이 독립적인 정치 주체가 되지 못한 것을 러시아 지도자들이 예측하지 못했다고 나는 생각한다. 지금은 물론 그 문제를 인식할 수밖에 없을 것이다. 그들이 세운 가장 현실성 있는 시나리오는 완전히 달랐다. 안정을 찾지 못한 우크라이나가 새로 도약하는 러시아로 편입하려 할 것이라 가정했을 것이다. 항공, 항공우주, 군수 등 우크라이나의 첨단 산업이 러시아와 연계되어 있었고 동부 지역에 주로 모여 있었으니 말이다.

이 계산은 러시아인들도 했다고 나는 확신한다. 그리고 이것이 소련 붕괴 당시 우크라이나가 '독립'하도록 내버려둔 이유 중 하나일 것이다. 그들은 새로운 국가의 러시아 주민이나 러시아어 사용 주민들을 데려오기 위해 국경선을 수정하라는 요구도 하지 않았다. 러시아의 구성 요소가 계속 있어야만 러시아가 영원히 우크라이나를 차지할 수 있을 터였다. 러시아 주민 또는 러시아어 사용 주민이 연결점 역할을 할 것이다.

그러나 이러한 관점은 지나치게 단순한 것으로 드러났다. 언어적 요소는 기대한 대로 작동하지 않았다. 우크라이나 시스템이 생존을 위해 싸웠다면 많은 개인과 가족은 각자의 생존을 위해 싸우면서 시스템을 약화시켰기 때문이다. 하르키우에서도 러시아어를 사용하는 젊은 이들이 농촌의 사투리보다 유럽에서 가장 중요한 문화어 중 하나인 모국어를 사용해서 지적으로 발전하기를 원했다. 더 넓게는 러시아어를 사용하는 중산층이 우크라이나어를 사용하는 국민주의자들의 적대감 때문에 이민을 떠났다. 우크라이나는 쇠락하는 사회이고 러시아는 번영하고 있으니 말이다. 우크라이나 국민주의자들은 러시아어와 싸우면서 러시아어 사용자들을 우크라이나어 사용자로 개종시키거나(혹은 개종시키기보다) 그들을 쫓아내려 했을 가능성이 크다.

전쟁 초기부터 서방에서는 유럽연합으로 이주하는 우크라이나인들에 대해 많이 다루었다. 전문가들은 예전부터 러시아로 하염없이 몰려드는 이주민의 물결을 우리에게 알려야 했다. 러시아로의 이민이 계속되면서 중산층뿐만 아니라 제조업 분야의 숙련 노동자들도 영향을 입었다.

러시아로 빨려 들어가는, 사회적으로 분화된 대*이주는 중산층과 도시 시스템의 관계를 기억한다면 증명할 수 있다. 우크라이나의 도시 중심부가 어떻게 변했는지 보여주는 지도를 보기만 하면 된다.

1989~2010년 우크라이나 서부와 우크라이나 중부의 서쪽에서 도시 인구의 안정화, 더 나아가 일종의 역동성이 관찰되었다. 이 지역들은 처음에 도시화가 거의 이루어지지 않았고 중산층도 많지 않았다. 그러다가 우크라이나 서부에서 중요한 현상이 일어났다. 많은 도시에서 인구가 20퍼센트 이상 감소한 것이다. 이는 단순히 러시아어 사용권에만 해당하는 얘기가 아니었다. 이것이 우크라이나 사회의 진정한 위기다. 단순히 우크라이나어를 사용하는 중산층이 너무 적다는 문제가 아니라 러시아어를 사용하는 중산층이 사라졌다는 것이 문제였다. 우크라이나의 도시는 중산층만의 도시가 아니었다. 당시 아직 제압당하지 않았던 올리가르히들의 도시이기도 했다. 그들이 제압당한 것은 전쟁 초기부터였던 것으로 보인다.

도시 인구 변화 지도를 전체 인구 변화 지도와 비교해보면 흥미롭다. 두 지도가 일치하지 않기 때문이다. 서부에는 저항력이 더 강한 우크라이나가 있다. 인구 감소의 중심지는 우크라이나 중부, 특히 북쪽에 있다. 키이우에서 북쪽으로 조금만 가면 나오는 체르노빌의 영향이 없지 않을 것이다. 그래도 러시아어 사용권에 속하는 도시들이 무너진 것은 특수한 상황이다.

약한 중산층은 다음 장에 나오는 동유럽에서 다시 등장하는데, 그것은 거의 모든 옛 인민민주주의 국가의 특징이었다. 우크라이나의 경우 러시아어를 사용하는 중산층의 이주 이전에 유대인의 이주가 있었다는 사실을 기억하자. 유대인들은 중산층의 큰 비중을 차지했다. 우크라이나 국민 전체보다 교육 수준이 높았던 것은 개신교처럼(그러나 그보다 1500년 먼저) 교육의 중요성을 늘 강조한 유대교에서 비롯되었다. 우크라이나 유대인들은 러시아어나 이디시어를 구사했고 농부들의 언어를 선호하는 전통은 없었다. 비율로 따지면 러시아보다 우크라이나에 유대인이 더 많았다. 1970년경 유대인 전체 인구수는 양국이 비슷했다. 러시아에는 81만 7000명, 우크라이나에는 77만 7000명이 살았다(우크라이나 인구는 러시아의 3분의 1이다). 2010년 러시아의 유대인 인구는 15만 8000명, 우크라이나는 7만 1000명을 기록했다. 1970~2010년 유대인 수가 러시아에서는 80퍼센트, 우크라이나에서는 90퍼센트 줄어들었다는 뜻이다. 1970년경 유대인은 우크라이나 전체 인구의 1.7퍼센트, 러시아 전체 인구의 0.6퍼센트를 차지했다.[9] 따라서 중산층의 추가 이탈은 우크라이나에서 더 많았다.

2014년, 민주주의 희망의 끝

2014년 유로마이단은 단절을 앞당겼다. 2010년 선거는 공정했다는 판결이 나왔다. 그러나 유로마이단 이후 진행된 선거의 결과는 달랐고 야누코비치는 축출되었다.

지도 2.4 **1989~2012년 우크라이나의 도시 인구 감소**

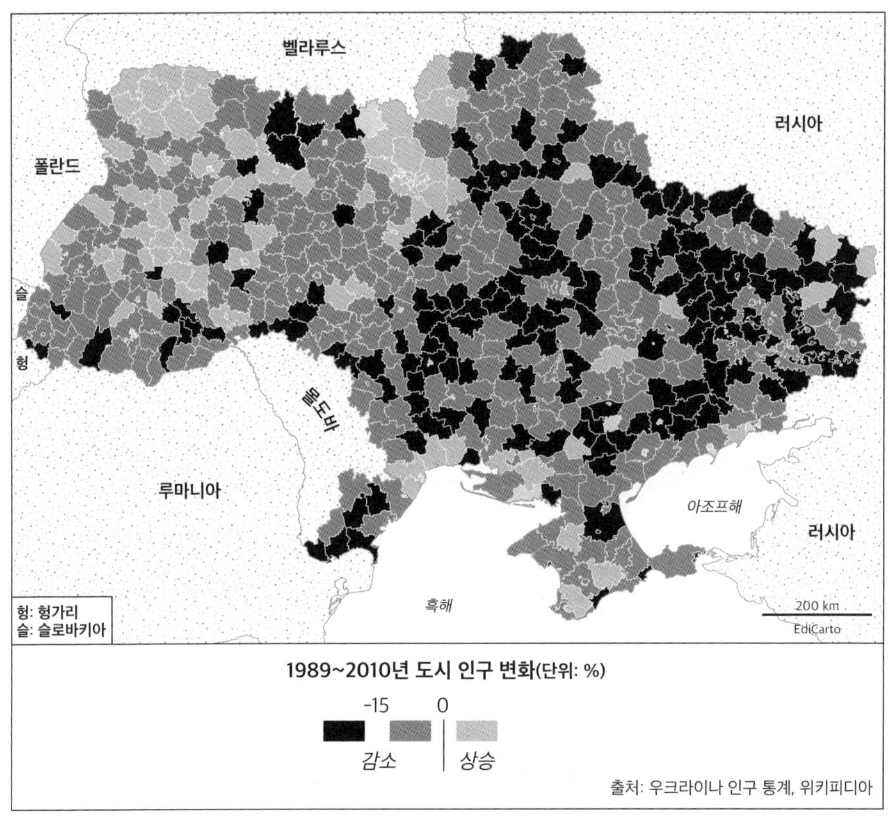

지도 2.5 1989~2012년 우크라이나의 전체 인구 감소

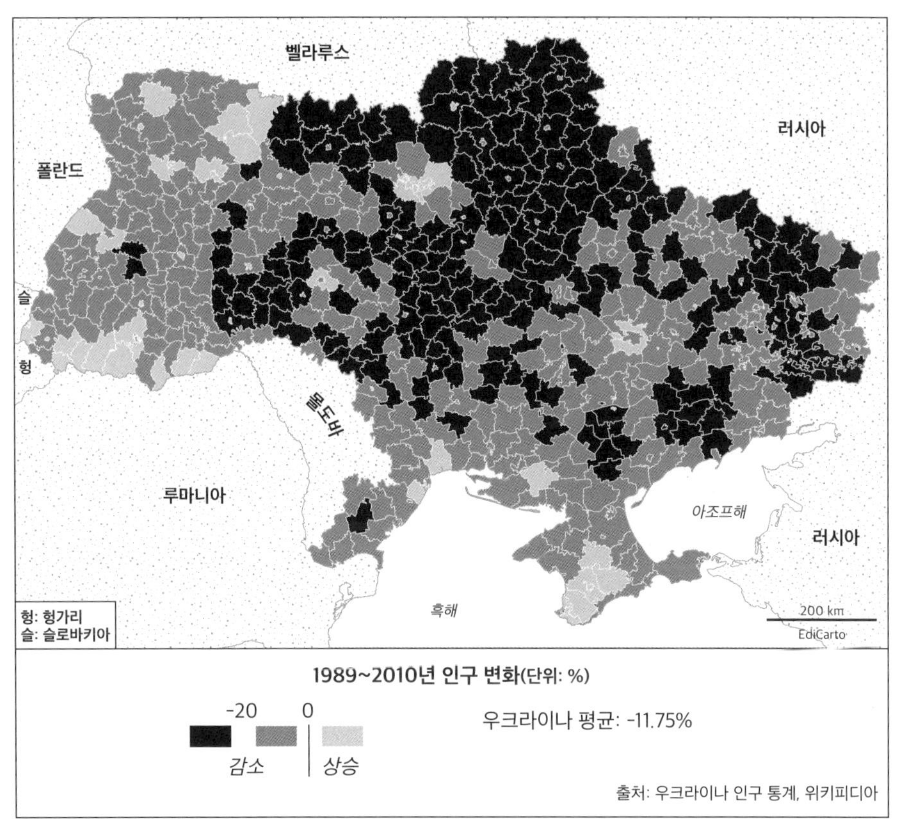
벨라루스
러시아
폴란드
슬
헝
몰도바
루마니아
아조프해
러시아
흑해
200 km
EdiCarto
형: 헝가리
슬: 슬로바키아
1989~2010년 인구 변화(단위: %)
-20
0
우크라이나 평균: -11.75%
감소
상승
출처: 우크라이나 인구 통계, 위키피디아

그러나 2014년에 가장 중요한 지도는 선거 결과를 보여주는 지도가 아니다. 포로셴코는 2010년처럼 2014년에도 우크라이나 서부와 중부에서 최고 득표를 기록했으나 중부와 동부에서는 과반을 넘지 못했다. 결정적인 지도는 기권율을 보여주는 지도다. 투표 참여율은 2014년에 러시아어 사용 지역에서 크게 하락했다. 즉 이 선거는 이 지역들이 우크라이나 정치 시스템에서 사라지는 순간이었다. 수많은 정당 활동 금지 조치를 자세히 살펴보지 않아도 우리는 기권율을 근거로 2014년 선거가 우크라이나 민주주의의 종말을 상징한다고 말할 수 있다. 솔직히 말하면 우크라이나 민주주의는 제대로 작동한 적도 없었다.

사람들은 우크라이나어 사용권을 중심으로 면적은 줄어들고 인구 밀도는 높아진 우크라이나의 탄생을 바라봤다. 우크라이나에는 두 개의 축이 있다. 첫 번째는 갈리치아의 르비우를 중심으로 지극히 활동적인 민족주의의 축이다. 갈리치아는 러시아와 실질적인 문화적 관계가 없는 지역이고 오스트리아 제국에서 1941년 포그롬에 이르기까지—스탈린의 군대가 독소 불가침 조약과 1941년 6월 바르바로사 작전 초기 사이에 잠시 점령했던 것을 제외하면—전체 역사가 게르만 영역의 역사와 관련이 있다. 두 번째 축은 인구 290만 명의 수도 키이우가 지배했다. 키이우의 인구는 위기 당시 줄어들지 않았고 도시화가 거의 이루어지지 않은 중부에서 리더 역할을 하고 있다. 1789~1848년 파리가 파리 분지의 중심부였던 것과 비슷하다.

요약해보자. 우선 세 개의 우크라이나를 구분하자. 우크라이나 서부는 농촌 지역이고 핵가족 중심이며 동방 가톨릭교회의 전통에 따라 조직되어 있다. 르비우를 거점으로 한 국민주의의 전통적인 본거지다. 이

지도 2.6 2014년 우크라이나 선거: 포로셴코 득표율

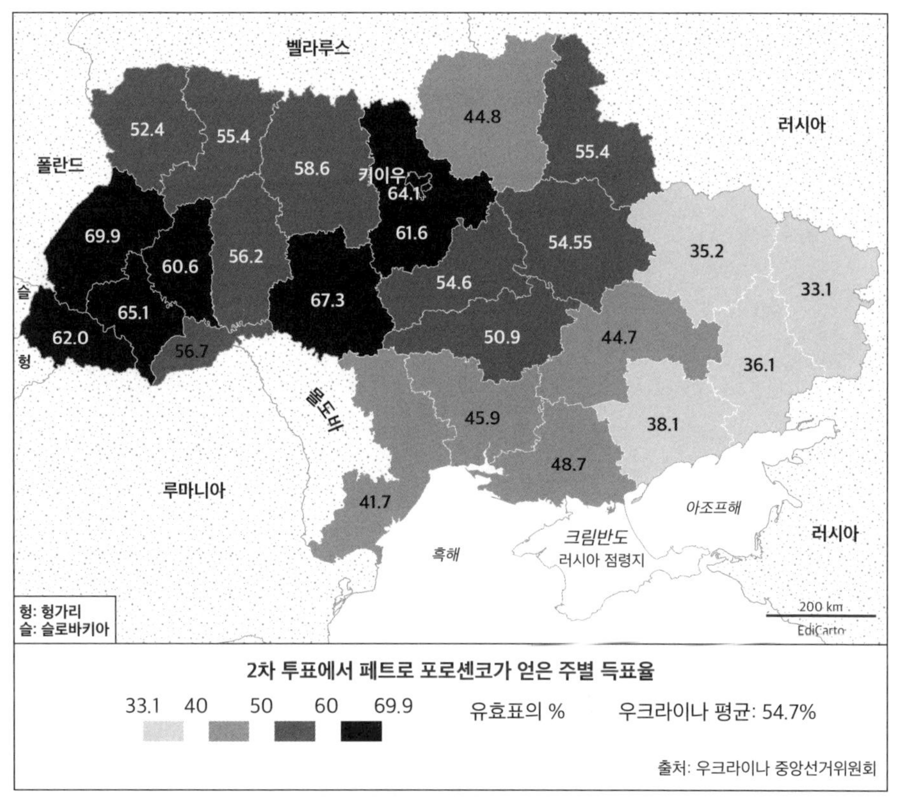
벨라루스
러시아
폴란드
52.4
55.4
58.6
44.8
55.4
키이우
64.1
69.9
60.6
56.2
61.6
54.55
35.2
슬
65.1
67.3
54.6
33.1
62.0
56.7
50.9
44.7
형
45.9
36.1
돈바스
38.1
41.7
48.7
루마니아
아조프해
러시아
크림반도
러시아 점령지
흑해
200 km
EdiCarto
형: 헝가리
슬: 슬로바키아
2차 투표에서 페트로 포로셴코가 얻은 주별 득표율
33.1   40   50   60   69.9   유효표의 %   우크라이나 평균: 54.7%
출처: 우크라이나 중앙선거위원회

지도 2.7 2014년 우크라이나 선거: 기권율

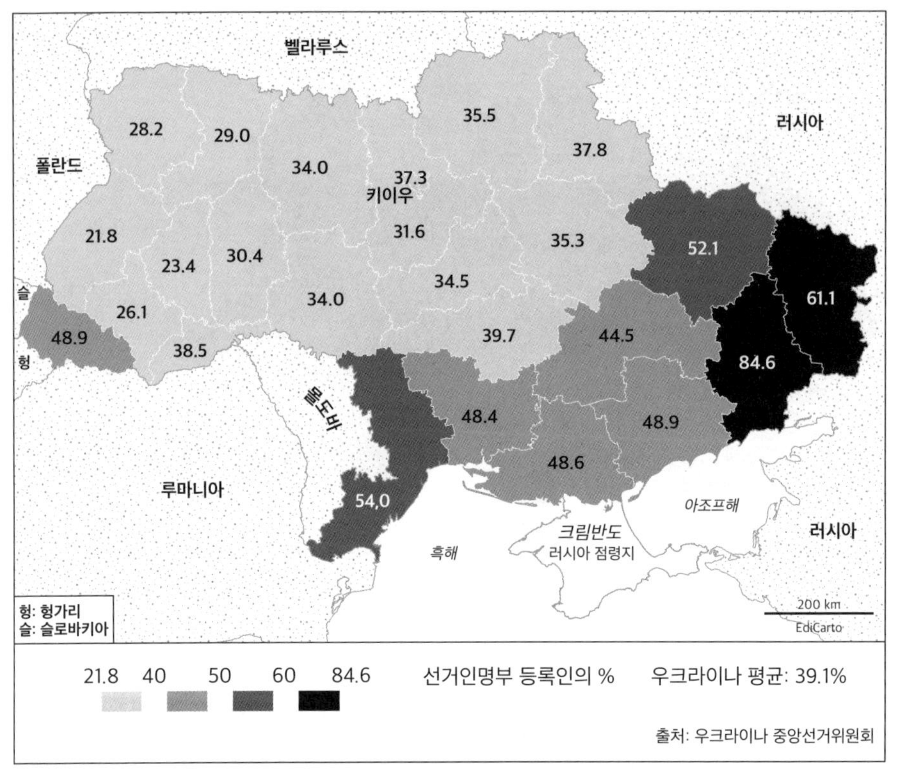
벨라루스
러시아
폴란드
28.2
29.0
35.5
37.8
34.0
37.3
키이우
21.8
31.6
52.1
23.4
30.4
35.3
61.1
슬
26.1
34.0
34.5
84.6
48.9
38.5
39.7
44.5
몰도바
48.4
48.9
형
54.0
48.6
루마니아
크림반도
러시아 점령지
아조프해
러시아
흑해
형: 헝가리
슬: 슬로바키아
200 km
EdiCarto
21.8   40   50   60   84.6
선거인명부 등록인의 %
우크라이나 평균: 39.1%
출처: 우크라이나 중앙선거위원회

에 우크라이나 서부를 '국수주의 우크라이나'라고 부를 수 있겠다.

두 번째 우크라이나는 수도인 키이우를 포함하는 우크라이나 중부다. 동방정교회, 약한 부계가 특징인 핵가족, 개인주의적 성향이 특징이지만 국가를 탄생시키지 못했다. 키이우는 건국 장소라기보다 중앙 권력이 무너진 장소다. 이곳은 오렌지 혁명과 유로마이단이 벌어진 곳이고, 전쟁 전에 올리가르히들이 정치와 경제를 주무르던 곳이다. 이곳은 '무정부주의 우크라이나'라고 부를 수 있겠다.

마지막으로 남부와 동부를 포함하는 우크라이나가 있다. 친러시아 성향을 가지고 있지만 중산층이 이민을 떠났고 현재는 러시아군이 점령하지 않았어도 구체적인 형태를 상실한 곳이다. 강한 부계의 핵가족을 배경으로 삼고 있지만 말이다. 나는 이곳을 '아노미 상태의 우크라이나'라고 부르겠다. 여기서 아노미란 미국 사회학이 이 용어에 전통적으로 부여하는 의미인 사회의 원자화를 뜻한다.

2014년부터 서부와 중부는 친러시아 분파에 함께 맞선 것이 분명하다. 현재 우크라이나 엘리트 계층의 지리적 출신을 표시한 지도에 그러한 사실이 분명히 드러난다. 정부 구성원, 군대와 경찰의 고위 책임자, 최고 갑부인 10명의 올리가르히, 몇몇 유명인이 선택되었다. 표에는 이름을 기입했다. 독자 스스로 이 표본의 타당성을 판단할 수 있을 것이다.

국수주의 성향의 서우크라이나에서는 정치 엘리트의 비중이 높고 무정부주의 성향의 우크라이나 중부에서는 군인과 경찰 출신이 많다. 아노미 상태인 동부와 남부는 올리가르히들이 대세를 이루는데, 이들은 전쟁 초기부터 대부분 배제되거나 제압되었다.

지도 2.8 우크라이나 엘리트의 출신은?

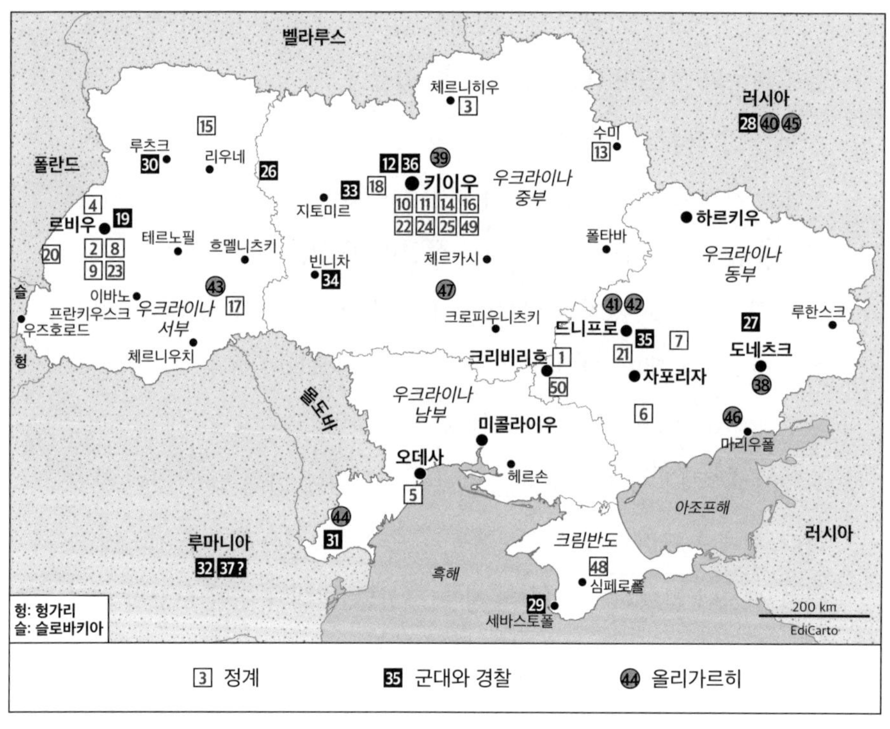

벨라루스
체르니히우
3
러시아
28 40 45
루츠크
15
수미
13
폴란드
리우네
26
12 36
39
로비우
루츠크
30
18
키이우
우크라이나 중부
4
19
지토미르
33
하르키우
테르노필
10 11 14 16
20
2 8
22 24 25 49
우크라이나 동부
9 23
흐멜니츠키
폴타바
이바노
프란키우스크
빈니차
34
체르카시
루한스크
우즈호로드
우크라이나 서부
43
47
27
형
체르니우치
17
크로피우니츠키
41 42
도네츠크
드니프로
35
7
38
크리비리흐
21
1
자포리자
몰도바
50
46
우크라이나 남부
6
미콜라이우
마리우폴
오데사
헤르손
아조프해
5
러시아
44
31
크림반도
루마니아
48
32 37 ?
심페로폴
흑해
29
세바스토폴
200 km
EdiCarto
형: 헝가리
슬: 슬로바키아
3 정계   35 군대와 경찰   44 올리가르히

표 1 우크라이나 엘리트들

(정) 정치

(군) 군대와 경찰

(올) 올리가르히

1. 볼로디미르 젤렌스키, 우크라이나 대통령(정)

2. 데니스 시미할, 총리(정)

3. 율리야 스비리덴코, 제1부총리 겸 경제무역부 장관(정)

4. 이리나 베레수크, 부총리 겸 잠정점령지 재통합 장관(정)

5. 올하 스테파니시나, 우크라이나의 유럽연합 및 나토 가입 담당 부총리(정)

6. 미하일로 페도로우, 혁신·교육·과학·기술발전 부총리 겸 디지털 발전부 장관(정)

7. 올렉산드르 쿠브라코우, 우크라이나 재건 부총리 겸 국토개발부 장관(정)

8. 올레흐 넴치노우, 내각 장관(정)

9. 헤르만 할루셴코, 에너지부 장관(정)

10. 바딤 훗차이트, 청소년체육부 장관(정)

11. 올렉산드르 카미신, 전략산업부 장관(정)

12. 이호르 클리멘코, 내무부 장관(군)

13. 드미트로 쿨레바, 외무부 장관(정)

14. 율리야 라푸티나, 보훈부 장관(정)

15. 빅토르 랴시코, 보건부 장관(정)

16. 옥센 리소비, 교육과학부 장관(정)

17. 데니스 말류스카, 법무부 장관(정)

18. 세르히 마르첸코, 재무부 장관(정)

19. 올렉시 레즈니코우, 2023년 9월 6일까지 국방부 장관(군)

20. 미콜라 솔스키, 농업정책식품부 장관(정)

21. 루슬란 스트릴레츠, 환경부 장관(정)

22. 올렉산드르 트카첸코, 문화정보정책부 장관(정)

23. 옥사나 졸노비치, 복지부 장관(정)

24. 안드리 예르마크, 대통령 비서실장(정)

25. 비탈리 클리치코, 키이우 시장(정)

26. 발레리 잘루주니, 우크라이나군 총사령관(군)

27. 세르히 샵탈라, 참모총장(군)

28. 올렉산드르 시르스키, 육군 사령관(군)

29. 올렉시 네이주파파, 해군 사령관(군)

30. 미콜라 올렉수크, 공군 사령관(군)

31. 막심 미르호로즈키, 공습 부대 사령관(군)

32. 빅토르 호렌코, 특수 작전 부대 사령군(군)

33. 바실 말류크, 우크라이나 보안국(SBU) 국장(군)

34. 세르히 안드루셴코, 말류크의 보좌관(군)

35. 산두르스키 아나톨리, 말류크의 보좌관(군)

36. 키릴로 부다노우, 국방부 정보총국 국장(군)

37. 바딤 스키비츠키, 군사정보부 부국장(군)

38. 리나트 아흐메토우(올)

39. 빅토르 핀추크(올)

40. 코스탼틴 제바호(올)

41. 이호르 콜로모이스키(올)

42. 헨나디 보홀류보우(올)

43. 올렉산드르 헤레하(올)

44. 페트로 포로셴코(올)

45. 바딤 노빈스키(올)

46. 올렉산드르 야로슬라우스키(올)

47. 유리 코슈크(올)

48. 세우힐 무사예바, 우크라이나에서 가장 유명한 기자 중 한 명으로 2022년 《타임》
    지의 세계에서 가장 영향력 있는 인물 100명으로 선정(정)

49. 올렉산드라 마트비추크, 변호사, 활동가, 2022년 노벨평화상 수상(정)

50. 올레나 젤렌스카, 영부인(정)

(2023년 7월 2일 기준)

여러 사건을 거치면서 중앙집권적 구조가 형성되었으나 이것은 제대로 된 국가라기보다 미국이 돈을 댄 군사경찰 조직이었다. 따라서 독립적인 권력 집단으로서의 올리가르히들은 그들이 옹호했던 다원주의와 함께 사라졌다. 이들의 몰락은 러시아어 사용권 전체의 몰락과 관련이 있다. 그렇다고 해서 행정부와 서방의 지원금을 차지하려고 싸우는 이데올로기 세력과 그룹의 존재를 완전히 배제한 것은 아니다. 그러나 이들도 무엇보다 그리고 특히 매우 국민주의적인 성향을 띠고 있다.

군대와 경찰에 우크라이나 중부 출신이 지나치게 많다는 사실이 놀라울 수 있다. 이는 역설적이게도 국가 전통의 부재와 핵가족 배경에서 기인한 우크라이나 중부의 무정부주의적 특징에서 비롯되었다. 군대와 경찰은 그와 반대되는 성향을 보여준다. 위계질서에 바탕을 둔 군대와 경찰은 질서의 전형으로, 원할 때 환경을 쉽고 자연스럽게 지배한다. 무질서한 사회에서 군대는 매우 큰 정치적 힘을 발휘하고 쉽게 정권을 잡을 수 있다. 이는 핵가족 대륙인 라틴아메리카에서 흔히 벌어지는 일이다. 역설적이게도 권위주의적 문화는 강한 군사 전통을 생산할 수는 있어도 쿠데타에 유리한 환경을 조성하지는 않는다. 히틀러와 스탈린도 장군들에게 실제로 위협을 받은 적은 없다. 특히 러시아에서는 군대가 정치에 절대적으로 복종하는 전통이 있고, 그래서 푸틴도 프리고진의 반역을 두려워할 이유가 없었다.

따라서 진정한 우크라이나 국가의 탄생은 2014년에 일어났다. 이는 서부의 국수주의와 중부의 무정부주의 및 군국주의가 엘리트들이 빠져나가 매우 약화된 친러 지역에 맞서 연합하면서 가능했다. 러시아의 공격에 효과적으로 저항한 것은 축소되고 집중된 이 새로운 우크라이나였다. 침공 지도만 봐도 이를 납득할 수 있다. 러시아가 남부 헤르손 까지는 쉽게 진격했지만 키이우로 갈 때는 더 강한 저항을 만났다. 지역마다 저항의 강도가 다른 것은 각 지역이 러시아와 맺은 특수한 관계를 반영한다.

반러 니힐리즘을 향하여

러시아인들은 러시아 사회의 역동성 때문에 우크라이나 엘리트 일부를 빼내 오게 되리라는 점은 상상하지 못했다. 또 그런 우크라이나가 더 깊어진 반러 감정을 품고 군사적으로 저항할 수 있으리라는 생각은 더더욱 하지 못했다.

이것은 우리에게 교훈이 된다. 전쟁은 과거에는 연구할 생각도 하지 못했던 이례적인 사회학적·역사적 과정을 드러냈다. 안정을 찾지 못한 우크라이나 사회에서 반러 정서는 결국 하나의 지침이자 지평이 되었고, 더 나아가 사회 구조 형성의 요소라고까지 부를 수 있겠다.

사실 러시아는 여전히 우크라이나의 정신(프시케)에 남아 있고 그것을 통제하고 있다. 다만 그것이 부정적인 방식으로 바뀌었다. 경제 재건이 불가능하다면 (미국, 영국, 유럽연합이 돈을 대는) 전쟁은 살아가야 할 이유가 될 수 있었다. 또 살아갈 수단도 될 수 있었다.

2022년 7월 작성한 글에서 푸틴은 러시아와 우크라이나의 역사적 협력에 대해서 오랫동안 언급했다. 지나간 긴 시간으로 생각하면 푸틴의 말이 옳다. 노보로시야는 러시아인들이 정복했고 오데사는 1794년 예카테리나 2세가 세웠다. 푸틴이 생각하지 못한 것은 소련과 공산주의 경제의 해체가 우크라이나인들에게 러시아에 대한 부정적인 감정을 불러일으켰다는 점이다. 그렇다. 러시아인들은 우크라이나인들의 정신 체계의 중심에—부정적으로—남아 있었다.

러시아인들은 우크라이나의 신나치 세력에 대해 계속 언급한다. '서방 민주주의 국가들'은 (지도자, 기자, 학자들의 침묵에 의해) 나치 친위대의 상징들을 공공연히 드러내도 그것이 자신들의 이상과 양립할 수 있거나 무해하다고 생각하는 듯하다. 그들의 침묵이 직무 유기임을 가늠하지 못한 채 말이다. 서방인인 우리의 무관심한 태도는 용납될 수 없으며 이는 우리의 도덕적 상태와 유대인 학살을 대하는 자세에 관하여 뭔가 끔찍한 것을 말해준다. 유대인 희생은 기쁜 마음으로 추모하면서 말이다. 그러나 우크라이나를 다루는 이 장에서 서방이 주인공은 아니다. 나는 '신나치 문제'라는 표현 자체가 좋다고 생각하지 않는다. 적어도 우크라이나의 상태를 내부로부터 설명하는 데는 충분하지 않다.

러시아는 대조국전쟁*의 추억을 운운하며 우크라이나에서 나치즘을 몰아내겠다고 주장한다. 그러나 무슨 나치즘을 말하는 것인가? '신나치주의' 같은 것이 서우크라이나에 존재하는 것은 분명하다. 이 지역은 제2차 세계대전 당시 스테판 반데라Stepan Bandera가 조직한 국민수의 단체가 독일 국방군, 그리고 친위대와 함께 많은 유대인을 학살한 곳이다. 반데라는 오늘날 우크라이나의 영웅으로 추대된다. 현재 우크라이나 정치 권력의 두 축 중 하나가 서우크라이나에 있으므로 반유대인 정서가 깃든 반데라의 이데올로기는 중요하게 다루어야 한다.

---

* 러시아에서 제2차 세계대전을 일컫는 말.

그러나 중부의 러시아어 사용권이나 우크라이나어 사용권의 신나치주의는 사이비라고 나는 생각한다. 역사에 문외한인 자들이 실제로 심각한 반유대주의자도 아니면서 독일 나치의 상징들을 취한 것일 뿐이다. 반유대주의가 아닌 나치즘은 존재하지 않는다. 현재 갈리치아를 제외한 우크라이나 대부분의 지역에서 나타나는 특징은 반유대주의가 아니라 러시아 혐오다. 두 혐오의 개념적 대립은 동시에 비슷하기도 하다. 둘 다 신화화된 집단을 겨냥하기 때문이다. 러시아 혐오는 러시아어 사용권에서도 가끔 나타난다. 그야말로 자기혐오다. 러시아가 신나치주의라고 비난하는(실제로 매우 폭력적이다) 아조우 여단의 핵심 구성원들은 러시아어 사용자들이다.

서우크라이나의 신나치주의보다 전쟁 '이전'에 우크라이나 전역에 퍼진 러시아 혐오가 이해해야 할 새로운 현상이다.

반러 국민주의 열망이 모두 과거에서 비롯된 것은 아니다. 과거에 물론 반러 감정을 불러일으키는 홀로도모르 같은 사건들은 있었다. 그러나 돈바스의 러시아어 사용자들은 우크라이나 편에 섰고 나치 상징을 사용하지만(그런 사람은 분명 극소수일 것이다) 러시아 문화를 따른다. 나는 이것이 러시아 중산층이 버린 서민들 중 소수의 반응이라고 생각한다. 이 모든 것은 매우 사변적인 주장임을 나도 인정한다. 그러나 우리는 새로운 러시아 혐오가 왜 전쟁 이전 우크라이나 대부분의 지역에서 생겼는지 설명하려고 시도해야 한다.

나는 좀 더 포괄적인 가설을 제안할 수 있다. 우크라이나 정부의 전략이 담고 있는 자기 파멸적 비현실성은 모순적이게도 우크라이나가 병적으로 러시아에 집착하고 있음을 시사한다. 러시아와 분리될 능력이 없음을 보여주는 갈등에 대한 욕구가 있는 것이다. 나는 앞으로 이어질 해석을 평가하기 위해 서방 언론이 반복해서 말하는 것과는 달리 돈바스와 크림반도가 러시아어 사용권이 아닌 그냥 러시아라는 것을 다시 한번 강조하고 싶다.

러시아가 요구한 것은 세 가지였다. 우선 러시아 흑해 함대의 안전과 존재 자체에 전략적으로 중요한 크림반도를 유지해야 한다. 그리고 돈바스의 러시아 주민이 용납할 수 있는 환경에서 살아가는 것이다. 마지막 요구 사항은 우크라이나가 중립국 지위를 갖는 것이다. 우크라이나가 '서유럽에서' 그 존재와 운명이 확실했다면 이 세 조건을 받아들였을 것이다. 심지어 돈바스도 내어주었을 것이다. 구소련 영역이 붕괴한 뒤로 체코인들과 슬로바키아인들은 더는 함께 살고 싶지 않아서 사이좋게 헤어졌다. 지배 세력이었던 체코인들이 지배권을 포기한 것이다. 러시아인들과 우크라이나인들의 사이가 더는 좋지 않다는 사실을 인정한 우크라이나는 러시아 지역은 분리시키고, 모두가 인정하는 세력 중 일부의 도움을 받아 국민국가 건립에 집중했어야 한다. 그러나 2014년 이후 우크라이나는 돈바스와 그곳의 러시아 주민을 되찾으려고 전쟁을 계속했으며 크림반도와 그곳에 거주하는 러시아 주민들을 되찾길 포기하지 않았다. 우크라이나는 다른 나라, 그러니까 자국보다 힘이 훨씬 센 나라의 주민에 대한 권리를 유지하려고 했다. 국제 관계의 의식적이고 합리적인 세계에서 이런 계획은 다시 한번 말하지만 자기 파멸적이었다. 게다가 작금의 현실은 우크라이나가 국가로서는 자멸하고 있음을 보여준다. 우크라이나가 러시아 지역을 자국의 통치하에 두려 하는 굳은 결심의 이유를 찾아보자면 러시아와의 분리를 거부하고 러시아와 탯줄이 붙어 있기를 원하는 무의식의 힘이 작동했음을 예감할 수 있다. 돈바스와 크림반도 탈환은 어떻게 보면 대러시아와 소러시아를 포함하여 계속해서 러시아로 남는 일이다. 우크라이나 정부는 지속적으로 유럽과 서방에 대한 소속감을 표방했지만, 러시아와 영원한 전쟁을 벌이는 것은 아주 쉽게 빠져나왔던 옛 러시아 제국에 영원히 머무는 것이었다.

나는 일부러 우크라이나 엘리트들의 '러시아적' 무의식의 작용을 말했고 이제는 러시아의 흔적을 지우기 위해 벌인 의식적인 행위가 얼마나 폭력적이었는지 자세하게 살펴볼 것이다. 그 행위는 단계마다 자살의 형태를 띠었다.

먼저 경제적 자살이다. 이것은 유럽연합의 경제 지상주의 이데올로기에 완전히 부합하는 일종의 서막이다. 경제 협력을 러시아와 할 것인지 아니면 유럽과 할 것인지 하는 문제가 유로마이단을 촉발했다. 동부에 집중된 제조업은 러시아와 교류하고 있어서 야누코비치는 동우크라이나 혹은 우크라이나 전체의 제조업을 무너뜨리지 않고는 유럽연합을 선택할 수 없었다.

우크라이나 정부가 유럽연합과의 경제 연합을 선택하는 것은 러시아와 매우 밀접하게 엮인 우크라이나 제조업에 사형선고를 내리고 19세기 농업 국가로 퇴행시키는 것임을 강조하고 싶다. 결정은 내려졌고 목표는 달성되었다ㅡ그러나 이것은 우크라이나 국민국가의 장기적 이익에 반하는 일이었다.

러시아어에 대한 중앙 정부의 반감은 러시아어 사용자를 향한 것만

이 아니다. 우크라이나에서 러시아어는 고급 문화어였다. 그런 언어를 근절하는 것은 러시아어를 사용하는 우크라이나에만 영향을 미치는 것이 아니다. 그것은 자기혐오의 징후다. 러시아어 사용자였던 젤렌스키 대통령의 정부는 문화 전쟁을 계속 부추기기만 했다. 다비드 퇴르트리에 따르면 "최근 몇 년 동안 우크라이나 정부는 러시아어를 전 사회 영역에서 제거하려는 법을 공포했다. 2022년과 전쟁 초기부터 러시아 문인들의 작품을 학교에서 배울 수 없게 되었고, 수업 시간에 러시아어를 사용하는 대학교수는 해고당할 수 있다. 또 SNS에 러시아어로 포스팅을 하는 공직자는 벌금을 내야 한다. 젤렌스키는 우크라이나 공무원들이 영어를 배우도록 하는 법안을 의회에 제출했다." 이러한 자기 부정은 니힐리즘의 개념으로 연결된다.

우리는 카를 폰 클라우제비츠Carl von Clausewitz의 말을 기억한다. "전쟁은 다른 수단을 동원한 정치의 연장선일 뿐이다." 그러나 그의 말은 우크라이나 사례 분석에 적용되지 않는다. 자국보다 엄청나게 강한 러시아를 상대로 돈바스와 크림반도에서 러시아 주민들을 우크라이나의 통치하에 둔다는 것은 다른 수단을 동원한 정치적 계획으로 여겨질 수 없다. 전쟁은 목적 그 자체이다. 전쟁은 정치가 존재하지 않는 국가에 의미를 부여한다. 전쟁은 우크라이나 국민국가가 탄생할 수 없고 끝나지 않을 전쟁을 계속할 근거를 찾지 못하는 무능력을 의미한다. '신나치주의'는 우크라이나 국민국가가 존재할 수 없는 상태임을 표현해줄 적당한 개념이 아니다. 우크라이나 정부가 러시아를 상대로 정의의 수호자가 되고자 하는 꺼지지 않는 욕구를 신나치주의로 이해할 수도 없다. 러시아어에 매우 의존적인 우크라이나 문화와 삶의 퇴행도 신나치주의로 설명할 수 없다. 우크라이나 정부의 전반적인 정책의 핵심은 벼랑 끝으로 달려가는 것, 미래를 내다보지 못하고 현재를 파괴하려는 충동임을 예감할 수 있다. 그러니 머릿속에 스치는 개념은 바로 니힐리즘이다.

우크라이나에 대한 환상

전쟁이 분석가들에게 던지는 문제 중 하나는 전쟁이 공포를 넘어 단순화의 환상을 필연적으로 만들어낸다는 점이다. 무능력한 장군 두 명이 싸울 때 아군이나 적군에 대한 판단 착오가 있더라도 전쟁은 항상 승자와 패자를 만들고 끝난다. 무승부로 끝난 전쟁이라도 사망자가 많으면 심각한 전쟁으로 보일 것이다. 두 진영이 맞서니 모든 것이 간단해지고 단순화된다. 우크라이나가 러시아에 맞서고, 흥분한 기자들은 두 국가가 모든 수단을 동원한 고강도 전쟁이라고 떠든다. 이것은 이중으로 틀린 말이다.

우선 러시아에 대해 틀렸다. 푸틴은 우크라이나에 병사를 12만 명만 보냈다. 30만 명의 예비군을 동원했지만 그는 '특수 군사 작전'을―자신의 재임 이후 러시아가 되찾은 사회적 균형을 해치지 않기 위해―식민지 전쟁 수준으로 치르려 한다. 이런 이유가 있었기 때문에 푸틴이 우리가 알고 있는 문제에도 불구하고 바그너 그룹을 많이 이용했으며 체첸의 도움도 받은 것이다.

그리고 우크라이나에 대해서도 틀렸다. 서방 쪽 이야기에는 무기를 든 나라, 공격자에 맞서 하나로 똘똘 뭉친 나라가 등장한다. 생각해보

자. 2022년 여름, 하르키우와 헤르손에서 러시아군을 압도할 수 있었던 대동원령 이후 우크라이나의 공식 병력은 70만 명에 이르렀다. 1914년 8월, 15~60세의 징집 가능 남성이 똑같이 1200만 명에 달했던 프랑스는 그중 200만 명을 동원했다. 우크라이나의 동원 병력은 그 절반에도 못 미치는 수준이었다.

우크라이나 영토에 관한 우리의 차별화된 연구가 이를 설명할 수 있는 것을 찾아냈다. 친러 성향의 우크라이나 지역 절반은 대규모 동원령을 내리지 않은 듯하다. 정치, 군사, 안보 문제에 관한 결정 과정에 참여하지도 못하고 2014년 선거에서도 기권한 친러 성향 지역이 군사 부문에서도 온당히 그러했을 가능성이 없지 않다.

그런데 이 분석이 해체한 것은 국민국가 우크라이나의 이미지였다. 이 장을 마치면서 우리는 우크라이나가 전쟁에서 어떤 대상이었으며 어떤 주체 혹은 어떤 역사적 행위자였는지 정의해야 한다.

우크라이나가 아닌 것을 말해보자. 금지된 정당이 12~19개(다른 곳에서는 이처럼 안정적인 수치를 찾지 못했다)나 되니 우크라이나는 자유민주주의 국가가 아니다. 세금에 기대는 것이 아니라 서방의 지원금으로 예산을 충당하니 우크라이나는 공중에 떠 있는 상태다.

영국 여왕에게 저항하던 시대의 미국인들의 말을 들어보자. 그들의 유명한 표어는 "대표 없이 조세 없다!"였다. 자신들이 대표되지 않은 의회가 정한 세금을 거부하겠다는 뜻이다. 세금에 대한 동의는 다수결 법칙이나 소수자 보호와 마찬가지로 자유민주주의의 구성 요소이다. 세금은 국가가 국민의 부를 빼내 갈 수 있는 권리를 전제하므로 베버가 말한 정당한 폭력의 독점으로 분류될 수 있다. 세금은 국민의 자발적인

기부가 아니다. 국가는 세금을 모금하는 것이 아니라 부과한다. 그렇게 얻어진 재원으로 다시 세금을 징수하기 위한 억압 장치를 운영한다. 그리고 이 과정이 계속 반복된다. 그러나 세금의 액수와 분배에 관해서는 국민대표의 동의를 얻어야 한다. 이처럼 폭력의 독점은 민주적으로 행사되기 때문에 정당하다.

이 중 그 무엇도 전쟁 중인 우크라이나에 해당하지 않는다. 우크라이나에는 국민 전체를 정치적으로 대표하는 의회가 더는 존재하지 않는다. 아니면 고작해야 중부와 서부의 주민들을 대표하는 의회가 있는 정도겠지만 이 또한 확실하지 않다. 어찌됐든 현재 군사 및 억압 기구의 재원은 여러 서방 강대국에서 달러와 유로로 들어온다.

따라서 우크라이나는 자유민주주의 국가가 아니고, 따라서 태동하는 우크라이나 자유민주주의를 구하려고 달려드는 서방 자유민주주의 국가들의 이데올로기적이고 저널리즘적인 사고는 명백히 부조리하다. 서방의 자유민주주의 국가들 사이에 연결점이 있다면 그것은 전혀 다른 성격의 정체성에 근거한다. 유럽과 아메리카노스피어[10]를 다룬 꼭지들이 보여주듯이 서방은 더는 자유민주주의 세계가 아니다. 서방이 지금 어떤 세계인지 말하기에는 아직 너무 이르지만 우리는 우크라이나와 서방에서 겹치는 가치가 많고도 심오하다는 것을 알게 될 것이다. 그 가치가 민주적이지도 자유주의적이지도 않지만 말이다. 두 동맹은 서로를 '찾았고' 전쟁 중인 우크라이나가 서방의 세금이 면제된 자금 조달 시스템에 통합된 것은 순수한 우연의 산물은 아니다.

제3장

동유럽의 포스트모더니즘적 러시아 혐오

앞의 두 장은 각각 충격으로 시작했다. 그것은 러시아 경제의 저항으로 야기된 충격과 우크라이나의 군사적 저항이라는 충격이었다. 이러한 요소들은 러시아와 우크라이나를 돌아보게 했다. 이번 장에서는 동유럽, 그러니까 옛 인민민주주의 국가들을 다룰 것이다. 여기에 발트해 3국도 포함할 것이다. 이번 장은 충격으로 시작되지 않는다. 동유럽이 서유럽, 그리고 러시아와 맺은 관계에서 실제와는 다르게 놀라울 것은 아무것도 없었다. 공산주의의 종식 이후, 특히 우크라이나 전쟁 개시 이후 동유럽의 러시아 혐오와 서방 진영으로의 편입은 매우 자연스럽게 이루어졌다. 두 현상은 아주 먼 옛날부터 친숙한 이야기여서 설명할 필요도 없었다. 그런데 사실 그중 당연한 것은 아무것도 없었다.

당황의 연속

제2차 세계대전 직전 반유대주의에 물든 지역의 모든 국가에는 독재가 아니라면 적어도 권위적인 체제가 들어섰다. 유일한 예외가 체코슬로바키아였다. 자유민주주의 국가였던 체코슬로바키아는 프랑스보다 산업과 교육 부문에서 더 발전한 국가였다. 따라서 전후 소련화는 원래 자유민주적이었던 세계에서는 일어나지 않았다. 그리고 동유럽이 1999년부터 나토와 유럽연합에 가입하기 시작했을 때도 스탈린이 변화시킨 소련, 그리고 그 이후의 러시아와는 다른 길을 걷고 있었다. 동유럽의 자유주의로의 개종은 충격이어야 했다. 또 충격인 것은 단순히 러시아 혐오국이라고 말할 수 없는 동유럽의 두 지역 혹은 두 국가가 동독과 헝가리라는 사실이다. 옛 동독 지역에서는 공산주의에 대한 일종의 향수가 소수에게서 나타났고 우크라이나 지지는 다른 독일 지역보다 아직 약했다. 오르반 빅토르 총리가 이끄는 헝가리는 유럽연합의 우크라이나 지지를 공식적으로 반대했고 러시아와 계속 협력하기를 원했다. 그런데 소련 지배 시절 다른 국가들보다 더 많이 저항한 국가가 바로 독일과 헝가리다. 1953년 동독에서는 대규모 파업이 일어났으며 1956년 헝가리에서는 혁명이 일어나 붉은 군대가 유혈 진압했다. 그보다 시간이 더 흐른 뒤에는 동독이 헝가리와 협력해서 철의 장막을 무너뜨렸다. 헝가리가 오스트리아와 연결되는 국경선을 개방한 덕분에 동독 사람들이 도망칠 수 있게 되었고 소련의 지배도 끝났다. 그랬던 두 지역 혹은 국가가 지금은 러시아에 대한 적대감이 가장 적다니 당황스럽다.

동유럽의 일부 국가에는 언뜻 납득이 되는 러시아 혐오가 존재한다. 우선 폴란드는 이웃한 프로이센, 오스트리아, 그리고 특히 러시아 때문에 정기적으로 영토가 분할된 역사가 있다. 여기에 카틴 학살—1940년 스탈린의 러시아가 4400명의 폴란드 장교를 무참히 살해한 사건—도 덧붙이자. 그러나 근대 역사에서 벌어진 이런 비극들로 인해 공산주의가 러시아인들의 목숨을 가장 많이 앗아갔으며 공산주의를 무너뜨린 사람도 러시아인들이었다는 사실을 잊어서는 안 된다.

발트해 3국 중 가장 북쪽에 있는 에스토니아와 라트비아에 어떤 불안감이 떠나지 않는다는 것도 이해할 수 있다. 소련 해체 당시 두 국가에서는 러시아인이 소수민족으로서 인구의 상당한 비중을 차지하고 있었다. 이 러시아인들은 도시와 산업 지역에 집중하여 살고 있었다. 에스토니아와 라트비아에서는 전체 인구의 25퍼센트가, 리투아니아에서는 전체 인구의 5퍼센트가 러시아인이었다. 러시아가 강대국으로 다시 부상하는 상황에서 이 세 국가가 나토에 가입하는 것은 논리적이고 필요한 일이었다. 게다가 내가 예상하듯 우크라이나 전쟁이 서방의 패배와 나토의 실질적인 해체로 끝난다면 발트 3국은 새롭게 형성되는 유럽의 지정학 지형에서 가장 많은 것을 잃게 될 것이다.

그럼에도 라트비아가 민주주의의 처녀지(따라서 러시아를 혐오하는)를 자처하거나 그렇게 인식되는 것은 당황스럽다. 발트 3국이 내재된 민족주의로 인해 제1차 세계대전 이후 러시아의 지배를 벗어날 수 있었다고 보는 것은 정확하다. 그러나 에스토니아와 라트비아(라트비아는 오늘날의 에스토니아 일부를 포함하여 차르 시대의 리보니아에 해당한다)는 러시아 평균보다 월등히 높은 볼셰비즘 지지를 보였다. 1917년 제헌의회 선거 당시 옛 제정 러시아 전체에서 볼셰비키가 얻은 평균 득표율은 24퍼센트였다.[1] 반면 에스토니아에서는 40퍼센트를 얻었고, 리보니아에서는 72퍼센트나 얻었다. 레닌이 애지중지했던 라트비아 근위대도 기억하자. 이 근위대는 러시아 혁명 당시 치안 유지에 아주 중요한 역할을 했다. KGB와 FSB의 전신인 체카Cheka•의 초기 구성원들에 대한 1918년 조사를 보면 라트비아인들이 공산주의에 호의적이었음을 알 수 있다. (서열 상위) 894명 중 361명만 러시아 사람이었고 124명은 라트비아인, 18명은 리투아니아인, 12명은 에스토니아인, 21명은 우크라이나인, 102명은 폴란드인, 116명은 유대인이었다.[2] 혁명 기구에서 소수민족이 과잉 대표되는 것은 그 자체로는 정상적이지만 제정 러시아 전체 인구의 2퍼센트밖에 안 되는 라트비아인이 13.8퍼센트나 차지한 것은 대단한 성과가 아닐 수 없다. 그런데 이를 인류학적으로 보면 놀랄 것이 없다. 발트 3국, 특히 에스토니아와 라트비아의 전통적인 가족 구조는 러시아식 공동체 가족이다. 권위주의와 평등주의가 자발적으로 발생되는 구조이다 보니 공산주의도 발생된 것이다. 발트 3국은 이러한 인류학적 배경에서 2004년 나토와 유럽연합에 통합되었다.

헝가리를 제외한 옛 인민민주주의 국가들을 다시 살펴보자. 이들이 러시아에 대해 갖는 반감과 독일을 용서한 방식은 명백한 대비를 이룬다. 독일이 제2차 세계대전 당시 그 지역 전체를 쑥대밭으로 만들었고 독일 국방군이 러시아의 붉은 군대보다 더 잔인했는데도 말이다. 체코가 스코다를 프랑스의 르노가 아니라 독일의 폭스바겐에 매각했을 때

• 정식 명칭은 '반혁명 방해공작 대처를 위한 전러시아 국가특수위원회'다.

얼마나 좋아했는지를 보면 입이 벌어질 정도다. 자동차 산업이 중요했기 때문에 이 매각으로 보헤미아가 몹시 어렵게 벗어났던 독일 영역으로의 재진입을 선택한 것이다. 나치즘의 순교자가 되었던 국가가 이런 결정을 내리는 것은 역사가에게 제대로 된 의문을 남긴다. 기분이 좋지 않거나 의기소침할 때 나는 동유럽의 몇몇 국가는 독일이 '유대인 문제'를 해결해 줘서 어느 정도 의식적으로 고마움을 느끼는 게 아닌가 생각하기도 한다.

마지막 당황스러움은 전쟁 초기 폴란드와 우크라이나가 일시적으로 보였던 서로에 대한 애정이다. 폴란드는 오랫동안 서우크라이나의 꽤 넓은 지역을 지배했다. 이 지역의 폴란드인들은 귀족이었고 우크라이나인들은 농부였을 뿐만 아니라 농노였다. 반데라의 이데올로기를 신봉하는 우크라이나 국민주의자들은 많은 유대인을 죽였고 폴란드인도 꽤 살해했다. 폴란드와 우크라이나의 관계는 2023년까지 "포옹합시다, 폴빌!"[3]식 심리가 지배했는데, 이는 역사의식이 전혀 없는 사람들에게만 자연스러워 보일 것이다.

이 상황이 얼마나 이상한지 가늠하고 현존하는 러시아 혐오의 의미를 이해하려면 이 지역의 오랜 역사를 되짚어보고 전반적인 사회적 역동성을 살펴봐야 한다.

서유럽의 첫 '제3세계'

오랜 역사를 연구하는 학자에게 첫 번째 부조리는 동유럽이 서유럽에 자연히 '포함'되며 동유럽이 서유럽과 같은 세계에 있다가 소련의 제국주의 때문에 잠시 잘려 나갔다는 생각이다. 실제로는 정확히 반대였다. 동유럽과 서유럽은 서로 보완적이지만 반대되는, 항상 다른 길을 걸었다.

서유럽의 경제(그리고 전반적인 역사의) 발전은 중세 성기인 12세기와 13세기부터 시작되었다. 그러다가 16세기부터 발전이 가속화된다. 경제 발전은 동유럽의 변화에도 큰 영향을 미쳤지만 동유럽을 의존적이고 지배당하는 지역으로 만들었다. 발전이 늦은 동유럽은 곡물이나 목재 등 단순한 상품을 수출하고 서유럽의 공산품을 수입했다. 이후 서유럽을 어느 정도 따라갔고 스칸디나비아반도 국가들처럼 발전된 서유럽 영역에 편입하는 것을 막는 장애물은 없었을 것이다. 그러던 1348년에 최절정인 흑사병과 그 상흔이 오히려 두 유럽의 차이를 더 벌렸다. 서유럽에서 인구의 급격한 감소로 농민이 우월적 입지를 갖게 되었고 농노제가 와해되었다. 도시화가 더딘 동유럽은 그로 인해 흑사병의 피해를 덜 입었고 토지를 소유한 영주의 지배가 강화되어 엥겔스가 '제2의 농노제'라 부른 현상이 나타났다.

막스 베버는 알프스산맥 북부에서 생겨난 "도시의 공기가 당신을 자유롭게 한다"라는 격언을 거론하며 도시가 농촌을 포함한 서방의 사회적 발전에 한 역할을 강조했다. 그는 도시의 구조적 인구 부족은 주로 농촌으로부터 이주민의 지속적인 유입을 의미한다고 지적했다. 도시에서는 농노제가 실질적으로 폐지되었지만 새로운 경제 분화가 일어나 단순 노동자, 숙련된 장인, 행정가가 그 위로 쌓였고, 피라미드 꼭대기는 도시 귀족이 차지했다. 도시 귀족은 군주제 국가와의 관계에서 농촌 귀족과 경쟁했다. 따라서 도시 발전은 농촌의 노예제에 부정적인 압력을 행사했다고 볼 수 있다.

마찬가지로 동유럽의 도시 저개발은 토지를 소유한 귀족에게 경쟁자 없는 절대 권력을 주었다. 농촌의 귀족은 과거에 자유로웠던 농민을 땅에 묶어둘 수 있었다. 곡물의 생산과 서유럽으로의 수출을 위해 만들어진 '제2의 농노제'는 서유럽에서 첫 번째 농노제가 사라진 바로 그 시기에 출현했다. 서유럽에는 시장에서 사용되는 자유로운 노동력이 있었고, 동유럽에는 땅에 묶인 노동력과 임금을 받는, 노동이 아니라 노역이 있었다. 토지 소유자는 노동자에 직접적인 정치적 지배를 행사했다. 자유와 노예 상태는 역사의 흐름에서 양극을 형성한다는 점을 기억하자. 고대 노예제와 18세기 노예무역은 경제적 자유와 몸의 예속을 결합하여 인간을 상품으로 만들었다.

따라서 역사는 동유럽과 서유럽이 동일한 해방 과정에 속한 것이 아니라 서유럽에는 자유, 동유럽에는 노예제가 대립적으로 발달하면서 상호보완적이었다는 것을 보여주었다. 이것은 먼 미래에 서유럽에서는 자유민주주의가, 동유럽에서는 독재가 자리 잡는 결과를 낳았다.

그러고 보면 동유럽은 서유럽에 최초의 제3세계였다. 알프레드 소비Alfred Sauvy의 이 표현이 너무 늦은 1952년에 생겼기 때문에 동유럽이 소련화하는 동안 이 자명한 사실을 공리화할 시간이 없었다. 그러나 동유럽은 급속히 발전하는 서유럽에 예속된 최초의 주변부였다.

중산층, 제1막: 취약에서 파멸로

동유럽의 농업 국가들은 국가 비슷한 구조를 경험했다. 예를 들어 헝가리 왕국이 있었고 헝가리 왕국은 1385년 크레보 합병으로 리투아니아와 연합했고 1569~1795년에는 '두 민족의 공화국'이라 부르는 폴란드-리투아니아가 있었다. 그러나 빈약한 도시 네트워크와 중산층 때문에 이 국가들은 힘이 없었다. 무정부주의자인 귀족들의 지배를 받아서 더 조직적인 이웃 국가들에 손쉬운 먹잇감이 되었다. 자유거부권liberum veto—귀족으로 구성되었고 모든 법령이 만장일치로 결정되어야 하는 의회에서 의원 한 명의 거부로 결정을 중단할 수 있는 권리—으로 인한 폴란드의 자멸은 이러한 사회 메커니즘의 상징적 예다. 이로 인해 1772년, 1793년, 1795년에 프로이센, 오스트리아, 러시아가 폴란드를 분할했다.

모순적이게도 오스트리아 제국과 제정 러시아에 편입되는 것이 서유럽의 주변 지역에는 산업 발전을 이룰 수 있는 요소였다. 보헤미아(오늘날의 체코)는 합스부르크 군주국에 자리를 잡은 뒤 발전할 수 있었다. 헝가리 최초의 산업 발전도 합스부르크 군주국이 서유럽으로부터 헝가리 경제를 보호했기 때문에 가능했다. 폴란드의 경제 발전은 제정 러시아의 마지막 시기에 일어났다. 서방에 통합된 폴란드는 농업으로 아주 작은 역할만 하게 되었다. 제정 러시아에서 폴란드는 문맹 퇴치와 신기술 덕분에 발트 3국과 함께 제국의 가장 발달한 지역이 되었으며 제정 러시아가 제공하는 보호무역으로 이득을 보았다. 경제적 측면으로 보면 차르 시대의 종말이 폴란드로서는 횡재였다.

러시아, 프로이센, 오스트리아-헝가리 제국이 제1차 세계대전이 끝나며 붕괴할 때 '국민'이 탄생했던(때로는 재탄생했던) 동유럽의 근본적인 사회적 특성은 부족한 중산층의 발달이었다. 이것이 두 세계대전 사이에 자유민주주의가 실패한 원인이다. 여기서 체코슬로바키아는 규칙을 확인해주는 예외다. 만약 체코슬로바키아가 민주주의 국가가 되었다면 그것은 그곳이 가장 발전한 사회였고 제2의 농노제로 시작된 퇴행 과정을 피해서 중산층을 형성했기 때문이다.

이 시기를 훌륭히 다룬 책이 바로 이반 T. 베렌트Iván T. Berend의 『수십 년의 위기―제2차 세계대전 이전의 중유럽과 동유럽』[5]이다. 부다페스트에 사는 베렌트는 헝가리에서 대학교수로 일하다가 미국으로 이주했다―헝가리의 실랴펜토흐라 볼 수 있다. 그가 아주 잘 보여주듯이 빈약한 중산층은 우리가 설명한 정황―서방에 대한 굴복, 농노제, 부족한 도시 발달―뿐만 아니라 교육과 문화 발전의 전반적인 지체(러시아보다는 덜했다)와도 관련이 있다. 교육의 부족한 발전이 보이는 전형적인 징후는 빈약한 중산층에서 유대인이 차지하는 비중이 높다는 점이다. 유대교가 교육에 특별한 관심을 쏟기 때문에 유대인들은 사회경제적으로 우위에 서고 나머지 인구의 교육 수준은 매우 낮았다. 몇몇 통계만 보더라도 동유럽의 도시 인구, 즉 홀로코스트 이전 교육 수준이 높은 중산층에서 유대인이 차지하는 비중이 얼마나 큰지 알게 될 것이다. 1930년경 유대인은 폴란드 전체 인구의 9.5퍼센트, 바르샤바 인구의 30퍼센트를 차지했다. 헝가리에서는 전체 인구의 5퍼센트, 부다페스트 인구의 35퍼센트를 차지했다. 발전 수준이 높았던 체코슬로바키아에서는 유대인이 전체 인구의 2.5퍼센트, 프라하 인구의 4퍼센트를 차지했다. 오스트리아에서는 전체 인구의 2퍼센트, 빈 인구의 8~9퍼센트를 차지했다. 유대인의 비중은 라트비아(4.9퍼센트)와 리투아니아(7.6퍼센트)에서 높았고 에스토니아에서는 훨씬 낮았다(겨우 0.4퍼센트). 또 소련의 유럽 지역에서는 높았고(3.5퍼센트), 반유대주의의 본거지인 독일에서는 0.75퍼센트로 매우 낮았다.

홀로코스트가 유대인이 많고 취약한 중산층에 미친 영향은 어렵지 않게 짐작할 수 있다. 이미 취약했던 중산층은 여러 국가가 독일 출신의 엘리트들을 잃었기 때문에 무너졌을지도 모른다. 중세 독일의 농민이자 식민지 개척자들이 동유럽 사회에 거의 녹아들었다면 속화된 튜턴 기사단의 후예인 귀족과 부르주아는 발트 3국의 도시, 특히 에스토니아와 리투아니아의 도시에서 명맥을 유지했다. 1939년 독소 불가침 조약 체결 당시 히틀러는 스탈린의 동의를 얻어 발트 3국에 살던 그 독일인들을 다시 불러들였다. 물론 순수 혈통의 독일인만 받아들였다. 미슐링게(혼혈)들은 소련으로 보내져 비참한 환경에서 살다가 죽음을 맞이했다. 요약해보자. 제2차 세계대전은 이미 취약했던 중산층을 더욱 약화시켰다. 1945년 이후 소련의 지배가 없어도 이 국가들에서 민주주의가 자발적으로 생기는 일은 생각할 수 없었다.

중산층, 제2막: 소련의 후견 아래 부활

제2차 세계대전 직후 소련은 방위권을 만들고 인민민주주의 공화국들을 만들어냈을 때 체코슬로바키아를 제외하고는 그 어느 곳에도 존재하지 않았던 민주주의를 폐지했다. 아마 그래서 우리는 1948년 체코슬로바키아 쿠데타만 기억하는 모양이다. 헝가리, 폴란드, 불가리아 같은 국가를 굴복시킨 것은 별다른 반항을 불러일으키지 못했다. 공산주의가 나치즘 직후 득세한 동독도 마찬가지다.

공산주의는 양차 대전 사이에 일부 독재 체제보다 정치적 측면에서 더 폭력적이었다. 인민민주주의 국가들에서 중앙집권화된 경제는 소련에서와 마찬가지로 실패했다. 그러나 모순적이게도 나치즘으로 황폐해지고 아주 적었던 중산층의 일부를 빼앗긴 중유럽과 동유럽은 붉은 군대에 점령된 뒤 소련 영역에서 문화적으로 가장 발전한 지역이 되었다. 일부 인민민주주의 국가는 상당한 수준의 전문 분야를 발전시켰다. 동독, 보헤미아, 헝가리의 산업이 그 예다. 자세히 연구해보면 헝가리 경제학자들이 1965~1975년 '준개발', 즉 국제 표준으로 보면 품질은 떨어지지만 실질적인 산업 발전이라고 불렀던 현상이 부각될 것이다.

특히 소련의 영향권에 놓인 뒤 동유럽 전 지역에서 교육이 크게 발전했다. 공산주의도 프로테스탄티즘과 마찬가지로 교육에 집착했다. 배로-이 교육 성과 데이터베이스_{Barro-Lee Educational Attainment Data}는 얼마나 발전이 있었는지 보여준다. 이 데이터에는 1990년 베를린 장벽이 무너졌을 때 70~74세(1945년에 25~30세였던 사람으로 공산주의가 들어서기 이전에 교육을 받은 사람)와 35~39세(1980년에 25~30세였던 사람으로 공산주의 시절에 교육을 받은 사람)에서 중등교육을 받은 사람과 고등교육을 받은 사람의 비율이 나와 있다. 먼저 폴란드를 살펴보자. 1990년 70~74세에서 15.9퍼센트, 35~39세에서 60.6퍼센트가 중등교육을 받았다. 고등교육의 경우에는 그 비율이 각각 2.8퍼센트와 10.6퍼센트였다. 10.6퍼센트라는 숫자는 절대적으로 봤을 때는 크지 않지만 공산주의가 들어

선 이후 다섯 배나 증가해서 인상적인 발전이 있었음을 보여준다.

헝가리의 경우 1990년에 70~74세의 6퍼센트와 35~39세의 50.8퍼센트가 중등교육을 받았고, 고등교육을 받은 사람은 각각 4.6퍼센트와 13.5퍼센트였다. 앞에서도 보았듯이 처음에는 다른 동유럽 국가들보다 발전 수준이 높았던 체코(슬로바키아와 나눠서 보겠다)는 70~74세의 19.6퍼센트와 35~39세의 57.1퍼센트가 중등교육을 받았고, 각각 4.1퍼센트와 18.1퍼센트가 고등교육을 받았다. 이 수치들은 다른 국가들에 비해 높지만 발전 정도는 덜하다. 보헤미아는 양차 대전 사이에 서방의 길에서 벗어났다.

소련의 지배 당시 일어난 교육 발전은 새로운 중산층을 낳았다.

동유럽의 비본래성

중산층의 증가는 동유럽에 만연하는 러시아 혐오를 설명해줄 것이다. 나는 카틴 학살 등 소련이 자행한 만행을 잊지 않았다. 그러나 오늘날 동유럽에서 '서방식' 민주주의의 지지 기반이 되고 자국의 나토 가입을 지휘한 중산층이 존재하는 것은 능력을 중시하는 공산주의 시스템과 55년간 러시아가 그들의 사회를 지배한 덕분이라는 사실도 잊지 않았다. 나는 러시아 혐오가 일종의 비본래성inauthenticity을 보여준다고 생각한다. 여기에서 죄책감이나 가면 증후군을 찾아야 할까? 그건 모르겠다. 나는 연구의 단서를 제공하려 한다. 지금 당장은 특히 폴란드에서 심한 러시아 혐오 현상을 심각하게 봐야 하지만 말이다. 이 현상은 먼 과거가 설명해주지 않는다. 폴란드가 우크라이나를 지지하며 러시아와 교전한다면 전쟁의 주체는 러시아가 키워낸 중산층이다. 폴란드의 민주주의가 소련 시절 사회 변화로 만들어졌고 우크라이나어를 사용하는 중산층도 소련 시절에 생겼다고 보면, 폴란드와 우크라이나가 왜 역사적 갈등을 잠시 잊었는지 이해할 수 있다. 우크라이나 서부와 중부에서 우크라이나인이 폴란드 영주의 농노였던 시절이 그리 먼 과거가 아닌데도 기억상실증에 걸린 것처럼 서로를 용서할 수 있었던 것이다.

내가 말하는 동유럽 중산층의 비본래성은 보완적인 또 다른 당황스러움에서 비롯된다. 인민민주주의 체제가 서방에 재통합되면서 동유럽은 지배당하는 주변부의 지위를 되찾았고 가장 보잘것없는 경제 활동을 도맡았다. 중세에는 그것이 농업이었고, 세계화 시대에는 제조업이다. 그 혜택은 주로 독일이 입었다. 서유럽의 노동자 계층이 자유무역으로 무너지던 순간, 옛 인민민주주의 국가들에서는 스탈린주의가 꿈꾸지 못했을 프롤레타리아 계급이 성장했다.

동유럽의 산업 전문화가 무엇인지 이해하기 위해 먼저 서유럽에서 2차 산업에 종사하는 노동인구의 비중을 살펴보자. 우선 가장 서방이라 할 수 있는 국가들의 상황을 보자.[6] 영국과 스웨덴의 2차 산업 종사자 비중은 각각 18퍼센트이고, 프랑스는 19퍼센트이다. 탈산업화에 더 잘 적응했고 수작업을 존중하는 전통이 있는 독일과 이탈리아에서는 2차 산업의 비중이 더 높다. 이탈리아는 27퍼센트, 독일은 28퍼센트이다. 그러나 동유럽으로 가보면 서유럽의 최대치가 최소치가 된다. 슬로베니아와 루마니아의 산업 부문은 노동인구의 30퍼센트를 고용한다. 북마케도니아, 불가리아, 폴란드, 헝가리는 31퍼센트이고, 체코와 슬로베니아는 37퍼센트다.

이러한 산업 전문화의 가장 깊은 뜻은 무엇일까? 동유럽을 서유럽과 동일시하는 것은 뭔가 잘못되었다는 것, 이 또한 비본래적이라는 것이다. 이 국가들은 물론 민주화되었지만 공산주의의 능력주의 덕분에 형성된 중산층과 세계화로 인한 노동자 계층이 공존한다. 이 국가들이 유럽연합에 통합된 것은 서유럽의 국민국가에 비슷한 국민국가를 추가한 것이 아니었다. 오히려 서유럽이라는 공간에 역사가 달랐고 여전히 다른 사회들이 들어온 것이다. 그 차이는 일부 영역에서는 더 가중되기만 했다. 유럽연합과 나토에 가입하려는 의지와 동시에 폭발한 러시아 혐오는 서방과 정말 가깝다는 것을 표현하는 것이 아니라 역사적·사회적 현실을 부인하는 것이다.

러시아 혐오는 러시아가 전쟁 없이, 심지어 점잖다고 말할 수 있는 방식으로 동유럽에서 철수하는 와중에 꽃피웠다. 1945~1990년 족쇄처럼 느껴졌던 위성국가를 털어낼 수 있어서 너무 행복했던 러시아 지도자들이 전차를 다시 보낼 생각이 전혀 없었는데도 러시아 혐오는 사그라지지 않았다. 도미니크 드 빌팽Dominique de Villepin은 어느 날 내게 다음과 같은 사실을 털어놓았다. 2003년인지 2004년인지 정확히 기억나지는 않지만 푸틴, 슈뢰더, 시라크가 이라크 전쟁에 반대한다고 발표했을 때 푸틴이 두 사람에게 이런 식의 말을 했다는 것이다. "맞습니다. 사실 현재 러시아는 꽤 어렵습니다. 그래도 위로가 되는 건 폴란드를 다룰 사람이 여러분이라는 것이죠."

푸틴은 낙천주의자다. 폴란드가 우크라이나에 '의용병' 1만~2만 명을 보냈는지 지금으로서는 알 수 없다.

이 부분을 쓴 다음 나는 우연히 데이비드 쇼언바움David Schoenbaum이 나치즘으로 이루어진 독일의 사회적 민주화를 다룬 훌륭한 책『히틀러의 사회 혁명—1933~1939년 나치 독일 내 계급과 지위』[7]의 프랑스어 재판에 쓴 서문을 읽게 되었고 거기에서 다음과 같은 놀라운 직관을 찾았다.

> 공산주의가 끝난 폴란드, 헝가리, 심지어 슬로바키아도 (동독과는) 아예 사정이 다르다. 전쟁 전에는 강한 농업주의, 잔존하는 봉건주의, 심한 반유대주의, 권위주의, 민족통일주의 경향을 띠었던 이 국가들은 전쟁 후 40년 동안 이어진 공산주의와 소련의 헤게모니에서 벗어나 '정상적'이면서도 콘라트 아데나워의 서독이 카이저의 독일 또는 히틀러의 제국과 다른 만큼 달라졌다. (…)
>
> 나는 붉은 혁명과 그것이 공산주의 붕괴 이후 유럽에 미친 영향을 연구할 자격도 없고 힘도 없다. 그러나 이 책이 한 연구자의 상상을 발동시킬 수 있다면 (…) 나는 기쁠 것이다.[8]

나는 2000년부터 소련, 즉 러시아의 지배로 동유럽의 현대화가 진행되었다는 주장이 언급되었다는 사실에 놀랐다. 쇼언바움(나는 그에게 지적으로 빚진 바 많다. 그것을 지금에 와서야 깨닫는다)의 실용적인 본능은 옛 인민민주주의 국가들의 러시아 혐오가 그저 옛 지배자에 대한 무의식적으로 감추어진, 수용할 수 없고 용납되지 않는 역사적 부채에 기인했다는 것을 내게 확인해주었다.

헝가리적 예외

동유럽은 서방의 관심사가 아니다. 서방인들은 동유럽을 분화되지 않은 하나의 덩어리로 인식한다. 앞에서도 보았듯이 사회경제적 측면에서는 옛 인민민주주의 국가들 사이에 공통점이 있는 것이 사실이다. 그러나 이 세계는 매우 다양한 역사를 가지고 있다. 이는 예를 들어 현재 헝가리인들의 행동을 설명할 수 있다.

종교를 살펴보자. 폴란드에 가톨릭은 분명 존재하지만 사람들이 생각하는 것과 달리 전쟁 이전에는 영향력이 크지 않았고 소련 지배 당시에 국민의 저항 수단이 되었다. 최근에는 동유럽에서 최저 수준을 기록하는 폴란드의 출산율이 말해주듯이 가톨릭은 매우 급격하게 무너졌다. 폴란드의 출산율은 우크라이나와 마찬가지로 1.2명이다. 이렇게 출산율이 낮은 상태에서 피임은 가톨릭의 죽음을 의미한다. 체코가 된 보헤미아의 일부에서 15세기부터 후스파 원시 개신교가 발전했다. 합스부르크 제국이 군인 계층, 체코 귀족과 함께 후스파 원시 개신교를 몰아냈지만 국가를 다시 가톨릭화하지는 못했다. 보헤미아는 형식상의 가톨릭이지만 가톨릭 국가로 분류된다. 개신교가 제거되고 18세기에 비기독교화와 출산율 감소가 나타난 프랑스의 가론 계곡 지역과 상황이 비슷하다.

헝가리의 종교 역사는 가장 독특하다. 지도를 단순하게 그리면 헝가리는 가톨릭 국가로 보인다. 양차 대전 사이에 오스트리아-헝가리 제국이 해체되면서 축소되어 생긴 헝가리는 국민의 절반 이상이 가톨릭 신자였다. 그러나 유대인도 5퍼센트 있었고 칼뱅주의자도 20퍼센트나 되었다. 동쪽 아주 먼 곳에 소수의 개신교 신자가 많이 살았다는 것은 희한하게도 오스만 제국이 일시적으로 이곳을 지배했기 때문인 것으로 설명된다. 반종교개혁이 벌어질 때 오스만 제국이 헝가리 영토의 약 3분의 1을 지배하고 있었고 합스부르크 왕조와는 달리 개신교를 제거할 이유가 없었다. 헝가리 동쪽에 있는 데브레첸은 헝가리의 제네바로 불리는데 이곳은 여전히 경이롭다. 오르반 빅토르도 칼뱅주의 집안 출신이다.

이 중요한 소수의 칼뱅주의자가 헝가리 역사의 역동성에 기여한 핵심 세력 중 하나이다. 진보의 종교이자 어쨌든 교육을 중시하는 칼뱅주의는 민족 감정을 부추기는 동시에 반유대주의를 반대했다. 올바른 칼뱅주의자는 이스라엘에 자신을 동일시한다. 다음 장들에서 이 메커니즘이 좀 더 넓은 범위에서 작동하는 것을 살펴볼 예정이다. 잉글랜드인, 스코틀랜드인, 미국인들은 차례로 자신들을 선택받은 민족이라 여겼다. 헝가리인들은 애국심이 매우 강하고 반유대주의가 가장 약했던 지역에 속했다. 예를 들어 1968년 이후 폴란드와 체코슬로바키아와는 반대로 헝가리는 시들어가는 소비에티즘의 반유대주의 열기를 피해갔다.[9] 오스트리아-헝가리 이중 제국기의 헝가리는—이 지역에서 유일하게—유대인 주민을 통합하는 데(즉 헝가리화하는 데) 성공했다. 이 주민들은 동유럽에서 유일하게 이디시어를 버리고 독일어가 아닌 마자르어(인도유럽어족도 아니다)를 쓴다. 이들 중 가장 부유한 사람들은 작위를 받고 귀족이 되었고, 그 결과 동유럽에서 가장 애국심이 많은 유대인이 되었다. 이들은 사실 부다페스트라는 가장 위대했던(지금도 위대한) 수도와 국민주의적이지만 동화가 쉬운 헝가리 문화에 매료되어 폴란드, 리투아니아 등에서 최근에 이주한 사람들이기는 하다.

헝가리인들은 역사적인 패배를 맛보았다고 느낀다. 그들은 소수민족인 마자르인들을 이웃 국가들에 살도록 만든 트리아농 조약을 결코 용서하지 않았다. 그러나 동유럽 전체 역사를 봤을 때 헝가리는 내게 가장 확실하게 살아남을 국가로 보인다. 이러한 진단은 또 다른 특징을 밝혀준다. 헝가리 정권이 러시아를 혐오하지 않는다는 점이다.

오르반은 유럽연합에서 제재안을 거부하거나 막아서 푸틴처럼 군다는 비난을 자주 받는다. 그러나 이를 판단하기 전에 1956년에 러시아를 대적한 유일한 인민민주주의 국가가 지금은 왜 그렇게 러시아에 너그러운 태도를 보이는지 생각해보자.

우선 우크라이나의 우주호로드에 헝가리 소수민족이 살고 있다는 점을 지적하자. 우크라이나 정부의 언어 통합 정책이 마자르어를 사용하는 헝가리인들에게 환영받지 못했고 러시아인들로 가득 찬 돈바스를 회수하기 위해 목숨을 바치는 것도 그들 마음에 들지 않았으며 헝가리 정부도 이 문제에 무관심하지 않았다는 것은 이해할 만한 일이다. 그런데 나는 좀 더 심오한 이유가 있다고 느낀다. 헝가리인들이 자신들을 폭력적으로 억압한 러시아인들을 용서할 수 있었던 것은 무기를 들고 그들과 맞섰기 때문이었다. 러시아 혐오의 부재는 1956년 봉기와 모순되지 않는다. 오히려 1956년 사건이 러시아 혐오의 부재를 설명해준다. 1956년 이후 러시아는 소련 영역에서는 유일하게 헝가리에 자유로운 지위를 부여했다. 그래서 헝가리를 '수용소에서 가장 유쾌한 막사'라고 불렀다. 소련 정부가 지정한 지도자인 카다르 야노시János Kádár 는 기막힌 실용주의적 슬로건을 만들었다. "적이 아니면 친구다." 이러한 소련에 대한 믿음 때문에 헝가리는 1989년에 국경을 개방하고 철의 장막을 벗겼다. 헝가리인들이 현재 러시아 혐오에 빠지지 않게 된 것도 그 믿음 때문이다.

내가 지금 언급하는 역사적 가정들은 기술적으로 증명이 불가하다. 그러나 우리가 합리적이고 신중하게 나아가려면 그 가정들이 무척이나 필요하다. 우크라이나 전쟁이 악화할 수 있는 상황에서 동유럽을 여전히 분화되지 않고 부차적인 하나의 덩어리로 바라볼 수는 없다.

우크라이나 같은 동유럽이든 이곳 서유럽이든 나는 희생양을 지명할 때 언제나 그렇듯이 러시아 혐오도 그것을 느끼는 사람들에게 결핍이 있다는 것을 말해준다고 생각한다. 이 현상이 우리에게 러시아에 대해 알려주지는 않지만 우크라이나인, 폴란드인, 스웨덴인, 영국인, 프랑스와 미국의 중산층에 대해서는 가르쳐주는 것이 있다. 우리는 다음 장들에서 이 다양한 서방의 사례를 살펴볼 것이다. 동유럽은 명백한 비본래성으로 형성된다. 동유럽을 원래 민주적이고 자유주의적이라 보기도 하지만 폴란드와 헝가리가 보수적인 반응에 굴복한다고 비난하기도 한다. 이 모든 국가는 그 다양성에도 불구하고 공산주의가 만들어낸 중산층이 지배한다는 것과 해방을 맞은 뒤 노동자 계급으로 하여금 서방의 자본주의를 섬기게 했다는 것이 현실이다.

제4장

서방이란 무엇인가?

옛 소련 영역을 살펴면서 우리는 러시아가 안정과 일정한 경제 역동성은 되찾았지만 러시아 인구의 미래가 확장의 희망에 걸림돌이 된다는 사실을 알았다. 물론 여기에서 현재 세계가 겪고 있는 혼돈의 원인을 찾아서는 안 된다. 해체 중인 우크라이나를 살펴봄으로써 우리는 이 점에 대해 더 잘 알 수 있었다. 그러나 우크라이나의 크기가 작기 때문에 단독으로 전 세계를 대혼란에 빠뜨릴 수는 없을 것이다. 마지막 부분에서는 옛 인민민주주의 국가들을 발트 3국과 함께 살펴보았다. 이 국가들은 역사를 통틀어 러시아가 아닌 서방의 장난감이었다. 그러나 여기서도 폴란드가 보이는 외교적 공격성, 그리고 아마도 군사적인 공격성에도 불구하고 우리가 겪는 위기의 책임을 이 지역으로 돌리는 것은 오류일 것이다.

원인을 찾으려면 옛 철의 장막을 건너야 한다. 위기는 러시아나 우크라이나, 또는 옛 인민민주주의 국가들이 아니라 서방에서 태어났다. 러시아가 가장 책임이 크다는 생각을 거부하는 것이 어려운 일이라는 것을 나도 인정한다. 이 가정은 본능에 반한다. 러시아가 우크라이나를 공격하지 않았는가? 러시아가 자국 내에서 자유민주주의 원칙을 무시하지 않았는가? 그러나 러시아에서는 모든 객관적 지표가 향상되었고 얼마 전 안정을 되찾고 그 안정을 유지하려고 애쓰고 있다. 지정학자가 봤을 때 러시아는 흥미롭지 않다고 말하고 싶지만 그것은 독자에게 상상력을 동원하고 전쟁이라는 명백한 사실에 순응하는 것을 그만두도록 요구하는 것이라는 사실을 나도 인지하고 있다.

서방은 안정적이지 않다. 심지어 아프다. 우리는 이번 장과 다음 장들에서 이 잔인한 진실을 자세히 살펴볼 것이다. 서방은 위기일 뿐 아니라 핵심적인 위치를 점하고 있다. 인구든 경제든 서방이 차지하는 비중은 러시아보다 7~10배나 크고 기술로도 앞서 있으며 1700~2000년의 경제사에서 비롯된 이데올로기와 금융의 우위를 점하고 있어 우리는 어쩔 수 없이 서방의 위기가 세계의 위기라는 가정을 세울 수밖에 없다.

먼저 서방을 정식으로 정의하자. 다시 말하면 서방 하면 자유민주주의라는 진부한 공식을 배제하자는 것이다. 나는 물론 경제에 대해 말할 것이다. 전쟁에서 서방의 위기가 심각한 산업적 결함으로 나타나기 때문이다. 그러나 서방의 위기는 러시아와 우크라이나에 대해 내가 설명했듯이 가족 구조로도 나타난다. 나는 특히 종교를 중요하게 볼 것이다. 서방이 발전한 원인과 핵심은 시장, 산업, 기술이 아니라 내가 서론에서도 언급했듯이 특정 종교, 즉 개신교다. 이로써 나는 막스 베버의 모범생 제자답게 루터와 칼뱅의 종교를 당시에는 서방의 우월성으로 보였던 것의 원인으로 놓았다. 그러나 1904년과 1905년에 발표된 『프로테스탄트 윤리와 자본주의 정신』 이후 100년이 더 흐른 지금 우리는 베버를 완전히 새로운 방식으로 뛰어넘을 수 있다. 베버의 주장처럼 개신교가 서방의 도약에 모체가 되었다면 오늘날 개신교의 죽음은 서방의 해체, 더 건조하게 말하면 서방의 패배의 원인이 된다. 나는 즉시적인 지정학 분석에 긴 종교사를 삽입했다. 그것은 어려운 일이었지만 그럴듯하고 효율적인 예측에 꼭 필요한 일이었다. 부분적이든 전체적이든 쇠퇴를 되돌릴 수 있는지 예언하려면 번영의 원인이 무엇이었는지 알아야 한다. 그것은 경제 부문에만 제한되어서는 안 된다. 국민국가의 증발을 설명하려면 그 탄생을 가능하게 한 힘들을 규명해야 한다.

두 개의 서방

서방을 어떻게 정의할까? 두 가지 가능성이 있다. 우선 교육과 경제 발전으로 광범위한 정의를 내릴 수 있다. 여기서 서방은 대국만 고른다면 영국, 미국, 프랑스, 이탈리아, 독일, 일본이 될 것이다. 이것은 오늘날의 정치인들과 기자들이 생각하는 서방, 일본까지 확장된 나토의 서방이다. 두 번째 가능한 정의는 협소한 정의로 자유민주주의 혁명에 참여한 것을 기준으로 삼는다. 그렇게 되면 영국, 미국, 프랑스만 들어올 수 있는 선별된 클럽으로 한정된다. 1688년 영국의 명예혁명, 1776년 미국의 독립선언, 1789년 프랑스혁명은 협소한 의미의 자유주의 서방을 만든 사건들이다. 포괄적 의미의 서방은 따라서 역사적으로 '자유주의'가 아니었다. 이탈리아의 파시즘, 독일의 나치즘, 일본의 군국주의를 낳았기 때문이다.

이 세 국가가 변했다고들 한다(일리가 있다). 그러나 현재 서방의 담론은 러시아만 제정 러시아의 전제정치와 스탈린의 전체주의 사이를 오가는 전횡의 영원 속에 가둬둔다. 푸틴은 악마와 동일시되거나 새로운 스탈린이나 새로운 차르로 비유된다. 서방(광의의)에 러시아의 발전할 권리를 부정하는 비역사적 기준을 똑같이 적용한다면 서방은 현재 자신이 생각하는 이미지와 거리가 매우 멀다는 것을 발견할 것이다. 서방은 파시즘, 나치즘, 군국주의에서 직접 비롯된 것이 아니라 이탈리아, 독일, 일본의 역사를 영원히 움직일 신비로운 문화적 요소에서 비롯된 폭력성을 앞으로도 어느 정도 계속 지닐 것이다. 가족 구조를 분석하면 물론 국가의 역사에서 지속성의 요소들, 특히 직계 가족stem family 또는 공동체 가족의 권위주의를 찾아낼 수 있다. 그러나 오늘날의 이탈리아는 무솔리니의 이탈리아가 아니고, 오늘날의 독일은 히틀러의 독일이 아님이 명백하다. 그러니 오늘날의 러시아는 공산주의 러시아나 제정 러시아와는 전혀 다르다는 것도 자명하다.

나는 서방의 포괄적 정의를 채택할 것이다. 그 이유는 단순한데, 그 정의가 미국의 권력 시스템에 잘 들어맞기 때문이다. 그러나 자유주의 서방과 권위주의 서방이 동시에 존재한다는 것도 염두에 둘 것이다. 1990~2006년 이루어진 러시아의 발전이 받아들여졌다면 권위주의적 서방에는 러시아도 포함됐을 것이다.

이렇게 정의된 서방에서는 세계 다른 지역보다 더 일찍 경제 발전이 일어났다. 이탈리아의 르네상스와 독일의 프로테스탄티즘이라는 두 차례의 문화 혁명이 그런 발전을 설명해준다. 우리의 근대성은 권위주의 지역에서 부화했다.

막스 베버는 개신교와 유럽의 경제 도약의 상관관계를 수립했다. 발전의 이유를 미묘한 신학적 뉘앙스에서 찾으면서 길을 잃었을 가능성이 크지만 말이다. 근본적인 요인은 더 단순하다. 개신교는 원칙적으로 신자들의 문맹을 퇴치한다. 모든 신자가 성서를 직접 읽어야 하기 때문이다. 그런데 글을 읽게 된 주민들은 기술과 경제 발전도 이룰 수 있다. 개신교는 우연히 더 효율적인 노동력을 만들어낸 것이다. 그런 의미에서 독일은 서방이 이룬 발전의 중심부였다. 산업혁명은 영국에서 일어났고 가장 눈부신 마지막 경제 발전은 미국에서 일어났지만 말이다. 여기에 개신교로 일찍 문맹을 퇴치한 스칸디나비아반도 국가들을 추가한다면 제1차 세계대전 직전 더 선진화된 세계의 지도가 그려질 것이다. 서방 개신교의 본거지는 자유주의적 요소와 권위주의적 요소에 걸쳐 있다고 말할 수 있다. 그 축이 앵글로색슨 세계와 독일(3분의 2가 개신교)이기 때문이다. 프랑스는 가톨릭 국가다. 다만 대부분 개신교인 서방의 가장 발달한 지역과 가까웠기 때문에 그 안에 계속 포함될 수 있었다.

사회에 관한 개념 측면에서 보면 모든 개신교 지역은 신이 정해놓은 예정설을 이어받았다. 그래서 선택받은 자와 저주받은 자가 있고 인간은 평등하지 않다는 생각을 공유했다. 독일에서는 적나라한 불평등주의inegalitarianism가, 네덜란드, 영국, 미국에서는 완화된 불평등주의가 존재한다. 그러나 모든 경우에 불평등주의는 인간은 세례를 받아 원죄를 씻으면 근본적으로 평등하다는 가톨릭(혹은 그리스 정교회) 사상과 대치되었다. 결국 인종차별의 가장 강력하고도 안정적인 형태 두 가지가 개신교 국가에서 출현한 것은 놀랄 일이 아니다. 나치즘은 독일의 루터교를 믿는 지역에 뿌리를 내렸다. 1932년 나치의 득표율을 보여주는 지도는 개신교의 지도와 일치한다. 미국인들이 흑인 차별에 집착하는 것도 개신교와 관련이 많다. 1935~1976년 나치 독일과 스웨덴, 그리고 1907~1981년 미국에서 성행한 우생론과 강제 불임 수술을 언급하자. 이는 모든 인간에게 기본권을 똑같이 인정하지 않는 개신교 배경의 논리적 결과다.

따라서 개신교는 이중으로 서방 역사의 중심에 있는 것이다. 좋게는 교육과 경제 발전에 기여했고 나쁘게는 인간이 불평등하다는 사고를 초래했다. 개신교는 국민국가를 발전시킨 최초의 동력이기도 했다. 프랑스인들은 혁명으로 국가가 탄생했다고 생각하지만 그것은 잘못된 생각이다. 국민에게 자신을 대표하는 것, 집단의식의 특별한 형식을 최초로 부여한 것은 개신교다. 성서를 각 국민의 고유 언어로 번역해야 한다고 주장한 루터와 그 제자들은 국민 문화와 강력한 국가, 전쟁을 하고 자기의식이 있는 국가의 형성에 크게 기여했다. 크롬웰의 영국, 구스타브 2세 아돌프의 스웨덴, 프리드리히 2세의 프로이센이 그런 국가들이다. 개신교와 함께 성경을 읽고 신에게 선택받았다고 믿는 국민들이 나타났다.

원래 개신교의 성격은 권위주의적이었다. 루터는 국가에 대한 개인의 완전한 복종을 설파했다. 그러나 독일에서 개신교의 권위주의적 형태가 성공한 것은 무엇보다 인류학적 소인으로 설명된다. 권위주의라면 독일의 직계 가족이 러시아의 공동체 가족에게 부러울 것이 없다.

아들 중 한 명만 아버지와 함께 살 수 있었고(러시아에서는 아들이면 누구나 그럴 수 있었다) 이는 좀 더 안정적인 사회 질서를 만드는 메커니즘이었다. 형제간 평등의 부재가 그 메커니즘을 좀먹지 않았고 아버지를 상대로 한 형제들의 연합이 없어 그 메커니즘이 위협받지도 않았다. 극단적인 혁명(황제나 신을 상대로)에 대한 열망도 없어서 그 메커니즘을 무너뜨릴 수도 없었다.

개신교인 영국은 반대로 자유, 의회, 언론이 꽃피운 국가로 차별점을 가졌다. 그곳에서 자유민주주의가 일찍 탄생한 것도 인류학자를 놀라게 하지 않는다. 절대적인 핵가족 시스템은 부부와 자녀 외에는 함께 사는 사람이 없게 했고 자녀는 청소년이 되자마자 부모의 집을 나와 다른 가정에 하인으로 보내졌다(경제 수준에 상관없이). 이러한 시스템은 개인이 자유를 누릴 준비를 하게 하고 은연중에 자유를 고양한다. 식민지로 이주한 영국인들이 이를 미국으로 수출했다. 프랑스에서는 적어도 파리 분지에서 평등한 핵가족이 존재했다. 형제자매가 똑같이 유산을 나누어 받을 수 있었기 때문이다. 앵글로색슨 세계에서는 자녀에게 이 규칙이 적용되지 않았다. 가족 구조의 인류학은 영국, 미국, 프랑스가 왜, 그리고 어떻게 자유민주주의의 태동에 기여했는지 이해할 수 있게 해준다. 핵가족의 배경은 본능적인 자유주의를 키울 수 있었다. 1789년 프랑스의 평등주의가 폭력적으로 등장하자 영국은 처음에 당연히 충격에 빠졌다. 그러나 프랑스의 상황이 안정되자 영국은 자극을 받아 나름의 보통선거 제도를 만들었다. 미국은 가족생활에서 평등의 원칙이 부재한 것을 일찍이 극복할 수 있었다. 사회적 열등에 대한 집착을 원주민과 흑인에게 쏟아부을 수 있었기 때문이다. 백인들끼리의 평등은 앞으로 살펴보겠지만 일반적인 인간의 평등보다 덜 견고한 원칙을 드러낸다.

독일을 포함하는 서방의 포괄적 정의를 내리다 보면 러시아와의 극단적 대치라는 아이디어가 희한하게 보인다. 서방과 러시아의 관계는 오히려 가까운 사촌 관계, 특히 전체주의 탄생에 있어서 직계 가족은 나치즘을, 공동체 가족은 공산주의를 낳았으니 부분적으로 역사적 공모 관계라는 인상을 준다. 서방이 자유민주주의의 출생지라는 좀 더 협소한 두 번째 정의를 고집하더라도 우리는 여전히 부조리에 부딪힌다. 오늘날 서방은 러시아의 전제정치(예를 들어)에 맞서는 자유민주주의를 대표한다고 주장한다. 그런데 실제로 자유민주주의를 만들어낸 영국-미국-프랑스라는 중심 그룹에서 자유민주주의가 몰락하고 있다.

존재하지 않은 민주주의 지키기

주요 신문이나 텔레비전에 등장하는, 전쟁에 관한 일체주의적 담론에서는 미국, 영국, 프랑스가 자유민주주의 국가라는 것이 당연하게 여겨진다. 그것은 이 국가들이 '전쟁 속에서' 하는 자기 연출이 20~30년 동안 '내부적으로' 자신에 관해서 하는 말과 완전히 모순된다는 사실을 잊는 것이다. 서방의 민주주의 국가는 위기 상태이며 우리가 탈민주주의 국가에서 살았다는 것 자체가 진부한 생각이 되었다.

나는 이에 대해 2008년 나의 책『민주주의 이후 *Après la démocratie*』에서 말한 적이 있다. 당시에도 이미 내가 대단히 독창적이라는 느낌은 없었다.[1] 이후 브렉시트와 트럼프 덕분에 이 문제에 관해 극단적으로 비관적인 책들이 유럽과 미국에서 쏟아져 나왔다. 1995년 크리스토퍼 래시Christopher Lasch의 유작『엘리트들의 반란과 민주주의의 배신』[2]이 출간되면서 미국이 첫 테이프를 끊었다. 1996년에는 마이클 린드Michael Lind가 펴낸『차세대 미국―신국민주의와 네 번째 미국 혁명』도 미국인들의 절망을 말하고 있다.[3] 린드는 2020년에도『새로운 계층 전쟁―대도시 엘리트로부터 민주주의 구하기』[4]를 출간했다. 미국의 민주주의 기반을 갉아먹는 신흥 올리가르히는 2014년에 발표된 조엘 코트킨Joel Kotkin의『새로운 계급 투쟁』[5]에도 등장하는 주제다.

영국에서는 콜린 크라우치Colin Crouch의『포스트민주주의』가 2020년에 출간되었는데 이 책은 그가 2003년(나의 책『민주주의 이후』가 발간되기 5년 전)에 썼던 책의 내용을 발전시켜 쓴 것이다.[6] 그 밖에도『분노에서 무관심으로―1975년 이후 영국의 실험』[7]이나 데이비드 굿하트David Goodhart의『엘리트가 버린 사람들』(2017)[8], 데이비드 스켈톤David Skelton의『뉴스노비즘―현대 엘리트주의에 맞서 노동자 계층의 권한 강화하기』(2021)[9]도 있다. 프랑스에서 발간된 책 중에는 크리스토프 귀위Chrsitophe Guilluy의『주변부의 프랑스―서민층은 어떻게 희생되었는가』(2014)[10], 뤼크 루방Luc Rouban의『대의민주주의는 위기인가?』(2018)[11], 제롬 푸르케Jérôme Fourquet의『프랑스 열도―다양하고 분열된 국가의 탄생』(2019)[12] 정도를 들 수 있겠다. 독일에서도 비슷한 책들이 나왔다. 올리버 나흐트바이Oliver Nachtwey의『쇠퇴하는 사회―퇴행적 근대의 반항에 대하여』가 2016년에 나왔고 2018년에 영어로 번역 출간[13]되었다.

그 밖에도 많은 책이 있고 다음 장들에서 또 다른 책들도 언급하겠지만 이렇게 여러 저서를 나열한 이유는 서방의 민주주의가 위기의 마지막 단계에 있다는 것이 엉뚱하거나 소수의 의견이 아니라는 것을 보여주기 위해서다. 이는 놀랄 것이 없는 생각이고 물론 정도의 차이는 있겠지만 많은 지식인과 정치인이 이미 받아들인 생각이다.

민주주의 퇴행의 이념형ideal type을 추출해보자. 그러려면 먼저 자유민주주의의 이념형을 정의해야 하고 혹은 야심을 줄여 간단하게 기술해야 한다. 자유민주주의의 틀은 국민국가다. 시민들은 공통의 언어 덕분에 그 안에서 늘 그런 것은 아니어도 서로를 거의 이해한다. 그곳에서는 보통선거로 선거가 치러진다. 다원주의, 표현의 자유, 언론의 자유가 보장된다. 그리고 매우 중요한 특징은 소수를 보호하면서도 과반의 규칙을 적용한다는 것이다.

그러나 명시적인 법으로 자유민주주의 국가를 만들기에는 모자라다. 법은 민주적 도덕의 은총에 의해 활성화되고 구체화되고 실천되어야 한다. 보통선거로 선출된 대표는 스스로를 자신을 뽑아준 사람들의 대표로 여겨야 한다. 법과 도덕의 일치는 20세기에 와서 문자 교육이 일반화되자 가능해졌다.

읽고 쓰는 능력을 민주주의의 근간으로 보는 것은 단순히 문자 교육을 받아 신문을 해독하고 투표할 후보를 고르기 때문이 아니라 모든 시민이 말하자면 형이상적인 평등의 감각을 가질 수 있기 때문이다. 과거에는 성직자가 독점했던 읽고 쓰는 능력이 이제 모든 인간의 속성이 되었다. 그런데 기본적인 민주적 평등감은 이 세 번째 천년의 초입에 다 말라버린 듯하다. 고등교육의 발전은 한 세대의 30~40퍼센트에게 정말 우월하다는 느낌을 들게 했다. 다수의 엘리트. 이상한 상황으로 안내하는 모순어법이 아닐 수 없다.

우크라이나 전쟁 이전에 전문가들은 서방의 민주주의 국가들이 계속 나빠지기만 하는 악에 의해 쇠약해진다고 인식했다. 그 악은 두 개의 커다란 이데올로기와 정신의 카테고리를 대면시킨다. 바로 엘리트주의와 포퓰리즘이다. 엘리트들은 서민이 외국인을 혐오하며 우경화한다고 비난하고, 서민은 엘리트들이 광기의 '글로벌리즘'에 빠졌다고 본다. 서민과 엘리트들이 함께 살아가기 위해 더는 뜻을 합치지 않는다면 대의민주주의의 개념은 의미가 없다. 엘리트들은 더는 서민을 대표하고 싶어 하지 않을 테고, 서민은 더는 대표되지 않을 것이다. 여론조사를 보면 기자와 정치인도 '서방 민주주의 국가' 대부분에서 가장 존경받지 못하는 직업군에 속한다. 엘리트주의/포퓰리즘의 조합과 사회적 불신이 만든 사회 시스템에 나타나는 특수한 병적 현상인 음모론도 확산된다.

모든 시민의 완벽한 경제적 평등이라는 꿈까지는 아니어도 민주주의의 이상은 사회적 조건들이 비슷해진다는 개념을 포함하고 있다. 제2차 세계대전 이후 민주주의가 최고치에 달했을 때는 미국과 이후 다른 국가에서 프롤레타리아와 부르주아가 폭넓은 중산층으로 녹아들 것이라는 상상을 할 수 있었다. 그러나 최근 몇십 년 동안 우리는 오히려 불평등의 심화를 목격했다. 그 정도는 국가마다 다르다 해도 말이다. 자유무역과 관련이 있는 이 현상은 전통적인 계층 구분을 없앴지만 물질적 조건과 노동자 및 중산층의 고용은 악화시켰다. 이번에도 역시 내가 말하는 것은 평범해서 당황스러운 이야기다. 여기에는 모든 사람이 동의한다.

서민의 대표, 고등교육을 받은 다수의 엘리트에 속하는 일원은 더는 초등교육과 중등교육을 받은 서민을 존중하지 않고, 어떤 정당 소속을 표방하더라도 결국 고등교육을 받은 사람들의 가치만 정당하다고 느끼지 않을 수 없다. 그는 엘리트의 일원이고 그 가치는 그 자신이다. 나머지 가치는 그가 보기에 의미가 없고 비어 있다. 그는 그 어떤 대안도 대표할 수 없을 것이다.

자유주의적 과두제 vs. 권위주의적 민주주의

우리의 언론, 대학, 선거 캠페인은 우크라이나를 중간에 두고 러시아의 '권위주의'에 맞선 서방의 '자유민주주의'로 정치 시스템을 기술한다. 나는 그런 정치 시스템을 재정의하겠다. '민주주의'에 덧붙인 '자유'라는 말은 다수의 원칙이 갖는 힘을 완화하고 소수를 보호하겠다는 뜻을 나타낸다. 러시아에서는 소수의 입에 재갈을 물리는 불완전한 방식으로 선거와 정부에 대한 지지가 이루어진다. 여기서 나는 민주주의는 그대로 두고 '자유'라는 말 대신 '권위주의적'이라는 말을 사용했다. 서방의 경우에는 다수투표제가 기능을 제대로 하지 못하면서 '민주주의'라는 말을 고수할 수 없게 되었다. 그러나 '자유'라는 말은 그대로 두어도 무방하다. 소수의 보호는 서방의 집착이 되었기 때문이다. 소수라고 하면 우리는 억압당한 사람들, 그러니까 흑인이나 동성애자를 생각하기 쉽지만 서방에서 가장 많은 보호를 받는 소수자는 바로 부자들이다. 전체 인구의 1퍼센트, 0.1 혹은 0.01퍼센트에 해당하는 사람들 말이다. 러시아에서는 동성애자든 올리가르히든 보호받는 사람이 없다. 우리의 자유민주주의는 따라서 '자유주의적 과두제'가 되었다.

전쟁의 이데올로기적 의미는 바뀐다. 서방의 자유민주주의가 러시아의 권위주의와 싸우는 것이라는 지배적인 생각이 예고한 전쟁은 실제로는 서방의 자유주의적 과두제와 러시아의 권위주의적 민주주의의 대결이 되었다.

서방과 러시아를 이렇게 재정의하는 목적은 서방을 비난하려는 것이 아니라 서방의 전쟁 목적, 서방의 힘과 약점을 더 잘 이해하기 위함이다.

중요한 점 몇 가지는 이미 강조했다.

— 우리는 이데올로기 측면에서 서로 반대인 시스템 두 개의 대결을 다루고 있다. 그 반대가 우리가 알고 있는 것과는 다르지만 말이다. 피지배 계급인 노동자나 프티부르주아를 대표하는 정당(프랑스에서는 '국민연합Rassemblement national'과 '굴복하지 않는 프랑스France insoumise', 독일에서는 '독일을 위한 대안AfD', 미국에서는 도널드 트럼프)이 푸틴에 우호적인 것은 아닌지 의심하는 것은 사회학적으로 봤을 때 정상적인 일이다. 지배 계급인 엘리트들은 하부 사회 계층이 러시아 쪽으로 기울까 봐 두려워한다. 권위주의적 민주주의의 가치는 서방 포퓰리즘의 특징을 떠올리게 한다.

— 자유주의적 과두제 국가들이 경제 제재를 전쟁 수단으로 삼았다는 것이 더 잘 이해된다. 반면 물가 상승과 생활 수준 하락으로 가장 타격을 입은 것은 서방 사회의 하부 계층이다.

— 자유주의적 과두제가 무질서하게 작동하면서 외교 부문에서 무능력한 엘리트들을 만들어냈다. 따라서 러시아, 중국과 빚는 마찰을 관

리할 때 큰 실수가 벌어진다. 이러한 구조적 기능 이상은 더 살펴볼 필요가 있다.

서방의 과두제 국가에서 매우 특이한 점은 제도와 법이 변하지 않았다는 사실이다. 형식적으로는 여전히 보통선거제, 의회, 때로는 선출된 대통령, 자유로운 언론이 있는 자유민주주의 국가를 다루고 있다. 그러나 민주주의 도덕은 사라졌다. 고등교육을 받은 상류층은 자신들이 본래 우월하다고 생각하고 앞에서도 말했지만 엘리트들은 서민을 대표하는 것을 거부한다. 서민은 포퓰리즘으로 평가받는 행동들에 내맡겨졌다. 이러한 시스템이 조화롭고 자연스럽게 작동하리라고 여기는 것은 잘못이다. 서민은 문자 교육을 받았고 새로운 교육 계층화가 더해진 보통선거의 기초는 여전히 살아 있다. 자유민주주의 국가의 과두제라는 기능 이상은 따라서 정돈되고 통제되어야 한다. 이게 무슨 말일까? 간단히 말해서 선거는 계속되므로 서민은 경제 운영과 부의 재분배에서 배제되어야 한다는 뜻이다. 한마디로 서민은 기만당해야 한다. 이것은 정치 계급이 할 일이고, 심지어 정치 계급이 우선하여 헌신하는 '일'이 되었다. 그로 인해 인종이나 민족 문제에 대한 히스테리가 만연하고 환경, 여성의 지위, 지구온난화 등 중요한 주제에 대해서는 쓸데없는 잡담만 늘어난다.

이 모든 것은 지정학, 외교, 전쟁과 부정적인 관계를 맺는다. 새로운 직업—연극에 지나지 않지만 진짜 연극처럼 특별한 능력과 노력을 요하는 선거에서 이기려 하는 것—에 열중한 서방 정치 계층의 일원들은 국제 관계 운영을 배울 시간이 없다. 그러니 필수적인 기본 지식을 갖추지 못한 채 세계라는 커다란 무대에 오르는 것이다. 더욱 심각한 것은 그들이 자국 내에서 교육 수준이 더 낮은 사람들을 어렵게나마 지배하는 데 익숙해졌고(이것이 그들이 주로 하는 일이다) 그로 인해 자신들의 우월성을 과신한 상태에서 진짜 적을 만난다는 사실이다. 그들을 우습게 보는 적은 그들과 달리 세상에 대해 충분히 생각할 시간을 가졌고 솔직히 말해 러시아 선거나 중국 공산당 내부의 역학 관계를 파악하는 데 그들만큼 많은 에너지를 낭비하지 않는다. 우리는 조 바이든이나 에마뉘엘 마크롱이 블라디미르 푸틴이나 시진핑에 비해 얼마나 기술적으로 열등한가 인식하기 시작했고 그 이유도 이해하기 시작했다.

역행할 수 없는 과정

새로운 교육 계층화로 상류층은 초중등 교육까지만 받은 사람들을 무시하고 초중등 교육까지만 받은 사람들은 상류층을 불신하게 되었다. 그러나 자유민주주의 국가의 퇴보는 상류층과 하층민의 싸움에서만 비롯하는 것은 아니다. 상당한 생활 수준 향상과 밀접한 관련이 있는 교육 계층화는 종교와 집단의 힘을 파멸시켰다. 우리는 포퓰리즘과 엘리트주의의 대치를 넘어 모든 사회 계층에서 사회 원자화와 정체성의 분산 현상이 일어나고 있음을 알 수 있다.

정치 분야에서 이러한 해체를 가장 잘 감지하고 기술한 사람은 『공백의 지배』[14]를 쓴 피터 메어Peter Mair인 듯하다. 그의 직관 중 가장 흥미로운 것 하나는 사회 전반의 원자화와 진공 상황이 오면 국가의 힘이 세진다는 것이다. 논리적인 생각이다. 사회가 개인으로 분해된다면 국가 기구는 특별한 중요성을 띤다.

종교, 혹은 종교의 해체는 앞에서도 말했지만 내 모델의 핵심이다. 기독교는 이후 나타난 모든 집단 신앙의 종교적 모체였다. 그 집단 신앙이란, 유럽 전역에서 나타난 국가 혹은 계층, 프랑스에서 나타난 급진적 사회주의·사회주의·공산주의·드골주의, 영국에서 나타난 노동 운동과 보수주의, 독일에서 나타난 사회민주주의와 나치즘, 그리고 당연히 기독교 민주주의를 말한다. 미국에서는 개신교가 인종차별적 감정과 상호작용하며 사회를 조직했다. 기독교가 해체되면서 초기인 18~20세기에 기독교를 대체하는 집단 신앙이 생겼다. 나는 『유럽의 발명 *L'Invention de l'Europe*』에서 비기독교화 혹은 세속화의 역사를 주일 교회 출석률과 성직자 채용의 급격한 감소로 설명했다. 파리 분지, 프랑스의 지중해 연안, 이탈리아 남부, 에스파냐와 포르투갈 중부 및 남부에서는 18세기 중반에 가톨릭의 영향력이 절반으로 떨어졌다. 두 번째는 1870~1930년 개신교 전체의 추락이고, 마지막 세 번째 추락은 1960년 이후 독일 남부와 라인란트, 벨기에, 네덜란드 남부, 프랑스 주변부, 이베리아반도 북부, 이탈리아 북부, 스위스, 아일랜드에 남아 있던 가톨릭의 세력 감소다. 신앙 활동과 종교적 관리 체계가 줄어들자 기독교는 세속화의 첫 번째 상태인 '좀비' 상태가 되었다. 이 상태에서는 사라진 종교의 가장 중요한 도덕과 가치만 살아남았다(특히 집단행동력). 내가 세계화의 혼란 속에서 프랑스의 일부 종교가 보여준 역동성을 이해하기 위해 만들었고 2015년 《샤를리 엡도 *Charlie Hebdo*》 테러 사건 이후 일어난 지지 시위의 지도를 해독하기 위해 사용했던 '좀비 가톨릭'의 개념은 이제 전반적으로 적용할 수 있다는 것이 드러났다.* 어떤 종교의 좀비 상태는 진정한 탈종교 상태로 볼 수 없으므로 세속화의 첫 번째 단계일 뿐이다. 이때 종교를 대체하는 신앙이 출현한다. 보통 그것은 종교처럼 개인을 조직하고 구조화하는 강한 정치 이데올로기들이다. 신이 사라지자 혼란에 빠진 사회는 그래도 아직 응집하고 행동을 할 수 있는 상태다. 국민주의가 거센 국민국가는 종교의 좀비 상태를 전형적으로 보여준다. 다만 개신교는 사라지기 전에 국민국가들을 탄생시켰다. 개신교는 국교였고 목사들은 말하자면 공무원들이었다.

좀비 상태는 여행의 끝이 아니다. 종교에서 비롯된 도덕과 가치는 시들거나 폭발해서 결국 사라진다. 그리고 그때서야 비로소 우리가 지금 겪고 있는 종교의 절대적 진공 상태가 출현한다. 개인은 종교를 대신하는 모든 집단 신앙을 박탈당한 상태다. 종교가 제로 상태인 것이다. 바로 그때 국민국가는 해체하고 원자화된 사회에서 세계화가 대세를 이룬다. 원자화된 사회에서는 국가가 효율적으로 행동한다고 생각할 수조차 없다. 나는 모든 집단 신앙에서 '해방된' 개인보다는 그것을 '박탈당한' 개인이라고 부르고 싶다. 앞으로 살펴보겠지만 종교의 진공으로 인해 개인은 성장했다기보다 약화했기 때문이다.

이 과정이 일어난 기간은 그 과정과 결과가 얼마나 불가역적인가를 보여준다. 종교적 모체는 로마 제국 말기에서 중세 성기까지 천천히 구축되었고 개신교의 종교 개혁과 가톨릭의 반개혁에 의해 최종적으로 밀도가 높아졌다. 국민 감정, 노동 윤리, 사회적 도덕의 개념, 공동체를

• 프랑스의 시사 풍자 신문인 《샤를리 엡도》 본사 건물에서 발생한 테러를 추모하기 위해 2015년 1월 11일 열린 시위에 대해 에마뉘엘 토드는 『누가 샤를리인가?*Qui est Charlie?: Sociologie dune crise religieuse*』에서 가톨릭에 대한 맹렬한 비판을 했다. 그는 당시 100만 명이 넘었던 시위자들이 중상류층으로, 실제 가톨릭 신자는 아니지만 가톨릭의 영향을 받은 문화에서 성장한 사람, 즉 좀비 가톨릭 신자들이라고 규정했다.

위한 희생 능력의 상실은 종교의 진공 상태가 원인이다. 이는 서방을 전쟁에 취약하게 만드는데, 러시아가 전쟁을 성공적으로 꾸려 나갈 향후 5년 동안 다시 출현할 가능성은 없는 것이 분명하다.

종교: 활성 상태, 좀비 상태, 제로 상태

종교의 제로 상태를 어떻게 특징지을 수 있을까? 사회, 도덕, 집단행동을 조직하는 종교의 가치는 더는 중요하지 않다. 종교가 차지했던 사회적·도덕적 공간은, 제로 상태가 노동과 국가뿐만 아니라 가족 행동과 성적 행동, 예술, 돈에 대한 개념 등 수많은 영역에 영향을 준다는 것을 확실히 말해준다. 그래도 모든 분파를 포함한 기독교의 세 단계—활성, 좀비, 제로—를 구분하고 각 단계로의 이행을 표시할 꽤 간단한 실증적 방법이 있다. 활성 단계에서는 신자들의 주일 예배 참석이 활발하다. 좀비 상태에서는 주일 지키기가 사라지지만 출생, 결혼, 죽음에 관한 의례는 기독교식으로 치러진다. 좀비 상태의 기독교 신자는 예배에 가지 않지만 대부분 아이에게 세례를 받게 한다. 신생아의 세례가 가톨릭만큼 중요하지 않은 개신교에서도 마찬가지다. 출생의 반대편 끝에 있는 죽음의 경우 좀비 상태의 기독교 사회는 교회가 오랫동안 금지했던 화장을 계속 거부한다. 따라서 제로 단계의 특징은 세례의 퇴장과 화장의 급격한 증가다. 우리는 현재 이 모두를 겪고 있다.

결혼도 있다. 좀비 단계에서 법률혼은 부부의 의무와 출산에 관해서 기독교식 결혼과 동일한 주요 특징을 고수한다. 따라서 인류학자는 운 좋게도 기독교식 결혼의 독점이 사라진 공식 일자를 알게 되었다.

바로 '동성 결혼'이 합법화된 날이다. 성性이 같은 두 사람이 결혼하는 것과 성이 다른 두 사람이 결혼하는 것이 똑같다고 여겨진다면 우리는 해당 사회가 종교의 제로 상태에 도달했다고 말할 수 있다.

물론 여기서는 '동성 결혼' 합법화에 따른 문제들을 다루려는 것이 아니고, 이를 훌륭한 인류학적 표지로 냉철하게 보려는 것이다. 동성 결혼 합법화로 인해 사회 세력으로서의 기독교는 완전한 종식이 가능했다. 네덜란드는 2001년, 벨기에는 2003년, 에스파냐와 캐나다는 2005년, 스웨덴과 노르웨이는 2009년, 덴마크는 2012년, 프랑스는 2013년, 영국은 2014년(북아일랜드는 2020년), 독일은 2017년, 핀란드도 2017년에 동성 결혼을 합법화했다. 미국에서는 매사추세츠주가 2004년에 동성 결혼을 합법화했고 2015년에 전국으로 확산했다.

따라서 2000년대를 기독교가 정확하고도 절대적인 방식으로 서방에서 사라진 기간이라 볼 수 있다. 또한 가톨릭과 개신교의 진공에 수렴 현상이 나타났다. 동유럽은 이에 해당하지 않고, 이탈리아는 교황청 때문에 여전히 이성 결혼만 합법이다.

니힐리즘적 회피

1960년대—영미권의 성 혁명과 프랑스의 68운동—의 가장 큰 환상 중 하나는 집단에서 벗어난 개인이 더 위대하다는 것이었다(내 탓이오, 내 탓이오, 모두 내 탓이로소이다!). 그러나 사실은 그 반대다. 개인은 공동체 안에서, 그리고 공동체에 의해서만 위대할 수 있다. 혼자 살면 존재가 작아질 수밖에 없다. 지금은 우리가 형이상학적인 신앙—원조이든 파생되었든, 공산주의, 사회주의, 국민주의ー에서 해방되었으니 공백을 경험한다. 그리고 우리의 존재는 작아진다. 우리는 스스로 생각할 엄두를 내지 못하고 따라 하기만 하는 난쟁이가 된다ー그러나 동시에 옛 신자들만큼 불관용이 가능하다.

집단적 신앙은 사실 개인들이 공유하고 그들을 함께 움직이도록 하는 사상이지만 개인을 구조화하기도 한다. 타인이 승인한 도덕 규칙을 주입하여 그를 변화시킨다. 개인의 내면에서도 작용하는 이러한 사회를 정신분석학에서 '초자아'라고 부른다. 요즘은 이 개념이 환영받지 못한다. '자기 계발'을 억압하고 막는 통제 기구를 연상시키기 때문이다. 그러나 프로이트를 비롯한 많은 정신분석학자가 말하는 초자아는 자아의 이상형으로, 개인이 즉각적인 욕망을 초월해서 보다 낫고 더 큰 존재가 되게 만든다. 프로이트가 말하는 자아의 이상형 이전에는 '양심'이라는 것이 있었다. 양심은 다른 사람들의 존재를 전제한다. 양심의 소리를 듣는 것, 자성하는 것은 기독교에서 비롯된 절대 명제였다. 종교의 좀비 상태에 있는 사회는 자아의 이상형을 개인에게 투입할 수 있었고 양심의 개념도 활발하게 작동했다.

내 설명은 간단하기도 하고 주요 추세가 완성된 것처럼 과장하기도 했음을 말해 둔다.

종교의 제로 상태는 진공과 초자아의 결핍을 표출하는 것이다. 그것은 무無를 정의하지만 그럼에도 불구하고 존재하고 자신의 유한성에 대한 불안을 느끼는 인간을 위한 것이다. 그 진공은 그래도 무언가를, 어떤 반응을 만들어낼 것이다. 어떤 반응은 감탄할 만할 것이고, 또 어떤 반응은 어리석거나 비천할 것이다. 무無를 우상화하는 니힐리즘은 가장 평범한 것으로 보인다.

니힐리즘은 서방, 그러니까 유럽과 아메리카의 도처에 있다.

프랑스 그러나 특히 영미권—가족의 틀이 전혀 남아 있지 않다—
의 핵화한 개인이라는 인류학적 시스템에서 니힐리즘은 가장 완성된
형태로 확산한다. 좀비 직계 가족(독일, 일본) 혹은 좀비 공동체 가족
(러시아)의 흔적은 핵화한 개인주의적 진공 이상의 '그 무엇'이다. 따라
서 머지않아 알게 되겠지만 절대적으로 핵화한 세계와 개신교의 제로
상태로 특징되는 영미권이 니힐리즘이 가장 명백하게 나타나는 무대
라는 사실은 전혀 놀랍지 않다. 그러나 먼저 가족 형태가 더 복잡한 유
럽 대륙이 어떻게 전쟁에서 모든 의지를 잃었는지 살펴보자.

제5장
유럽의 조력 자살

　유럽은 자신의 이익에 크게 반하는 자기 파멸적 전쟁에 뛰어들었다. 그런데 적어도 지난 30년 동안 유럽연합 홍보자들은 우리에게 늘 더 견고해진 연합, 유로화 덕에 중국과 미국 같은 대국을 견제할 수 있는 독립적인 강대국의 이미지를 팔아왔다. 그러나 유럽연합은 나토 뒤로 사라졌고 그 어느 때보다 미국에 순종적이다. 나는 독일과 프랑스라는 축이 미국이 조정하는 영국-폴란드-우크라이나 축으로 바뀌었음을 말한 바 있다. 이 새로운 축은 미국의 백악관이나 국방부로부터 직접 명령을 받는 위성국이 된 스칸디나비아반도 국가들과 발트 3국으로 더욱 강화되었다.

　우크라이나 침공이 일어났을 때 유럽인들이 보인 첫 번째 반응은 두려움이었고 이는 충분히 이해할 만하다. 전쟁의 복귀는 누구에게나 큰 충격이었다. 러시아 지도자들이 무기를 사용하겠다는 결정을 내린 것은 비극이지만 우리는 그들을 이해해야 한다. 용서의 목적이 아니라 그들이 내린 다음 결정을 잘 평가해서 다음 행동을 예상하기 위해서다. 자신과 비슷한 사람들을 만나는 데 익숙해진 서유럽의 수많은 정치 지도자, 기자, 교수는 당시 신칸트주의적인 영원한 평화를 주장했다. 그들은 전쟁을 포함하는 진짜 역사의 주체라기보다 관객이 되었다. 더욱 심각한 것은 그들이 마치 관광객처럼 역사를 훑어본다는 사실이다. 방학 동안 저녁마다 부루마블 게임을 하는 것처럼 자국민들을 멍하게 만들며 유럽을 말로만 건설하려고 든다. 현실이 닥쳐오자 그들은 즉시 부조리한 반응을 보였다. 유럽이 전쟁을 피하게 해줄 것이라고 했지만 오히려 유럽연합을 확대함으로써 전쟁을 재촉한 것이다. 서방의 제재가 러시아를 굴복시키리라는 것을 당연시했다. 우리의 엘리트들이 느끼는 자기만족—그들이 실현하는 사회 시스템으로도 확장한다—은 진짜였다. 프랑스의 경제재정부 장관인 브뤼노 르메르Bruno Le Maire는 2022년 5월 1일 프랑스앵포 라디오 방송에 나와 다음과 같이 으스댔다. "제재는 효과적입니다. 경제 제재와 금융 제재는 그 효과가 엄청납니다. (…) 우리는 러시아 경제를 무너뜨릴 것입니다." 가장 심각한 것은 제재가 실패했다는 것보다 우리의 지도자들이 전쟁을 저지하기는커녕 세계대전으로 확대되는 것을 예측할 능력도 없다는 점이다. 전쟁 한 달 전 니콜라스 멀더Nicholas Mulder가 『경제 무기—현대전의 도구가 된 제재』에서 말했듯이 1914년과 1918년에 연합군이 동맹국 봉쇄를 구상하고 시행함으로써 탄생한 경제 제재는 어쩔 수 없이 중립국의 참여를 포함한다.[1] 영토가 유럽(폴란드)과 아시아(중국)에 걸쳐 있고 1700만 제곱킬로미터에 달하는 국가인 러시아를 봉쇄하자 국경선을 변경하고 우크라이나의 나토 가입을 막으려고 러시아가 개시한 '특수 군사 작전'은 갑자기 제3차 세계대전으로 바뀌었다. 나는 하나도 아닌 여러 그랑제콜을 나오고 소설가로 활동하는 브뤼노 르메르가 그 사실을 인지했을지 의심스럽다. 서방에서는 세계적인 군사 강국인 미국만이 세계대전을 치를 수 있다. 따라서 제재는 그 자체로 유럽의 종말이다. 그런데 유럽 지도자들은 유럽연합이 스스로 목숨을 끊게 할 훌륭한 이유도 가지고 있었다.

제재의 자기 파괴적인 성격은 이내 높은 물가 상승으로 나타났다. 반면 러시아에서는 아무 일도 없었고 미국에서도 물가 상승이 덜했다. 유럽 지도자들은 유럽의 에너지 의존성을 고려하지 않았고 이는 그들이 과두제적이며 자유주의적인, 아주 안일한 정신 상태를 가졌다는 것을 의미한다. 물가 상승으로 고통받는 것은 취약 계층이다. 물가는 1940년대 말 이후 가장 크게 올랐다. 전시의 물가 상승인 것이다. 유럽의 사회 시스템은 근본적으로 불평등하고 유럽인들은 충격에 점점 더 둔해진다. 그러나 문제는 더 심각하다. 러시아산 천연가스 공급이 끊기고 에너지 비용이 상승하면 유럽에 남아 있는 산업이 위협받고 유럽을 자살 시나리오로 이끈다. 유로존의 무역수지는 2021년 1160억 유로 흑자에서 1년 만인 2022년 4000억 유로 적자로 돌아섰다.

유럽이 치러야 할 전쟁 비용에는 러시아와의 경제 관계 단절도 포함되어 있다는 것을 잊지 말자. 러시아에 진출했던 유럽 기업의 자회사들이 강제 폐업하면서 특히 프랑스가 피해를 많이 보았다. 《르몽드》를 필두로 프랑스 언론 기자들은 미국이나 노르웨이(2021년 노르웨이는 세계 4위의 천연가스 수출국이었다) 같은 프랑스 동맹국들이 얻는 에너지 부문의 이익에는 무관심하고 러시아에서 프랑스 기업의 활동 잔여물만 신나게 좇고 있으니 충격적이다. 가끔 보면 프랑스 언론은 러시아 경제보다 프랑스 경제를 망하게 하려는 목적을 가진 듯하다. 화를 못 참고 자기 장난감을 깨부수는 어린아이 같다. '경제적 니힐리즘'이라는 표현도 떠오른다.

초기에는 프랑스와 독일이 전쟁에 지나치게 개입하기를 꺼리는 느낌이었다. 숄츠 독일 총리는 한동안 독일 언론, 미국, 이웃 유럽 국가들의 압박에 저항했고, 마크롱 프랑스 대통령도 언론의 압박에 어느 정도 버티며 푸틴과 스스럼없이 잡담을 나누었다—'쓸데없는 수다를 떤다'는 뜻으로 마크롱의 이름에서 따온 '마크로네macroner'라는 새로운 동사가 생겼고 우크라이나에서는 '걱정을 표현하면서도 아무것도 하지 않는다'로 뜻이 변하기도 했다. 그러나 프랑스와 독일의 망설임은 사라졌고 유럽연합의 중심인 두 국가는 적어도 표면적으로는 우크라이나의 요구를 모두 수용했다. 독일은 레오파르트 전차를 지원했고 프랑스는 스칼프 미사일을 보냈다. 마지막 비축품까지 동이 났을 때는 놀라운 사건이 벌어졌다. 노르트스트림 가스관이 폭파된 것이다. 나는 시모어 허쉬의 사건 재구성이 그럴듯하다고 생각한다.* 지금까지 그것이 가장 그럴듯한 시나리오이기 때문이다. 테러는 미국이 결정했고 노르웨이의 도움으로 실행되었다는 내용이다.

노르웨이의 개입은 전혀 놀랍지 않다. 에너지 때문에 얻는 이익 외

• 미국의 탐사 전문기자 시모어 허쉬는 노르트스트림 폭발 사건의 배후가 미국이라고 주장한다.

에도 유럽연합 가입은 거부했지만 나토의 창립 멤버인 노르웨이는 영미권과 오랫동안 강력한 군사 협력을 펼친 전통이 있다. 그것은 제2차 세계대전으로 거슬러 올라간다. 독일 침공 이후 노르웨이의 상선대 merchant fleet가 영국 해안을 지나면서 대서양 전투에서 두드러진 활약을 했다. 그러나 러시아산 천연가스 공급이 중단되면서 노르웨이는 유럽연합의 주요 천연가스 공급국이 되었고 상당한 무역 흑자를 맛봤다.

독일이 자국을 보호해주는 미국이 국가 에너지 시스템에 필수적인 가스관을 폭파한 사건을 군말 없이 받아들인 것은 경이로운 굴종 행위이다. 독일의 침묵 뒤에는 운신의 폭을 확보하기 위해 일단 신중하게 관망하려는 속셈이 숨어 있는 것이 분명하다.

몇 달이 지난 뒤, 우크라이나의 주요 무기 공급처는 아니더라도 전쟁의 경제적 부담을 크게 지게 된 서유럽의 수수께끼는 더 복잡해졌다. 2023년 6월 4일 시작된 우크라이나의 반격이 무기 부족과 공습 부재—서방의 재고 부족 때문이다—로 실패한 뒤로 우리는 러시아가 패하지 않으리라는 것을 알았다. 그렇다면 유럽은 왜 끝이 보이지 않는 전쟁에 뛰어든 깃일까? 유럽 지도자들의 고집은 그야말로 환상적이다. 전쟁의 공식적인 목표는 현실에 대한 황당한 관점에 근거한다. 나는 일부 지도자와 국민의 눈을 가리기 위해 언론을 도배했던 '감정' 모드를 버리고 역사적 문제를 해결해야겠다. 유럽, 특히 유럽연합의 창립 멤버 6개국은 왜 군사적 위협이 없는데도 유럽연합의 이익에 반하고 공식적 목적도 도덕적으로 의심스러운 전쟁에 뛰어들었을까?

다시 한번 말하지만 러시아는 서유럽에 '아무런' 위협도 가하지 않았다. 보수적인(1815년이나 2022년이나) 강대국 러시아는 유럽, 특히 독일과 경제적 동반자 관계를 맺고 싶어 한다. 내가 강조했듯이 러시아는 1990년 위성국인 인민민주주의 국가들, 특히 러시아의 실존적 족쇄였던 폴란드를 처리할 수 있어서 '안도'의 한숨을 내쉬었다. 러시아는 서쪽으로 확장할 인구도 군사적 수단도 없다는 걸 '알고 있다'. 우크라이나에서 이루어진 느린 행보가 그것을 증명한다.

러시아의 위협은 환상에 불과하다. 그걸 납득하는 데는 러시아 국경에서 100킬로미터, 모스크바에서 1000킬로미터, 베를린에서 2000킬로미터, 파리에서 3000킬로미터, 런던에서 3200킬로미터, 워싱턴에서 8400킬로미터 떨어진 돈바스의 대도시 도네츠크를 보면 된다. 러시아는 국경에서 싸우고 있다. 선입견을 잠시 내려두고 지도를 보면 러시아 지도자들이 단언했듯이 러시아가 공격적인 서방 세계에 맞서 방어 전쟁을 하고 있음을 알 수 있다.

우크라이나, 즉 우크라이나를 지지하는 사람들이 표방한 공식 목적은 러시아인이 사는 크림반도와 돈바스를 다시 우크라이나 정부의 관할로 둔다는 것이다. 평화의 대륙인 유럽은 왜 미래의 역사가들이 침략 전쟁으로 볼 전쟁에 기술적으로 참전한 것일까? 사실 그것은 특이한 공격이었다. 군대를 보내지 않고 물자와 자금만 대며 우크라이나의 군인과 민간인을 희생시키고 있기 때문이다. 나는 제4장에서 종교의 제로 상태를 설명했다. 여기서는 좀비 집단 신앙의 멸종 이후 서유럽에서 탄생한 도덕의 제로 가설이 떠오른다. 신칸트주의 평화는 결국 칸트의 도덕과 매우 멀어 보인다.

그러나 이런 부조리와 믿기지 않는 일에도 불구하고 유럽은 우연히, 바보같이, 어쩌다가 전쟁에 휘말려 들어간 것이 아니다. 무언가가 유럽을 떠민 것이다. 모든 것이 미국의 잘못은 아니다. 그 무언가는 바로 유럽 내부의 파열이다. 유럽 건설 프로젝트는 명을 다했다. 사회적이고 역사적인 공허감이 엘리트 계층과 중산층을 덮쳤다. 이런 상황에서 러시아의 우크라이나 공격은 거의 행운이나 마찬가지였다. 언론의 논설위원들도 그런 점을 굳이 감추지 않았다. 그들은 푸틴이 '특수 군사 작전'으로 유럽 건설에 다시 의미를 부여했다든지 유럽연합이 다시 단결하고 전진하려면 외부의 적이 필요했다고 말했다. 이런 낙관적인 담론은 더 어두운 진실을 드러낸다. 유럽연합은 운영될 수 없고 그야말로 수리조차 불가능한, 매우 복잡한 시스템이라는 사실이다. 제도는 헛바퀴를 돌고, 단일화폐는 유럽연합 내부에서 돌이킬 수 없는 불균형을 초래했다. '푸틴의 위협'에 대한 반응은 냉정함을 되찾으려는 노력이 아니라 오히려 그 반대인 자살 충동으로 나타난 듯하다. 차마 입 밖에 내지는 못하지만 끝나지 않을 것 같은 전쟁이 모든 걸 날려버리기를 바라는 마음인 듯하다. 우리의 엘리트들은 마스트리흐트에서 고장 난 기계를 만든 뒤 그 책임을 러시아에 전가할 가능성이 있다. 전쟁이 유럽을 유럽으로부터 벗어나게 만드는 것이 그들의 어두운 욕망일 것이다. 푸틴은 그들을 구원하는 사탄이 될 것이다.

현재 미국이 유럽에서 하는 새로운 역할 또한 놀랍다. 미국은 유럽에 군사적 조력 자살을 제공하고 있다. 40년의 신자유주의로 인해 빈곤해지고(제8장과 제10장에서 살펴볼 것이다) 아직 끝나지 않은 트럼프 사태로 우스꽝스러우면서도 우려스러운 미국은 그 어떤 분야에서도 믿을 수 있는 리더가 아니다. 1985년 이후 독일, 프랑스, 이탈리아의 사망률은 미국보다 낮아졌다. 1993년부터는 이 세 국가(초기 유럽연합의 주요국)

의 기대수명이 미국을 추월했다. 미국이 상대적으로 쇠퇴한다는 인상은 마스트리흐트 조약의 동력 중 하나였고 유럽인들에게 자율권, 더 나아가 힘을 갖고자 하는 의지를 심어주었다.

러시아의 우크라이나 침공 이후 미국의 군림은 기본값에 의한 것이지만 역사의 기술적 속임수에 의한 것이기도 하다. 유럽의 자살이 보이는 두 가지 측면, 즉 강대국 독일이 힘을 포기한 것과 유럽의 엘리트 계층 전체가 자유를 포기한 것을 자세히 들여다보아야 한다. 독일의 경우는 우리를 인류학으로 데려갈 것이고, 유럽 엘리트 계층은 금융 세계화를 낳은 개인 통제의 메커니즘을 탐험하게 할 것이다.

독일: 사회-기계

독일은 통일 이후, 그리고 2007~2008년 세계 금융 위기를 겪고 금융 경쟁력이 상승한 이후 유럽에서 리더 역할을 했고 미국과 차별화할 여건을 갖추었다. 독일은 이라크 전쟁이 벌어진 2003년, 그러니까 유럽 연합에서 패권을 차지하지 못하던 시절 그런 노선을 택한 듯했다. 그러나 2022년에는 그야말로 바닥에 엎드렸다. 우크라이나 전쟁이 시작된 이래 독일만큼 치욕을 감수한 국가는 없다. 소극적이고 소심한 패권국 독일의 독특한 이력은 생각할 거리를 준다.

우리는 먼저 서유럽 최강국 독일의 도덕적·정치적 추락이 다른 모든 국가의 추락과 동시에 발생했다는 사실을 상기할 필요가 있다. 유럽 연합 지지자들(그리고 반대자들도)이 가지고 있는 근본적으로 틀린 생각은 유럽연합이 국가보다 상위에 있고, 다수 국가가 탈국가 형태를 갖추면서도 실체가 있는 집합체를 만들어 국가를 초월할 것이라고 믿었다는 점이다. 지지자든 반대자든 유럽 건설 프로젝트의 심오한 사회적 동력은 피터 메어를 비롯한 여러 저자가 말한 진공 속에서 이루어진 국가의 자발적 해체였다는 것을 제때 이해하지 못했다. 또 단일통화 유로화를 갖춘 유럽은 국가 자체의 미래 모습인 무기력한 시민과 무책임한 엘리트들로 이루어진 원자화된 집합체를 쌓아놓은 버전밖에는 될 수 없다는 것도 이해하지 못했다.

유럽 최초의 니힐리즘은 민족과 국가의 부정이라는 형태와 유로화로 인한 주변 산업의 해체라는 형태를 띠었다. 이는 존재하지 않는, 그리고 존재할 수 없는 정치적 대상을 얼기설기 만들기 위해서였다.

이러한 국가의 해체 과정은 유럽이라는 구조물 전체를 분해했고 독일을 비롯한 몇몇 국가는 이를 더 잘 견뎌냈으나 다른 국가들은 그러지 못했다.

독일 사회는 개인주의 사회가 아니다. 독일의 인류학적 배경에는 권위적이고 불평등한 직계 가족이 있다. 지금은 이를 좀비 직계 가족이라 부를 수 있다. 농촌 가족은 사라진 지 오래지만 일부 가치는 개신교나 가톨릭의 가치보다 더 오래 살아남았기 때문이다. 위대한 종교와 그 뒤를 잇는 이데올로기는 사라졌지만 독일에는 자기 규율, 노동, 질서의 정신적 관습이 여전히 남아 있다. 그래서 세계화 속에서도 독일은 산업 경쟁력을 더 잘 유지했다. 국가의 이상이 '독일을 포함하여' 곳곳에서 자취를 감출 때도 독일은 자국을 중심으로 동유럽을 재조직했다. 미국은 독일에 단일성을 부여하고 동유럽에 산업 확장의 공간을 제공했을 때도 경제 대국이 또 출현하리라고는 전혀 예상하지 못했다. 옛 인민 민주주의 국가들은 클린턴 대통령의 은총 덕분에 러시아의 이데올로기 및 정치 위성국 지위에서 독일의 경제 및 인구 위성국 지위로 옮아 갔다. 공산주의 덕분에 교육 수준이 높아진 동유럽의 노동력은 인구가 대폭으로 감소한 독일에 전해진 역사의 선물이었다.

독일은 국민주의 국가가 아니다. 권력을 잡으려는 계획도 없고 그래서 출산율도 1.5명으로 매우 낮은 상태다.

그러나 독일이 통일을 이루었다는 점과 유럽 중심부에 있다는 점 때문에 유럽의 옛 지리적·경제적 조건이 다시 성립될 수 있었다. 독일은 지배자의 위치를 되찾았다. 1918년 패전 이후 독일의 지정학적 항구성에 관심을 가졌던 자크 뱅빌Jacques Bainville이 2020년 유럽의 상황을 안다면 황홀해했을 것이다.[2]

인류학적 구조 때문에 존재가 뒷받침될 수 있었던 독일은 이데올로기의 죽음에도 잘 적응했다. 그러나 그 과정에서 피해가 없었던 것은 아니다. 이 과정은 경제적 효율성에 집착하는 독특한 형태를 띠었다. 독일 사회가 마치 의식이 없는 상태에서 생산 기계가 된 것 같았다. 이데올로기는 개인에게 공통의 운명을 제안하는데 독일에서는 그런 것이 없었다. 독일은 그저 산업의 적응력에만 집착했다. 여기에는 마치 자동차에 기름 넣듯 인구 침체를 대량 이민으로 상쇄한 것도 포함된다. 앙겔라 메르켈이 2015년 난민 위기 당시 이민자들을 받아들인 것도 노동력 수요의 연장선에 있었다. 물론 도덕적 성찰도 있었다는 점을 부정할 수는 없지만 말이다. 경제적으로 필요한 일을 하면서 옳고 선한 행동을 했다는 감정을 왜 마다하겠는가? 그러나 윤리적 이유에는 무관심했다

튀르키예	1 487 110
우크라이나	1 164 200
시리아	923 805
루마니아	883 670
폴란드	880 780
이탈리아	644 970
크로아티아	436 325
불가리아	429 665
아프가니스탄	377 240
그리스	361 270
러시아	290 615
이라크	284 595
코소보	280 850
합계	
유럽연합	4 598 602
그 밖에 유럽	3 895 506
기타	3 830 087

(출처: 독일 통계청)

는 것을 기억하자. 독일이 시리아인들보다 우크라이나인들에게 더 나은 처우를 한 것이 사실이다. 이데올로기의 죽음에 관한 우리의 분석은 2015년 사건으로 유효성이 입증되었으며 따라서 독일에서는 인종차별주의가 죽었다는 것을 확언할 수 있다.

독일은 낮은 출산율로 일본처럼 인구 감소를 맞이할 수밖에 없었다. 그런데 2011년 8032만 7000명이었던 인구가 2022년에 오히려

8435만 8000명으로 증가했다. 반대로 독일 국적을 가진 주민은 2011년 7398만 5000명에서 2022년 7203만 4000명으로 줄어들었다. 귀화인을 포함해도 인구가 준 것이다. 한편 외국인의 수는 2011년 634만 2000명에서 2022년 1232만 4000명으로 거의 두 배 증가했다.[3]

2022년 우크라이나, 루마니아, 폴란드, 크로아티아, 불가리아는 중요한 위치를 차지했다. 철의 장막이 무너지면서 독일의 산업경제에 노동력을 제공했기 때문이다. 이 옛 인민민주주의 국가들의 노동자는 주로 자국에서 현지 채용되었고 때로는 독일 노동인구에 직접 흡수되기도 했다.

독일 사회는 물론 적응하고 변하고 있다. 계층이 나뉘고 굳어지고 있는 게 사실인 것 같다. 중산층은 유럽 다른 지역보다 약간 더 빠르게 줄어들고 있고, 계층 이동도 피라미드의 양 끝에서 더 빨리 감소하고 있다.[4] 2003~2005년(슈뢰더 재임 시절) 하르츠 개혁으로 노동시장이 유연해지고 비상근직(주로 여성)이나 불안정한 고용(역시 주로 여성) 등 소외된 노동자 인구가 증가했다. 나는 직계 가족의 권위주의적이고 불평등한 가치가 하르츠 개혁의 원동력이었다고 생각한다. 이데올로기적인 판단을 넘어서 적응은 어찌됐든 경제적 성공으로 나타났다. 경제 회복은 주로 2001년부터 이루어졌고 특히 독일 연방공화국이 독일 민주공화국을 완전히 흡수했다는 사실과 관련이 있다.

이 시스템이 중기적으로 불안정하거나 생존 불가능하다고 말할 근거는 없다. 핵심 산업 분야의 실업률이 매우 낮아서 이 단계에서는 평화롭게 이민자들을 수용할 수 있다. 프랑스의 국민연합에 해당하는 우파 정당인 '독일을 위한 대안'의 성장이 문제가 되기 시작했지만 말이다. 그러나 문제라고 해서 해결책이 없는 것은 아니다. 새로운 사회 형태는 역사에 계속해서 등장하기 때문이다.

2000년대에 독일은 점점 더 사회-기계société-machine처럼 움직였다. 진정한 국가의 운명이라는 상징적이면서도 현실적인 개념이 독일 사회를 이끌지 못하는 상태에서 경제 문제들을 개별적으로 해결했기 때문이다. 2012년 노르트스트림을 개통(공사는 2005년에 시작되었다)한 독일은 러시아와 밀접한 에너지 파트너십을 시작했고 동시에 군사적으로 자국을 보호해줄 미국에 의지했다. 독일의 군사 기구인 연방방위군의 유기는 물론 평화로의 훌륭한 전환의 결과이기도 하지만 인적 자원과 투자를 아껴서 민간 수출을 지원하려는 선택의 결과이기도 하다.* 따라서 독일은 우크라이나 전쟁에 쇠퇴 중인 군대를 가지고 접근했다.

무질서한 행동들이 이렇게 결합하는 것은 자신이 하는 행동에 대한 전반적인 이해가 없는 사회의 특징이다. 미국의 지정학 관련 글을 몇 편만 읽어봐도 러시아와 가까워지는 것을 미국이 절대 용납할 리 없다는 것을 독일 지도자들에게 보여줄 수 있을 것이다. 즈비그뉴 브레진스키Zbigniew Brzezinski가 『거대한 체스판』(1997)[5]에서 아주 잘 설명했듯이, 공산주의의 붕괴가 미국에 던진 전략적 문제는 유럽이나 아시아에 주둔한 미군의 존재가 더는 정당화되지 않는다는 것이었다. 즉 유라시아는 통합될 수 있었고 미국을 배제할 수 있었다. 미국 전략가들에게 독일과 러시아의 동맹은 끔찍한 악몽이다. 그렇다면 유럽의 새로운 경제

* 2011년 징벌제와 대체 복무 폐지로 위상이 예전만 못하다.

강국으로 부상했고 미국에 대한 군사적 의존도와 러시아에 대한 에너지 의존도를 동시에 강화하고 있는 독일의 행태는 사회-기계의 전형적인 행태이다.

활성 국가와 비활성 국가

독일은 더는 존재하지 못할 것으로 여겨졌으나(이 책에서 제안하는 역사 모델뿐 아니라 유럽이 제안한 국가 초월 이론에 따르면) 오히려 국력이 커지고 있는 특별한 사례다. 이 단계에서 나는 개념의 틀을 다시 잡을 수밖에 없다. 국가는 집단적 믿음에 의해 의식화된 민중과 집단적 믿음에 따라 국민을 지배하는 엘리트로 구성된다. 그러나 국가에 대한 집단 믿음이 사라질 때 민중도 함께 사라진다고 믿어서는 안 된다. 사라지는 것은 오로지 민중이 행동하는 능력이다. 민중은 그대로 존재한다. 프랑스는 그 이름에 걸맞은 엘리트 계층이 더는 존재하지 않고 자신감도 사라졌지만, 또 마스트리흐트 조약을 비준했고 주권을 폐지했으며 집단의 이상도 제거했지만, 프랑스 민중은 그럼에도 불구하고 계속 존재한다. 역사의 주체로서 프랑스가 사라진 것은 프랑스인들이 예전 그대로라는 문제를 남긴다. 이들은 여전히 시위와 폭동을 일으키고 공공 서비스가 무너지거나 줄어드는 것을 두고만 보지 않는다. 효율적인 역사적 주체로서의 국가가 무능하다는 것은 프랑스의 경우 지정학적으로 사라진 국가를 가정하게 했다. 국가적 이상은 증발했지만 무언가가 계속해서 경제적 힘을 생산하는 독일의 경우는 국가의 완전한 소멸에 대해 다시 한번 생각해보게 한다. 따라서 나는 의식이 있는 '활성 국가'와 자의식 없이 물리적 의미의 관성에 빠져 계속 길을 가는 '비활성 국가'를 대비시킬 것이다. 활성 국가와 비활성 국가. 사실 이런 구분을 할 생각은 《아사히 신문》의 기자로 활동했고 지금은 아즈미노시에서 정원을 가꾸는 나의 친구 오노 히로히토大野博人와 일본에 관한 토론을 이어가다가 떠올랐다. 그러나 일본은 독일과 비슷하다. 좀비 직계 가족 국가이고 국가 프로젝트가 없어도, 그리고 독일과 똑같이 경제에 대한 집착을 보이며 완전하게 존재한다.

다시 정리해보자. 2000년대 이후 독일은 활성 국가가 아니었지만 유럽 내에서 비활성 국가인 채 점점 더 강국이 되었다. 직계 가족 사회라는 인류학적 배경이 이러한 역설을 극명하게 드러낸다. 이러한 시스템에서는 지도자가 근본적으로 불행하다.

지도자의 불행

미국, 영국, 프랑스(중부)처럼 개인주의 문화권에 속하는 국가에서 정권을 잡는다는 것은 문제가 아니라 영예다. 지도자가 된 개인은 완성된 개인, 절대적 개인, 지도자가 되어 행복한 개인이다. 그런데 독일이나 일본 같은 문화권에서는 상황이 완전히 다르다. 전반적인 조건이 사회가 조화롭게 작동할 수 있도록 해줄 때 권력 피라미드의 각 층에 있는 개인들은 자신들 위에 권위 있는 존재가 있다는 사실에 안심한다. 그러나 자신을 안심시키는 더 큰 권위가 존재하지 않는 지도자는 그렇지 않다. 지도자가 느끼는 불안은 국가가 그렇게 강하지 않을 때는 심각한 문제가 아니다. 그는 보통 자신의 결정 능력이 의미가 없는 국제 무대에서 외부의 대부代父를 둔다. 반면 이런 유형의 국가 지도자가 주변 환경을 지배하기 시작하면 주의해야 한다. 직계 가족의 기본 가치는 권위(아들에 대한 아버지의 권위)와 불평등(형제간의 불평등)이라는 것을 상기하자. 형제간의 불평등은 사람 간의 불평등, 국민 간의 불평등으로 바뀌고 권위는 약한 국민을 지배할 권리가 된다. 국제 관계에 대한 인식에서 권위가 이상화되면 매우 강력한 국가의 지도자는 다음과 같은 생각을 하게 된다. '내 국가는 다른 모든 국가보다 우월하니 다른 국가는 복종해야 한다. 나는 힘들다. 상위의 통제 기구가 없으니 혼자 결정을 내려야 한다. 그나마 내 국가는 다른 모든 국가보다 우월하다. 조심해야 한다!'

러시아나 중국의 공동체 가족의 경우 권위주의는 평등주의로 보완된다. 형제간의 평등이 사람 간의 평등, 국민 간의 평등이 된다. 이것이 먼저 공산주의의 보편주의, 이어 푸틴의 일반화된 주권주의의 인류학적 원천이다. 푸틴의 주권주의는 다극화된 세상의 비전을 제시한다. 이 세상에 존재하는 다양한 '극'은 서로 평등하며 각자의 영역에서 권위가 있다. 우크라이나가 러시아와 평등하다는 생각이 러시아 지도자들의 머리에 스치지는 않았을 것이다. 그들의 머릿속에는 러시아와 우크라이나의 관계를 지배하는 권위의 원칙이 들어 있다.

힘이 강해지고 있는 직계 국가nation souche로 다시 돌아오자. 빌헬름 2세의 독일은 직계 국가의 이념형이었다. 통일되었고 유럽 최대의 산업 강국이 되었으며 위압적인 지배자였던 독일은 첫 좌초에 유럽을 끌어들였다. 당시 독일은 빌헬름 2세와 그의 측근뿐만 아니라 상류층을 형성하는 개인들이 다스렸는데 이들은 현실감을 잃은 사람들이었다.

이 지도자들은 프랑스(전통적인 적)뿐만 아니라 러시아와 영국(여기에 미국도 추가하자)을 동시에 도발했고 그로 인해 이례적인 힘을 가진 동맹 시스템을 적으로 두게 되었다. 독일 최고Deutschland über alles.

직계 국가의 지도자들에게 힘을 제어할 능력이 없었던 것은 진주만을 공격하고 당시 세계 최대의 경제국에 도전장을 내민 일본에도 해당하는 일이었다. 피라미드의 꼭대기에 있는 사람들이 자기 제어 능력을 잃는 것은 직계 사회société souche에 구조적으로 초래된 과대망상이라고 할 수 있을 것이다.

독일이 유럽의 지배 세력으로 복귀하면서 똑같은 종류의 국면이 다시 등장할 것으로 예상되었다. 독일이 리더십을 갖는 유럽연합이 우크라이나로 확장하려 해서 2014년에 유로마이단까지 촉발한 일과 독일이 유고슬라비아와 체코슬로바키아의 분단을 찬성한 일은 끔찍하게도 나치 확장의 지도를 연상시켰다. 그러나 우크라이나 전쟁은 갑작스럽게 그 반대 현상을 보여주었다. 독일이 영향력 행사 자체를 거부한 것이다. 독일 엘리트들은 자국의 이익을 즉각적으로 방어하기를 포기한 것으로 보인다. 러시아와의 관계에 있어서 에너지 관련 이익과 경제 관련 이익을 차례로 포기한 모양새다. 독일은 자국 경제에 더 중요한 중국과의 관계도 망치려는 중이다. 자율을 포기하고 복종을 원하는, 왜소하고 부차적이며 무기력한 직계 사회의 지도층이 보이는 듯하다.

독일이 영향력 확장을 거부하는 이유를 설명하는 요소는 많다. 독일은 중위연령이 46세인 고령사회이다. 아마도 자율권의 포기가 장로정치의 특징일 것이다. 노인들은 모험을 싫어한다. 역사적 자격지심도 이유가 될 것이다. 속죄에 목마른 독일은 선善의 편에 서기를 갈망

한다. 러시아의 자명한 공격—성찰하지 않으면 악이 움직인다고 볼 수 있다—이 그러한 입장을 쉽게 갖게 한다. 작은 국가 우크라이나와 어떻게 연대하지 않을 수 있을까?

그러나 진정한 이유는 더 심오하고 체계적이라고 나는 생각한다. 직계 시스템에서 우두머리가 되는 어려움은 민족의식이 없는, 즉 주도적인 행동 원칙이 없는 오늘날의 독일에서 더 가중되었다.

불안한 지도자는 수동적으로 변한다. 개인주의적이고 역사적으로 지배국일 때가 잦았던 영미권 사회를 보면 독일과 비슷한 국가 프로젝트의 부재가 관찰된다. 이는 비슷한 진공, 집단적 세력의 비슷한 해체에서 비롯되었고, 수동성이 아니라 열띤 행동주의를 낳았다. 이 행동주의는 정강으로 조직된 정당의 지도자들이 아니라 패거리가 주도한다. 사회의 원자화는 곳곳에 있으며 피지배자들의 수동성과 지배자들의 활동주의를 결정한다. 동일한 비활성의 원칙이 영혼을 빼앗고 '무기력해진' 모든 서방 국가를 움직인다.

그러나 장기적으로 봤을 때 수동성을 선택한 것이 독일에 완전히 부정적이라고 단언할 수는 없다. 단기적인 결과는 끔찍하더라도 말이다. 나는 이 책의 결론에서 나토가 패배하면 독일이 러시아와 화해하리라고 말할 기회가 있을 것이다. 독일이 하는 척 했던 전쟁에서 승리할 가능성도 배제할 수 없다. 모럴리스트들은 극도의 흥분 상태보다 수동성이 본질적으로 우월함을 이론화할 수 있을 것이다.

이제 오르반 빅토르를 제외하고 왜 유럽의 모든 지도자가 우크라이나 전쟁 초기부터 미국 말을 들었는지 이해해야 한다. 그들은 숄츠와 마크롱의 뜨뜻미지근한 신중함이 무의미하다고 생각했다. 따라서 우리는 이제 유럽 과두제의 기묘한 운명을 살펴보아야 한다. 약간 독일식이지만 미국을 지배하는 과두제와는 별개로 자율적인 지배를 할 수 있었던 유럽 과두제는 갑자기 미국 시스템의 부품으로 전락했다. 독일 엘리트들이 유럽의 상위 올리가르히가 되기를 거부한 것이 모든 것을 설명해주지는 않는다.

무산된 자율적 과두제

2000년대 초 유럽 과두제의 발달을 다시 살펴보자. 그것은 거의 조화롭게 발달하는 듯 보였다. 2005년 네덜란드와 프랑스의 유럽 헌법에 대한 국민투표에서 '반대'가 대세를 이뤘던 사건은 2년 뒤 투표를 피해간 리스본 조약으로 금세 마무리되었다. 사실 이 사건으로 국민적 저항 없이 국민투표를 취소할 수 있게 되면서 과두제 원칙이 강화되었다. 이것은 중요한 전환기였다. 민주주의와 자유주의 전통이 강한 두 국가에서 민중은 더는 중요하지 않게 되었다. 그것은 '엘리트'늘의 잘못만은 아니고 종교와 이데올로기의 제로 상태로 인해 아노미 상황이 초래되어 어떠한 집단행동도 민중을 불러 모을 수 없게 되었기 때문이다.

얼마 뒤인 2007~2008년 세계 금융 위기가 발생하면서 유럽 내 국가 서열이 재편되었다. 독일이 1위, 프랑스는 2위, 나머지 국가들은 여러 순위에 흩어져 있고 그리스가 최하위가 되었다. 국가 간의 평등 원칙과 국민들의 자유 원칙이 실종되었다고 비난할 수도 있다. 그러나

2013년경 과두제이기는 하나 자율적인 노선을 개척한 대륙의 출현을 축하할 수도 있을 것이다. 그런데 그로부터 약 10년 뒤 발발한 우크라이나 전쟁으로 유럽에서는 그 누구도 자율적인 사고와 행동을 하지 않았음이 갑작스럽게 드러났다. 유럽연합 회원국의 지도자들은 전통적 활동인 '말로 하는 유럽 건설'을 포기하고 공상과학영화에 나올 법한, 외부에서 조정당하는 로봇이 되었다.

이런 로봇화를 설명할 수 있는 극단적인 가설이 있다. 과두제이자 아노미 상태인 유럽은 금융 세계화—맹목적이고 비인간적인 현상이 아니라 미국이 지휘하고 제어한 현상이다—의 보이지 않는 메커니즘에 의해 장악되었다는 것이다. 통화 부문과 자본의 이동을 검토하면 뜻밖의 열쇠를 얻을 수 있을 것이다.

부자들의 문제 이해하기

경제적·정치적 과두제 시스템에서 부富는 사회 구조의 상층부에 쌓인다. 그런데 부는 어딘가로 움직이기 마련이고, 이는 부를 소유한 자를 불안하게 하는 문제다. 우리는 그런 생각을 잘 못하지만 부를 가진 사람도 자신만의 고민을 안고 살아간다. 즉 돈을 어떻게 안전한 곳에 두고 '일하게' 만들까라는 고민이다. 이 점에 대해서 나는 피터 틸Peter Thiel(페이팔의 창업자)에게 고맙다. 특히 미국 엘리트 계층에 대한 풍부하고도 열정적인 토론에서 그는 돈이 진짜 많은 사람들의 관점을 알려주었다.

지난 수십 년간 일어난 중요한 현상 중 하나는 달러화가 안전 자산 통화가 되었고 조세 천국이 미국의 통제하에서 유럽 자산의 피난처가 되었다는 점이다. 달러화가 미국을 넘어 국제적으로 통용되는 통화가 된 것은 1960년대로, 대영제국의 해체가 큰 원인이었다. 올리버 벌로 Oliver Bullough는 『머니랜드』[6]와 『세계의 집사』[7]에서 이 문제를 매우 명쾌하게 다루었다. 이 책들은 시티오브런던과 대영제국이 미국 세무 당국의 직접적인 통제를 받지 않는 영역에서 더 자유롭고 더 재미있는 삶을 달러화에 제공했다고 밝히고 있다. 영국은행은 시티에 설립된 은행들이 달러를 통화로 사용하고 달러로 대출하는 것을 승인하기 시작했다. 처음에 당황했던 미국 당국은 이 조치로 얻을 수 있는 이익을 금세 이해했다. 미국 재무부는 직접적이고 배타적인 통제권을 잃지만 미국의 행동반경은 넓어질 터였다. 1960년대 말 시티에는 100개가 넘는 외국은행 지점이 있었다. '유로달러'라고 하는 것이 생겼지만 그것은 사실 '세계 화폐'가 된 달러였다. 미국의 통화가 지구상의 모든 부자에게 부를 비축하거나 투기하는 수단이 된 것이다. 그로 인해 미국은 전 세계 모든 부자의 고향이 되었다. 과장하면 그렇다는 것이다. 나는 이번에도 억지스럽지만 하나의 경향을 완성된 구조로 바꾸었다.

유로화 창설은 아주 일시적으로만 이러한 경향을 저지했다. 2007~2008년 세계 금융 위기는 정말 돈이 있는 사람들의 단일통화에 대한 신뢰감을 잃게 했다. 2008년 6월과 2022년 2월(우크라이나 전쟁 초기) 유로화의 가치는 달러 대비 25퍼센트나 떨어졌다. 그러니 진짜 부자들은 유로보다 달러로 재산을 축적하고 싶어 했다. 부자들의 자산을 달러로 바꾸면 달러의 가치가 더 견고해질 테니 악순환은 계속된다.

조세 천국도 이러한 메커니즘의 작동에 중요한 역할을 했다. 2023년 2월 21일 유럽연합의 《관보 Official Journal》에 실린 '조세 천국 블랙리스트'

는 시사하는 바가 많다. 이 목록에는 러시아 연방도 있지만 나머지는 정도는 달라도 미국이 관할하는 곳들뿐이다.

— 직접적으로는 미국령 버진아일랜드와 미국령 괌, 사모아

— 그보다는 덜한 팔라우와 마셜 제도

— 영국령이거나 영국의 옛 식민지: 영국령 버진아일랜드, 앵귈라, 터크스 케이커스 제도, 바하마, 트리니다드 토바고, 피지, 바누아투, 사모아

— 코스타리카와 파나마: 공식적인 미국 영토는 아니지만 미국의 손안에 있다.

이러한 시스템의 발전은 영국과 영국령(독립의 정도는 다르지만)에 크게 기인한다. 그러나 최종 통제는 미국이 하고 있다. 영국은 자국의 금융 파이프라인을 구했지만 그러다가 미국에 종속되었다.

조세 천국은 유령회사가 하나씩 들어서면서 올리버 벌로가 『머니랜드』에서 말한, 눈에 보이지는 않아도 실제 세상에서 무시할 수 없는 부분을 차지하는 세계를 구축했다. 가브리엘 쥐크만Gabriel Zucman은 2017년 발표한 『국가의 숨겨진 부—조세 천국에 관한 조사』[8]에서 유럽 가계의 금융 자산 중 11퍼센트가 조세 천국에 있다고 추정했다. 그러나 쥐크만은 전통적으로 유럽 부자들이 '돈을 꿍쳐두는' 스위스(룩셈부르크, 리히텐슈타인, 모나코도 빼놓을 수 없다)를 은근히 고발하는 옛 풍월을 다시 읊어대기도 한다. 스위스를 굴복시키는 것은 금융 자본주의 '전체'에 대한 도덕의 승리처럼 비춰질 때가 가장 많다. 마르크스와 레닌을 읽고 사회적으로 조직된 그룹과 국가 기구라는 기준으로 판단하는 사람들은 상황을 조금 다르게 생각할 것이다.

쥐크만의 책에는 아주 예쁜 도표가 나오는데(33쪽) 이 도표는 1980년 대부터 유럽 부자들이 스위스에 묶어둔 돈이 정체 수준이었다가 약간 감소했으며 조세 천국으로 빠져나간 사실을 보여준다. 조세 천국은 미국이 감시하고 있다. 스위스가 유럽 부자들의 조세 천국이었을 때는 물론 유럽 전역의 여러 좌파 정부들에게 문젯거리였다. 하지만 스위스는 미국에 대한 유럽 과두제 국가들의 독립을 보장했다. 신념이 있지만 현실을 무시하지 않는 유럽 통합 지지자라면 유럽연합의 과두제적 성격은 어쩔 수 없이 받아들이고 스위스를 보호하든지 아니면 아예 스위스에 조세 천국의 지위를 되돌려주기 위해 싸워야 할 것이다. 또 스위스 은행들에 남아 있는 비밀 계좌를 밝히라고 압력을 가하는 미국을 도와주지도 말아야 한다. 2009년 대침체를 일으킨 미국 금융 기관들에 비하면(직전 연방정부에 의해 구제되지만 제재를 받은 임원은 아무도 없었다) 하찮은 일에 지나지 않은 행위로 스위스 금융 회사들이 미국 연방 기관에 벌금을 무는 것을 보고 좋아해서는 안 된다.[9] 미국 쪽에서 보면 스위스를 무너뜨리는 것이 유럽 과두제 국가들을 장악하는 데 매우 중요했음이 분명하다.

유럽 부자들의 재산 60퍼센트(쥐크만이 제시한 수치)가 미국에 있는 상위 권력자들의 친절한 감시를 받으며 수익을 내고 있으니 유럽의 상류층은 정신적 독립과 전략적 독립을 잃은 셈이다. 최악은 미국 국가안보국NSA의 감시가 아직 남아 있다는 점이다.

인터넷은 우리의 삶을 뒤흔들어놓았고 그것은 올리가르히들에게도 마찬가지다. 1995년 유럽인의 15퍼센트가 인터넷을 사용했던 반면 2003년에는 그 비율이 42퍼센트, 2021년에는 87퍼센트로 계속 상승했다. 지금은 누구나 인터넷을 사용한다. 그런데 우리는 금융 메커니즘의 작동이 인터넷 때문에 가속화되었다는 것뿐만 아니라 그 성격 자체가 바뀌었다는 가정을 해야 한다. 과거에는 특권층이 세금을 내지 않으려고 소소하게 애를 썼다면 지금은 100퍼센트 전산화된, 마법 같은 투기 시스템으로 편입되었다. 돈은 피난처에만 있는 것이 아니라 '일'을 한다.

NSA의 감시하에

스위스에 얌전히 감춰두었던 돈은 이제 영미권의 조세 천국 사이를 순간 이동 하면서 다시 돈을 만들어낸다. 과거에는 움직이지 않았던 돈이 이제는 활성화되어 최종 단계의 세계화라고 볼 수 있는 거대한 투기 축제에 참여한다. 때로는 스위스에서, 그리고 자주 룩셈부르크를 통해 들어오는 돈은 실물 경제에서 점점 멀어지고 경제를 비현실적인 것으로 만들어 서방을 패배로 몰아가는 데 기여한다. 우리는 제9장에서 미국 실물 경제가 어떻게 해체되는지 살펴볼 것이다.

그러기에 앞서 먼저 유럽 상류층의 자율성 상실 문제를 다루자. 인터넷은 자유에 대한 꿈을 실현하고 그다음 어두운 현실을 구현했다. 초기의 인터넷은 도취감을 불러일으켰다. 사람들은 과거에는 만날 수도 없었던 사람들과 접촉할 수 있는 자유, 정보의 자유, 지구 반대편으로 사진을 전송할 수 있는 자유, 포르노그래피의 자유, 기차표와 호텔을 충동적으로 예약할 수 있는 자유, 24시간 은행 계좌를 열람할 수 있는 자유, 돈을 돌게 할 수 있는 자유를 만끽했다. 그러다가 인터넷이 그 안에서 이루어지는 '모든 것을 기록'한다는 사실과 인터넷에서 행해진 과거와 현재의 금융 행위, 성적 행위 등 모든 것을 감시할 수 있다는 것을 깨달았다.

영미권 조세 천국에 돈을 맡기기 시작했던 부자들이 미국 당국의 감시와 통제에 자신들을 스스로 몰아넣었다는 사실을 금방 깨달았는 지는 모르겠다. 그러나 미국 CIA만큼 오래되었지만 인터넷 시대 이전 에는 그렇게 중요하지 않았던 NSA의 행태가 밝혀졌을 때 이 문제를 인 식하기 시작한 것이 분명하다. NSA는 통신 기록에 전문화된 기관으로, 30억 달러 이상을 들여 유타주에 거대한 데이터 센터를 지었다.

미국의 통제 권력을 생각할 때 처음 떠오르는 이미지는 이라크나 중앙아메리카의 약소국—빈곤국, 피지배국—에 개입하는 세계 경찰 이다. 밀바슈 고원의 음모론자*도 CIA가 자신을 감시하고 있다고 생각 할지 모른다. 그런데 사람들은 본질을 잊고 있다. NSA가 무엇보다 미 국 영토 밖의 전 세계 올리가르히들을 감시했다는 사실 말이다. 이것은 특권층에 관한 이야기이니 우리는 별생각을 하지 않을 뿐이다.

글렌 그린월드Glenn Greenwald의 『더 이상 숨을 곳이 없다』는 이 지점에 관해 눈을 뜨기 위해 꼭 읽어야 할 중요한 책이다.[10] 그린월드는 CIA와 NSA에서 일했던 컴퓨터 공학도로, 정치적 자유의 상징이 된 에드워드 스노든Edward Snowden이 전달한 정보를 폭로했던 기자다. 스노든은 2013년 미국 정부가 개발한 대규모 감시 프로그램의 존재를 폭로했다. 이후 러 시아로 망명했는데, 나는 스노든을 받아준 것이 미국이 푸틴을 용서하

---

* 2008년 11월 프랑스 리무쟁 지역의 외딴 산골 밀바슈 고원에서 '보이지 않는 위원회'라는 조직이 고속열차 폭파를 시도했다. 이 조직의 지도자인 쥘리앵 쿠파Julien Coupat를 지칭하 는 말.

지 않는 일 중 하나라고 생각한다.

CIA가 중동을 비롯한 해외에서 세계 균형을 유지하는 데 힘쓴다면, 그린월드의 책에서는 NSA가 미국의 적이 아니라 동맹인 유럽, 일본, 한국, 라틴아메리카를 우선 감시 대상으로 삼았다는 것이 명백하게 드러난다. 앙겔라 메르켈의 휴대전화가 도청되었다는 사실이 밝혀지면서 여론도 술렁이기 시작했다. 그린월드의 책을 읽다 보면 미국이라는 제국이 단순히 추상적으로만 존재하지 않는다는 것과 이것이 민주당의 동의뿐만 아니라 개인 감시의 매우 구체적인 메커니즘에 기인한다는 사실을 인식할 수 있다.

그렇다면 미국 정부가 바라보는 서방의 새로운 지도가 그려진다. 영국, 캐나다, 오스트레일리아, 뉴질랜드는 부속국(파이브 아이즈)이며 서유럽은 제2의 라틴아메리카이다(라틴아메리카에서는 미국의 지배가 줄어들고 있지만 훨씬 더 오래됐다). 나의 친구 필리프 샤플랭Philippe Chapelin은 라틴아메리카 전문가로, 유럽 엘리트들이 라틴아메리카처럼 복종하고 있다고 경고했다. 다만 라틴아메리카에서는 좌파 인텔리겐치아가 미국으로부터 독립적인데 유럽은 그렇지 않다는 것이다.

NSA가 직접 고용하는 인원은 3만 명밖에 안 된다. 업무 일부를 민간 기업들에 위탁하기 때문이다. 이 민간 기업들이 고용하는 직원이 6만 명에 달한다. 미국의 18개 정보기관을 모아놓은 '인텔리전스 커뮤니티Intelligence Community'의 직원은 10만 명 정도로 추산된다. 이 정보 조직은 훨씬 광범위한 통제 네트워크의 핵에 해당한다. 어림잡아 30만 명으로 보는 게 합리적인 계산일 것이다.[11] 유럽, 특히 프랑스 시민들은 지도자들의 돈이 어디로 가는지 모르겠지만 NSA는 그것을 알고 있고, 유럽의 지도자들도 NSA가 알고 있다는 사실을 알고 있다.

솔직히 말하면 나는 NSA가 수집한 데이터로 서방 엘리트들을 어떻게 휘두를 수 있을지 알 수 없다. 또한 NSA가 어느 정도로 개인 계좌에 접근할 수 있고 저장 능력은 어느 정도 되는지도 모른다. 그러나 유럽 엘리트들이 NSA의 권력을 믿고 감시당한다고 느끼기만 해도 미국이라는 주인과의 관계에서 매우 조심할 것이라는 정도는 알 수 있다. 많은 사람이 인터넷의 해방―겉보기에―단계에 온라인상에서 아무렇게나 행동했고 서방 금융 산업에서도 뱅자맹 그리보Benjamin Griveaux[12] 같은 이가 많이 출현했다.

미국에 굴종하는 유럽을 설명하면서 두려움이라는 요소를 포함해서 유감이다. 두려움이 미국을 추종하는 유일한 원인은 아니다. 그러나 복종하는 비율이 100퍼센트에 가까울 정도로 절대적인 권력 시스템은 지도층에 전체주의의 분위기가 흐르고 있다고 생각하게끔 한다. 미국이 목을 매라고 하면 유럽 지도자들은 그렇게 하겠지만 자신들의 국가에서 만든 밧줄을 쓰게 해달라고 간청할 것이라고 블라디미르 푸틴이 비꼴 수도 있다.[13] 그들의 간청은 미국 섬유산업의 이익을 지키기 위해 거부당할 수 있다고까지 말할 수 있다. 극단적인 복종은 이렇게 극단적으로 설명할 수밖에 없다.

쇠퇴하면서도 유럽 장악력을 높이는 미국

이러한 금융 통제 메커니즘은 원해서가 아니라 불시에 도입되었다. 사람들은 인터넷이 자유의 도구인 줄로만 알았다가 역대 최강의 감시

도구가 될 수 있다는 사실을 깨닫게 되었다. 과두제적 유럽의 상류층은 금융 세계화에 매료되었다가 보편적으로 이루어지는 데이터 기록의 덫에 빠졌다.

유럽(과 아시아) 내 보호령에 대한 미국의 첫 번째 장악은 1945년에 일어났는데 인터넷은 그 장악을 훨씬 강화했다. 실제로 2000년대 중반 이후 서유럽에 대한 미국의 통제가 강화되었다. 우리는 여기서 유럽이 바라보는 미국과 나머지 세계가 바라보는 미국 사이에 인식의 차이가 있다는 것을 강조해야 한다. 비유럽인이 보기에는 미국의 힘이 빠르게 약해지는 것이 분명하다. 미국의 제조업 생산이 1945년에는 세계 생산의 45퍼센트를 차지했지만 지금은 17퍼센트밖에 차지하지 않는다. 그리고 제9장에서 살펴보겠지만 그 17퍼센트도 전체가 다 실질 생산은 아니다. 수브라마냠 자이샨카르Subrahmanyam Jaishankar 인도 외교부 장관이《인디아 웨이》에서 자세히 설명했듯이 발전하고 다양화하는 세계에서 미국의 비중이 계속 하락하는 것은 당연하다.[14] 인도인들은 미국 제국의 쇠퇴를 그들이 일등석에서 관람했던 대영제국 쇠퇴의 논리적 귀결이라고 인식한다. 인도인들이 느끼는 이런 감정은 이란, 사우디아라비아, 중국, 태국 등 세계 곳곳에서 나타난다. 유럽을 제외한 모든 곳이라 보면 된다. 유럽은 아마 일본, 한국과 함께 유일하게 나토가 강화되고 있고 미국이 점점 더 필요한 존재가 되고 있다고 보는 것 같다. 그러나 그것은 미국의 시스템이 전 세계에서 쇠퇴하므로 궁극적 권력 기반인 초기 보호령에 점점 더 압력을 강화하기 때문이다. 이는 브레진스키의 교리를 뛰어넘는—어쩌면 밑도는—것이다. 이것은 미국의 세계 지배 문제가 아니다. 유럽과 극동 아시아의 통제에는 미국의 사활이 걸려 있다. 쇠락해가는 현 상태에서 미국에는 제조업 생산 능력이 필요하기 때문이다. 최첨단 기술 관련 활동이 미국의 주변부로 얼마나 밀려 나갔는지 알게 되면 충격을 받을 것이다. 반도체는 대만, 한국, 일본에서 생산된다. 나머지 제조업 활동도 일본, 한국, 독일, 동유럽에서 일어난다.

나토의 무의식을 파헤쳐보면 군사적·이데올로기적·심리학적 작동 체계가 더는 남아 있지 않아서 서유럽을 보호할 수 없고 다만 통제할 수 있을 뿐임을 알 수 있다.

생산 및 무역의 전반적인 구조로 살펴본 서방은 대칭적이지 않다. 미국이라는 중심부가 주변부를 체계적으로 착취하는 관계가 출현했다. 미국의 대對유럽연합 무역수지(재화와 서비스) 적자는 우크라이나 전쟁 직전인 2021년 2200억 달러였다. 여기에 대스위스 적자 400억 달러, 대일본 적자 600억 달러, 대한국 적자 300억 달러, 대대만 적자 400억 달러를 추가하고 대노르웨이 적자 4억 달러까지 합치면 동맹국(보호령과 식민지)과의 무역 거래에서 미국은 3930억 달러의 적자를 기록했다. 이는 코로나19가 종식될 무렵인 2021년 중국을 상대로 한 3500억 달러 적자보다 높은 수치다.

미국 제국의 핵심 중의 핵심인 아메리카노스피어의 불균형은 감소했다. 캐나다는 미국과의 거래에서 500억 달러 흑자를 기록했지만 캐나다와의 지리적 근접성이 미국 경제의 '내적' 구성 요소를 이루고 있지 않다고 말할 수 없다. 영국과의 거래에서는 미국이 50억 달러 흑자를, 오스트레일리아와의 교역에서는 140억 달러의 흑자를 달성했다는 사실은 놀랍다. 뉴질랜드는 미국과의 교역에서 10억 달러의 흑자를 냈다.

이제 영국으로 눈을 돌릴 차례이다. 영국은 비활성화된 국가일 뿐
만 아니라 위기 국가이다. 따라서 영국인들의 반러시아 성향은 더는 이
해 불가한 수수께끼가 아닐 것이다.

제6장

영국: 제로 국가를 향하여
(무너져라, 브리타니아여![*])

영국의 호전주의는 서글프기도 하고 코믹하기도 하다. 영국 국방부의 일일 브리핑은 영국 항공전이나 대서양 전투의 패러디를 보는 것 같다. 과거 대영제국은 문명을 위해 전 세계적 차원에서 싸웠다. 현재 영국 군대는 프랑스 군대처럼 아프리카에서 작전을 수행해서 그곳에서 미움을 살 수도 없을 것이다. 영국은 핵무기도 제대로 보유했다고 할 수 없다. 핵무기 유지를 미국에 의존하고 있고, 미국의 승인 없는 핵무기 사용도 불분명하기 때문이다. 영화에나 나올 법한 영국 국방부의 과대망상은 우리를 제임스 본드와 OSS 117^{**} 사이의 어딘가에 낙하시킨다—제임스 본드는 러시아와의 갈등을 완화하려 하지만 OSS 117은

• 영국의 비공식적 국가國歌 〈지배하라, 브리타니아여!Rule, Britannia!〉에서 비롯된 표현이다.
•• 프랑스 작가 장 브뤼스Jean Bruce의 첩보 소설 시리즈. OSS 117은 소설 속 주인공인 미국 비밀 요원의 암호명이다.

프랑스 정보기관이 맡긴 터무니없는 임무를 완수한다.

　전쟁에 대한 영국의 격노는 그런 것까지 바라지 않았던 미국을 당황스럽게 했다. 영국은 언제나처럼 미국을 따라 하기만 했으면 충분했을 것이다. 제2차 걸프 전쟁에서 부시를 따라 참전한 블레어처럼 말이다. 영국의 우스꽝스러운 짓거리에는 비극적인 이면이 있었다. 영국은 보내줄 물자도 많지 않았으면서 단계마다 전쟁을 악화시켰다. 러시아의 첫 공격 이후 젤렌스키는 푸틴과 대화할 준비가 되어 있었던 것 같다. 그런데 보리스 존슨은 푸틴과 협상하지 말라고 젤렌스키를 설득해서 그를 전사의 역할로 영원히 가두어버렸다. 영국은 중전차 챌린저 2와 장거리 미사일 스톰 섀도, 열화우라늄탄을 가장 먼저 우크라이나에 보낸 국가다. 그 규모는 적었지만(예를 들어 전차는 14대를 보냈다) 프랑스와 특히 독일에 모범을 보이기 위해서였다. 프랑스는 영국에 이어 스톰 섀도의 쌍둥이 격인 스칼프를 보냈고, 독일은 레오파르트 1과 2를 대량으로 보냈거나 보내겠다는 약속을 했다. 그렇게 해서 우리는 독일이 민간용 차량만 잘 파는 줄 알았더니 군사용 차량도 잘 판다는 것을 알게 되었다. 레오파르트 2는 신형과 구형 모두 네덜란드, 노르웨이, 캐나다, 그리스, 헝가리, 핀란드, 에스파냐, 덴마크, 스웨덴, 스위스, 폴란드, 포르투갈, 튀르키예, 카타르, 싱가포르, 칠레, 인도네시아에 수출되었기 때문이다. 2023년 여름이 끝나갈 무렵, 우크라이나는 폴란드로부터 14대, 캐나다로부터 8대, 노르웨이로부터 8대, 에스파냐로부터 6대를 지원받았고, 독일에서 '배송 중'인 것도 36대나 되었다.' 전체 규모는 인상적이지 않지만 유럽의 이 모든 물자가 2023년 여름 우크라이나의 반격에 사용(소모?)되었던 것으로 보인다. 미국은 영국을 따라 열화우라늄탄을 보냈다. 열화우라늄탄 재고가 떨어지자 미국은 유일하게 우크라이나에 집속탄을 지원했다. 우크라이나 전선에서는 미국 전차 에이브럼스의 등장을 기대했지만 가장 효과적인 방어 장치인 강철 방패는 갖추지 않았다(기밀이라 러시아 손에 넘어가면 안 되었다). 영국의 챌린저는 적어도 2대가 이미 우크라이나 들판에서 불탔다.

리즈 트러스의 시간

영국의 호전주의는 가끔 브렉시트에 대한 반작용으로 해석되기도 한다. 브렉시트는 경제적으로 대단한 성공을 이루지 못했고 따라서 영국인들에게 고립에 대한 두려움과 외교적이고 유사군사적 활동주의를 통해 유럽에 합류하고 싶은 마음을 불러일으켰다는 것이다. 이러한 해석은 의미가 없지 않지만 현실과는 매우 거리가 멀다. 우선 브렉시트의 의미를 살펴보자.

브렉시트에 관한 초기 분석에서 내가 실수를 했다는 사실을 고백해야겠다. 다른 많은 사람과 마찬가지로 나는 적어도 잉글랜드에서—스코틀랜드는 유럽연합 잔류를 찬성했으므로—민족 정체성의 재출현을 보았다. 사실 브렉시트는 영국 국민의 내부 갈등에서 비롯되었다. 이러한 가정은 브렉시트 문제를 두고 잉글랜드와 스코틀랜드의 뜻이 엇갈렸다는 점을 반영한 것이다. 린다 콜리Linda Colley[2]가 설명했듯이 잉글랜드와 스코틀랜드는 개신교라는 공통의 정체성에 기반해서 1707년 연합하여 영국을 탄생시켰다.

내 고백을 더 해보자. 나는 실용주의적이고 합리적이며 인내력 있는 영국의 전통적 관점을 과신했고, 심지어 잉글랜드가 신자유주의 혁명의 주요 행위자였다는 사실과 국내의 높은 반대 여론에도 불구하고 제2차 걸프 전쟁에 뛰어들었다는 사실을 잊어버렸다.

그러다가 리즈 트러스Liz Truss 덕분에 깨달음을 얻었다. 2022년 9월 6일, 다우닝가 10번지에서 그가 총리 부임 뒤 한 첫 연설은 나에게 인지적 충격을 던져주었다. 그의 열에 들뜬, 그리고 허영에 찬 프티부르주아의 모습은 전혀 영국인 같지 않았다. 트러스 덕분에 해방된 나의 뇌는 놀라운 정보들을 연속적으로 받아들였다. 《가디언》은 리즈 트러스 정부에서 가장 중요한 4인방이 남자도 아니고 백인도 아니라는 사실에 감탄했다. 총리는 백인 여성이고, 쿼지 콰텡Kwasi Kwarteng 재무부 장관은 가나 출신이었으며, 제임스 클레버리James Cleverly 외무부 장관은 영국인 아버지와 시에라리온인 어머니 사이에서 태어났다. 수엘라 브레버먼Suella Braverman 내무부 장관은 인도 출신이다. 에마뉘엘 마크롱에서 엘리자베트 보른Élisabeth Borne을 지나 브뤼노 르메르에 이르기까지 주요 장관의 절반 이상이―가끔 조부모가 북아프리카 출신인 사람도 있지만―지방의 프티부르주아 집안 출신인 프랑스 내각과는 극명한 대조를 보인다(오해를 피하기 위해 나도 정부 관료들보다는 북아프리카 출신 프랑스인들과 더 가깝다는 걸 일러둔다).

최근 영국의 변화는 최고위 정부 관료 중 유색 인종이 놀랍도록 많아졌다는 점이다. 정부의 2인자라고 할 수 있는 재무부 장관을 예로 들어보자. 재무부 장관은 프랑스보다 영국에서 더 권위가 높다. 재무부 장관의 명단은 중세까지 거슬러 올라갈 수 있다. 재무부는 다우닝가 11번지(10번지와 나란히)에 있다. 최근 이 자리에는 '소수민족' 출신들이 올랐다. 2019년 7월에 장관이 된 새지드 재비드Sajid Javid는 파키스탄 출신이고, 2020년 2월에 그의 후임이 되었고 이후 제79대 영국 총리가 된 리시 수낵Rishi Sunak은 인도 출신이다. 2022년 7월 장관이 된 나힘 자카위Nadhim Zahawi는 쿠르드족 출신이고 그의 후임자인 쿼지 콰텡은 앞에서 이미 언급했다. 2022년 10월 취임한 제레미 헌트Jeremy Hunt만 '백인'이다.

이 모든 것은 경제적 광기 속에서 이루어졌다. 쿼지 콰텡 장관은 리즈 트러스 총리와 함께 대규모 세금 감축 정책을 내놓았는데 세수 확충 계획은 빠져 있었다. 그 결과 시장은 패닉 상태에 빠졌고 영국은행도 그에 못지않은 상황에 놓였다. 트러스와 콰텡은 영국 파운드화가 미국의 달러화와는 달리 마음대로 찍어낼 수 있는 기축통화가 아니라는 사실을 잊었던 모양이다.

보수당의 '유색' 정치 인사들은 진정한 보수주의자, 진정한 '토리당 지지자'들이다. 이들은 치안 유지에 있어서 급진주의와 신자유주의로 이름을 날렸다. 예를 들어 인도 출신인 프리티 파텔Priti Patel 내무부 장관은 워낙 강경해서 제랄드 다르마냉Gérald Darmanin* 프랑스 내무부 장관이 부드러운 사람이라고 느끼게 할 정도다.

또 다른 '유색' 정치 인사는 스코틀랜드 제1장관인 홈자 유사프Humza Yousaf다. 그는 파키스탄 출신으로 스코틀랜드 국민당SNP 대표이기도 하다. 100퍼센트 정치인이라 할 수는 없지만 러시아 혐오 강경파에 속하는 또 다른 유명인은 국제형사재판소의 카림 칸Karim Khan 검사장이다

---

* 2020년 마크롱 대통령에 의해 내무부 장관으로 임명되었으며 경찰 폭력과 시위대 과잉 진압으로 비판을 받았다.

(피부과 의사인 파키스탄인 아버지와 간호사인 영국인 어머니 사이에서 태어났다).
칸 검사장은 블라디미르 푸틴에게 체포 영장을 발부하기까지 했고 이
때문에 러시아에서 지명 수배자 명단에 올랐다. 카림 칸 검사장에게는
임란 아흐메드 칸Imran Ahmad Khan이라는 동생이 있는데, 이 동생이 레드
월, 즉 영국 북부의 난공불락으로 유명한 노동당의 요새를 무너뜨린 보
수파 의원 중 한 명이다. 그러나 임란 아흐메드 칸의 정치 경력은 짧게
끝났다. 최초의 보수파, 동성애자, 유색 인종 의원으로 (자신의 의지와 상
관없이) 유명해졌던 그는 15세 청소년을 상대로 한 성폭행 혐의로 기소
되었다. 게다가 그는 고등교육의 절반을 러시아에서 받았다. 내가 이
런 인물들과 사건들을 언급하는 이유는 《부아시Voici》나 《갈라Gala》 같
은 가십성 기사를 싣는 잡지들과 경쟁하려는 것은 아니다. 다만 프랑스
(영국이 아니라) 독자에게 영국 자체가 하나의 세계이며 그곳에서는 지금
러시아 혐오보다 더 놀라운 일이 벌어지고 있다는 것을 느끼게 하기 위
함이다.

리시 수낵은 더 합리적인 인물로 보인다. 예를 들어 그는 2012년,
쿼지 콰텡, 프리티 파텔, 도미닉 랍Dominic Raab, 크리스 스키드모어Chris
Skidmore, 리즈 트러스가 출간한 『브리타니아 언체인드』[3]의 집필에 참여
하지 않았다. 이 책은 2022년 황당한 경제 계획의 전조가 담긴, 신자유
주의 성향의 과격한 선전문이다. 총리에 임명된 리시 수낵은 인도의 고
대 서사시 『마하바라타』에 수록된 〈바가바드 기타〉를 걸고 서약하는
수준에 그쳤다. 억만장자인 그의 인도인 아내(아버지의 재산을 물려받았다)
는 영국 국적이 없고(유일한 경우이다) 몇 년 전 영국 국세청의 관심을
끌었다.

여기서는 영국 보수당 의원 몇 명만 언급했다. 그러나 '유색' 인종에 속하는 의원 과반은 노동당 소속이다. 파키스탄 출신의 런던 시장 사디크 칸Sadiq Kahn만 봐도 그렇다.

이러한 변화는 어떤 의미에서는 감탄할 만하지만 그 변화가 갖는 사회학적 의미와 역사적 의미를 이해해야 한다. 영국은 '백인' 개신교도의 국가였다. 지도층은 백인이었고 개신교를 믿었으며 가톨릭에 반대해서 국가를 세웠다. 그들은 '백인'(당연히 개신교도)이 우월하다는 암묵적인 확신을 가졌다. 우리는 영국의 인종차별주의가 사라졌다(독일처럼)는 사실에 기뻐하면서도 동시에 백인 개신교도들만이 다스리는 국가가 아니게 된 영국이라는 대상이 무엇인지에 관해 의문을 품을 수 있다. 나는 미국에 대해서도 같은 질문을 할 것이다.

영국의 기능 이상 목록

'흑인, 아시아인, 소수민족BAME'은 영국 전체 인구의 7.5퍼센트밖에 차지하지 않는다.⁴ 그러나 상징적으로는 정계에서 차지하는 비중이 그보다 더 높다는 것이 명백하다. 영국 사회에서 BAME의 입지를 더 면밀하게 파악하기 위해 선진국의 중산층을 정의하는 데 주로 쓰이는 잣대인 고등교육을 살펴보자. 우리는 정치에서 그렇게 멀리 떨어지지 않는다. 노동자들이 의회에서 의석을 차지했던 영국(그리고 옛 자유민주주의 국가들)의 때는 지났다. 대학교 졸업장이 아무리 가치가 떨어졌다고 해도 정계에 입문하려면 꼭 필요하다.

2019년 백인 영국 청년의 대학 진학률은 33퍼센트였고, 흑인은 49퍼센트, 아시아인은 55퍼센트였다. 이 '아시아인'은 주로 인도인이나 파키스탄인이며, 중국계의 대학 진학률은 72퍼센트까지 치솟는다.[5] 인도인이나 중국인의 진학률이 높은 이유는 상당 부분 수직적 가족 구조(공동체적이지만 장남에게 특별한 위치를 부여한다)와 교육을 중시하는 시크교와 유교 전통 때문이라고 볼 수 있다. 백인 영국인들의 절대적인 핵가족은 자녀를 그만큼 효율적으로 돌보지 못하고, 오늘날의 제로 개신교는 활성 상태 또는 좀비 상태의 개신교가 보이는 교육적 잠재성을 더는 전달하지 못한다. 흑인은 백인보다 대학에 갈 확률이 더 높다. 그러나 아프리카나 앤틸리스 제도의 가족 구조와 여기에 겹쳐지는 기독교, 애니미즘, 부두 같은 종교적 전통은 교육을 특별히 장려하지 않는다.

우리는 여기서 인류학적이고 종교적인 힘이 알 수 없는 요인에 의해 방향을 선회한 것을 볼 수 있다. 상관관계가 없음을 규명하면 비정상적인 현상을 증명할 수 있을 것이다. 전 세계에서 학업 성취도는 유아 사망률과 상관관계가 있다. 유아 사망률이 낮을수록 학업 성취도가 높다. 영국에서 백인 유아의 사망률은 1000명당 3명이고, 흑인의 경우에는 6.4명이나 된다. 이렇게 학업 성취도와 유아 사망률의 상관관계가 깨지는 것은 사회적으로 비정상적인 현상이다. 이는 BAME가 가끔 정치에서 그렇듯이 교육에서도 적극적 우대 조치affirmative action를 받는다는 것을 보여준다.

전쟁에 환상을 품은 영국인들 사이에 널리 퍼진 공허감을 알아보기 위해 곧바로 빈곤 현상으로 넘어가자. 2022년 5월 18일 자《가디언》은 배가 고파 슈퍼마켓을 턴 사람(노부인?)이 현장에서 붙잡혔을 때 조치를 다르게 하라는(도망치게 내버려두라는?) 지시를 경찰관들이 받았다고 보도했다. 여기에서 우리는 전통적인 영국의 관용을 볼 수도 있지만 신자유주의 혁명으로 생산의 근간을 파괴해야 하는 영국도 볼 수 있다.

포스트모더니즘적인 야만성으로 돌아가보자. 같은 5월에 르완다와 맺은 협약은 영국의 불법 이민자들을 르완다로 강제 이주시키는 방안을 담고 있다. 영국 고등법원은 이 조치가 불법이라고 판단했다. 나는 대법원이 이 황당무계한 계획을 합법으로 판단하리라고 생각하지 않는다.

강제 이주 원칙은 그 자체로도 혹독한데 그것도 모자라 인종학살이 벌어진 국가로 강제 이주가 이루어지는 것은 너무한 조치다. 독일 연방의회가 홀로도모르를 인종학살로 정의했을 때 나는 독일이 의원들을 통해 인종학살이란 무엇인지 현학적으로 우리에게 가르치려 할 만큼 유머 감각을 잃었나 싶어 놀랐다. 영국 정부가 르완다를 강제 이주지로 만들려 한다면 종교와 이데올로기의 제로 상태가 유머 감각의 제로 상태—그것도 영국에서!—까지 낳은 게 아닐까 싶다. 특히 도덕성의 제로 상태가 나타나는 것도 느낀다. 그 도덕성 제로가 우크라이나에 열화우라늄탄을 보낸 이유일 것이다.

런던에 있는 줄리언 어산지Julian Assange의 운명은 영국이 미국의 시스템 내에서 얼마나 자유로운지 의문을 던지게 한다. 많은 것의 제로 상태에서 영국 정치 문화에 매우 소중한 개념인 알 권리와 표현의 자유가 살아남을 가능성은 아직 어느 정도 남아 있다.[6] 2012~2019년 에콰도르 대사관에 피신했던 어산지는 '스파이 활동'으로 미국에서 추방된 뒤 영국에 수감되었다. 2022년 4월 20일 영국 법원은 그의 미국 송환을 승인했다. 영국 내무부 장관이 이를 위해 명령서에 서명해야 했는데 어산지의 변호사들이 고등법원 결정에 상고했다.

나는 우크라이나 전쟁이 이 사건에 얼마나 영향을 미쳤는지 궁금하다. 두 사건은 당연히 밀접한 관련이 있다. 어산지의 실질적 미국 송환은 영국의 독립성이 공식적으로 소멸했다는 것을 의미하고 미국의 위성국 지위를 역시 공식적으로 얻었다는 것을 뜻하기 때문이다. 그러면 스노든의 자유를 보호한 푸틴이 러시아식 유머로 영국을 조롱하리라고 나는 확신한다.

나는 열심히 반복해서 말했다. 이 글을 쓰는 것은 분노하기 위해서가 아니라 역사가로서 현재 영국 사회의 성격을 이해하기 위해서라고 말이다.

영국 사회의 기능 이상에 대한 황당한 목록을 계속 살펴보자. 전후 영국의 자존심이자 복지국가(복지국가가 곧 활성 국가다)의 상징인 국민의료서비스NHS의 통계에 따르면, 2021년 영국에 새로 등록한 의사 중 37퍼센트만 영국인이고 13퍼센트는 유럽연합 회원국 출신이며 50퍼센트는 그 외 다른 국가 출신이었다. 특히 인도와 파키스탄 출신이 많았다. 그렇다면 자국민을 돌볼 의사마저 양성하지 못하는 국가는 무엇일까?

영국인 의사 부족 문제는 국민의 건강 상태에 영향을 미치기 시작했다. 호전주의적 입장을 견지하는 어리석음(거의 모든 영국 언론이 그렇고 이 부분에서는 프랑스와 차이가 없다)을 가지고 있지만 풍부한 정보도 가지고 있는《가디언》을 다시 한번 인용하자.

긴축 재정 시절에 성장한 영국 아동들은 다른 유럽 국가의 아동들보다 키가 작다. 1985년 5세 남아와 여아의 평균 신장에서 영국은 200개국 중 69위를 차지했다. 그러나 2019년 남아의 신장은 102위를, 여아의 신장은 96위를 기록했다. 5세 남아의 평균 신장은 112.5센티미터이고, 여아는 111.7센티미터이다.

네덜란드의 경우 5세 남아의 평균 신장은 119.6센티미터이고 여아의 경우 118.4센티미터이다. 프랑스에서는 각각 114.7센티미터와 113.6센티미터로 나타났고, 독일은 각각 114.8센티미터와 113.3센티미터를 기록했다. 덴마크의 남아는 평균 117.4센티미터이고 여아는 118.1센티미터이다. 전문가들은 건강하지 않은 식단과 보건 시스템의 예산 삭감을 원인으로 지적했다. 또 신장은 질병이나 감염, 스트레스, 빈곤, 수면의 질 등 전체적인 생활 환경을 보여주는 중요한 지표라고도 강조했다.[7]

중산층의 경제 상황을 훑으며 영국이 겪는 혼란을 계속해서 둘러보자. 우선 영국인 대학교수가 되었다고 가정해보자. 당신의 월급은 인상되지 않고 퇴직 후 받을 연금은 30퍼센트 줄어들 것이다. 2023년 여름, 물가상승률은 여전히 6퍼센트를 웃돌았다. 반면 당신이 받은 주택 담보 대출의 금리는 영국은행의 통화정책 때문에 계속 오르기만 한다. 이젠 당신도 프롤레타리아가 될지 모른다.

기대수명 곡선(그래프 6.1)은 2015~2020년 미국이 유일하게 기대수명이 현저히 줄어들었음을 보여준다. 영국의 기대수명도 1980년대(대처의 시대)에 크게 줄어들었다. 프랑스나 이탈리아보다 뒤지고 1990년 이후 통일의 여파를 받은 독일보다도 낮다. 인구 변화의 시간적 흐름을

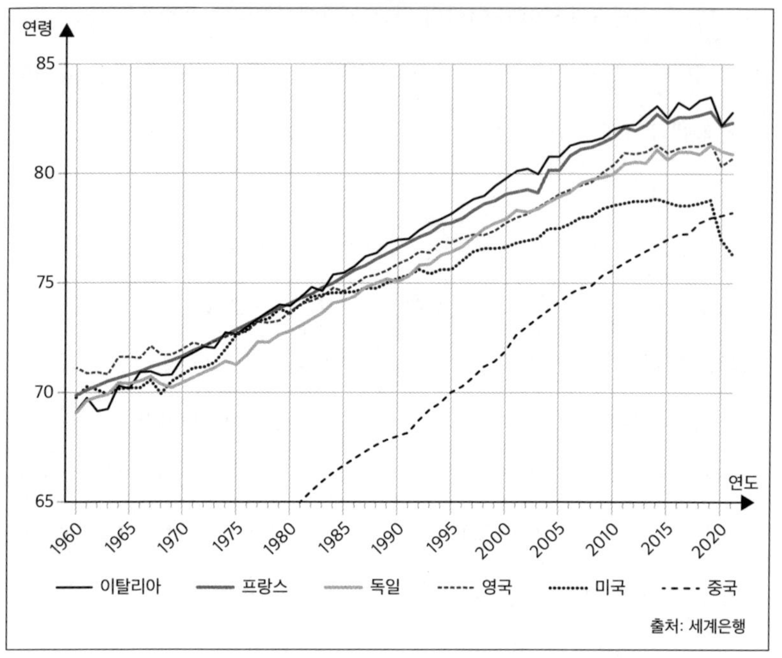

보면 신자유주의의 실질적인 영향을 검토할 수밖에 없다.

경제 해체

마거릿 대처는 레이건의 의미 없는 파트너가 아니었고 토니 블레어도 빌 클린턴의 복사판이 아니었다. 영국의 신자유주의로의 선회는 미국보다 약하지 않았다. 물론 영국인들은 많은 면에서 여전히 유럽인이다. 영국의 소득 불평등은 미국 정도는 아니다. 살인 사건 발생률도 유럽 수준으로 낮다. 그러나 다른 부문에서는 영국이 미국보다 훨씬 앞질

러 갔다. 그저 작은 영토와 약한 국력 때문에 신자유주의가 영국을 훨씬 더 위험한 상황에 놓이게 했을 뿐이다. 영국은 대륙에 있는 국가보다 천연자원도 없고 전략적 깊이도 없다. 인구 500만 명 이상의 대도시 15개가 있는 미국과 달리 영국에는 그런 도시가 런던 하나밖에 없다. 런던의 인구는 전체 인구의 15퍼센트인 1000만 명이다. 수도인 런던만 봐도 영국 사회는 위험한 수준으로 양극화되어 있음을 알 수 있다. 프랑스도 양극화되었다. 파리에는 전체 인구의 16퍼센트가 살고 있으니 런던보다 상황이 더 심각하다. 그러나 프랑스의 면적은 영국보다 2배 더 크고(프랑스: 55만 1695제곱킬로미터, 영국: 24만 3610제곱킬로미터) 파리 분지 바깥에 있는 도시에 문화적 자율성을 더 많이 부여한다. 잉글랜드의 면적은 13만 279제곱킬로미터로 정말 작고, 11만 제곱킬로미터에 달하는 파리 분지보다 약간 넓은 수준이다. 런던이 중심이 되는 사회경제학적 집중 현상뿐만 아니라 북해에 매장된 석유가 소진된 이후 천연자원의 고갈까지 덧붙여 생각해야 한다.

영국의 제조업 공동화는 서방의 여타 강대국보다 약간 더 진행되었다. 2021년 프랑스와 미국의 제조업 종사자는 노동인구의 19퍼센트밖에 되지 않았고 영국에서는 그보다 낮은 18퍼센트를 기록했다. 참고로 독일은 28퍼센트, 이탈리아는 27퍼센트, 일본은 24퍼센트를 나타냈다. 영국은 자동차 설계 능력까지 포기했다. 여전히 국내에서 자동차를 제조하지만 영국 브랜드는 아니다. 특히 영국은 미국을 따돌리고 경제 금융화가 최고조에 달했던 국가다. 미국의 금융 산업(거의 생산하는 것이 없다는 사실을 감추기 위해 우아하게 한 표현)은 GDP의 7.8퍼센트를 차지하는데 영국에서는 그 비중이 8.3퍼센트까지 올라간다. 영국의 경제 상황이 더 위험하다고 말할 수 있는 것은 제5장에서 말했듯이 영국이 대미 무역수지 적자를 기록했다는 사실 때문이다. 미국은 세계 대부분의 국가와 무역 거래에서 적자를 기록하는데 말이다.[8]

영국이 취약해진 것은 이데올로기 때문이고 그 이데올로기란 당연히 신자유주의를 말한다. 민영화는 극단적으로 이루어졌다. 철도와 상수도 등 경제학자들이 자연독점이라고 말하는 부문이 무자비하게 매각되고 규제 완화되었으며 마비되는 것도 모자라 19세기의 토막 난 형태로 되돌아갔다. 국가에 주어진 일을 민간 기업에 넘기는 아웃소싱이 철저하게 이루어졌다. 아웃소싱을 도입한 것은 보수주의자들이지만 1997년 토니 블레어도 아웃소싱으로 신나게 돌아섰다. "노동당 체제에서 몇십억 파운드의 가치가 있는 공공 서비스가 아웃소싱되었다. 민간이 교도소를 운영하고, 지역 당국도 주택 보조금과 세금 행정에서 거리 청소나 학교에 이르기까지 아웃소싱을 대거 실시했다. 행정부의 컴퓨터 관련 계약도 거의 모두 민간에 맡겨졌다. 노인과 장애인을 위한 복지 서비스는 자선 단체들이 많은 부분을 관리하고 있다."[9]

경제 해체 뒤에서 일어나는 종교 해체

그러나 신자유주의에 책임을 전가하는 것으로는 모자라다. 정치인이든 아니든 행위자의 의식 수준에는 순수하고 완벽한 시장, 치안 유지, 전쟁 등에 대한 국가의 역할 축소를 꿈꾸는 경제 교리가 당연히 자리한다. 이것이 마거릿 대처의 교리적인 신자유주의다. 나는 개인적으로 마거릿 대처가 진정성 있는 사람이라고 생각한다. 그러나 이 교리가 적용되면서 공공 서비스, 산업, 그리고 생활 수준이 파괴되었다. 칼 폴라니가 아주 잘 보여준 것처럼 최초의 자유주의자들은 시장을 구축했다. 신자유주의자들은 경제를 파괴한다. 둘은 매우 다르다.

다시 한번 행위자들이 진심이라는 가정에서 출발해보자. 민영화, 아웃소싱, 세금 인하는 미국처럼 영국이 공학도를 거의 양성하지 못하고—2020년경 영국 대학생 중 8.9퍼센트, 미국은 7.2퍼센트, 독일은 24.2퍼센트, 러시아는 23.4퍼센트—이런 부족 현상이 공학도 양성을 우선으로 삼지 않는 정책의 실패를 초래한다는 매우 간단한 사실을 설명해줄 수 없다. 어떻게 이처럼 거대한 지적 오류가 일어날 수 있었는지 이해하려면 의식 수준 아래로 내려가야 한다. 거기에서 의식을 이루는 언어를 벗어던지고 작동 중인 무의식이라 할 수 있는 사실을 관찰하면 된다. 그러면 개념적인 신자유주의 혁명은 도덕과는 분리된 소유의 본능을 단순히 해방한 것으로 나타난다. 머릿속에 떠오르는 단어는 '탐욕'이다. 국가 자산을 헐값에 팔아넘기고 아웃소싱으로 시민을 착취해서 돈을 벌 수 있다. 이 탐욕스러운 무의식이 사회의식을 지닌 노동당 지지자들에게서 더 크게 해방되는 것은 정상적인 일이다. 무의식의 탐욕을 가장 노골적으로 구현한 사람이 토니 블레어일 것이다. 그는 총리직에서 내려온 이후 돈, 그것도 아주 많은 돈을 버는 일에 집중했다.

신자유주의는 '정신'이 프로테스탄티즘 윤리에서 해방된, 베버식과 다른 자본주의를 세우기를 원했다. 신자유주의 혁명은 지적인 단순성을 넘어 도덕의 결여를 나타낸다.

나는 여기서 멈추지 않겠다. 탐욕은 신자유주의 실험의 한 단면에 불과하다. 노동을 적게 하고 돈을 더 많이 벌고 싶은 것은 그렇게 도덕적이지 않지만 이런 성향이 상식에 반하는 것도 아니다. 반대로 우리가 확산되는 것을 보았던 파괴—공장, 직업, 개인의 삶—의 열기는 경제 이론 뒤에 숨어 있던 파괴 본능이 작동하고 있음을 시사한다. 슘페터의 '창조적 파괴'라는 말을 우리는 귀가 따갑도록 들었다. 그러나 경제와 사회에서 우리가 관찰한 것은 파괴뿐이다. '니힐리즘'이라는 단어가 다시 돌아와 우리의 뇌리에 박힌다.

마거릿 대처의 가장 유명한 말을 기억해보자. "사회라는 것은 없다." 워낙 중요한 말이라 자주 인용되는 문장이다. 나는 마거릿 대처가 20세기 말의 중요한 정치 철학자는 아니라고 생각한다. 그러나 급진적이어서 기가 막힌 이 문장은 신자유주의의 감춰진 진실을 드러낸다. 그것은 바로 신자유주의가 현실을 전적으로 부정한다는 점이다. 혹은 다음과 같은 소원을 비는 것일지도 모른다. 사람들이 그 존재를 거부하는 사회가 파괴되기를!

밀턴 프리드먼과 그를 반대하는 케인스학파의 케케묵은 토론에서 니힐리즘과 사회의 도덕성 상실의 원인을 찾을 수는 없다. 우리는 그것을 활성화된 종교, 좀비 종교 혹은 제로 종교에서 찾아야 한다. 영국에는 개신교의 최종적 붕괴라는 가정을 적용할 때다. 종교의 진공은 신자유주의가 전하는 최후의 진리다.

개신교의 과거

먼저 개신교의 가치들을 떠올려보자. 프랑스처럼 가톨릭 국가이자 공화국인 국가의 국민에게는 그렇게 익숙하지 않은 가치들일 것이다.

개신교는 신과의 대화를 구실로 개인이 자신의 내부로 침잠하는 것이 특징이다. 따라서 개신교가 나타나기 전에는 내면화의 정도가 거의 알려지지 않았음을 의미한다. 그러면서도 개신교는 동시에—프랑스에는 잘 알려져 있지 않다—집단의식을 강화한다. '내면화한' 개인은 유럽 역사에서 유례가 없을 정도로 정밀하게 공동체에 의해 감시된다. 막스 베버는 초기 개신교 사회에서 개인이 집단과 맺는 관계를 훌륭하게 요약했다.

> 그러나 자주 잊히는 사실을 강조하는 것이 중요하다. 종교 개혁은 일상을 지배하는 교회의 영향력이 제거되는 것을 의미하지 않는다. 오히려 새로운 형태의 '지배'가 옛것을 대체하는 것이다. 종교 개혁은 극도로 힘을 잃어 당시 거의 존재하지 않았다고 볼 수 있는 권위를 또 다른 권위로 대체했다. 새로운 권위는 진중하고 엄격한 행동 규율을 강요함으로써 공공 생활이나 개인 생활의 모든 영역에 침투할 것이었다. (⋯)
> 16세기 제네바와 스코틀랜드, 16세기 말에서 17세기 초까지 네덜란드 대부분의 지역, 17세기 뉴잉글랜드, 그리고 한동안 잉글랜드에서 유행했던 칼뱅주의의 권위는 개인에 대한 성직자의 가장 혹독한 통제의 형태를 나타낸다.[10]

이처럼 개신교는 매우 강력하면서도 몹시 모순적인 요소들을 동시에 담고 있다. 우리는 그런 요소들을 개신교의 다른 측면에서도 보게 될 것이다.

개신교는 신자들이 성서를 읽어야 하므로 대중이 문자 교육을 받도록 요구했다. 앞에서도 말했지만 바로 이 점 때문에 종교 개혁을 이룬 국가가 교육뿐만 아니라 경제적으로도 발전할 수 있었다. 서방의 부상에 가장 중요했던 요소는 개신교가 문맹 퇴치에 관심을 가졌던 사실이다.

또한 개신교는 신자 한 사람 한 사람이 성직자라고 설파해서 평등하고 민주주의적인 요소를 드러냈다. 그러나 좀 더 깊이 들어가면 그 반대 요소인 예정설을 만난다. 누군가는 선택받았고 또 누군가는 저주받았다는 믿음이 칼뱅에 의해 급진화된 루터의 개신교에 있었다. 이런 믿음이 네덜란드, 잉글랜드, 미국에서는 아르미니우스파의 교리와 자유의지의 복귀로 완화되었지만, 개신교는 형이상학적 차원에서 모든 인간이 평등하다는 초기 기독교 사상으로 되돌아가지 않았다. 인간은 평등하지 않다는 확언부터 평등에 대한 의구심까지 해석의 범위는 넓다.

개신교의 마지막 주요 특징을 살펴보고 마치자. 개신교의 특징은 노동 윤리다. 우리가 이 세상에 태어난 것은 웃고 즐기기 위해서가 아니라 일하고 저축하기 위해서다. 소비사회의 대척점에 있는 것이다. 개신교는 오랫동안 성性에 있어서 엄격한 청교도주의의 동의어였다.

개신교 국가들은 이런 공통점이 있고 모두 경제적으로 성공했다. 예외는 없었다. 스위스, 네덜란드, 스칸디나비아반도 국가들, 독일, 영국, 미국, 영국과 관계가 깊은 오스트레일리아·뉴질랜드·캐나다를 보라. 이 모든 국가는 가족 구조가 같지 않지만 번영했다. 독일은 매우 권위적이고 영국은 매우 자유주의적이다.

개신교는 다양한 변화를 겪었다. 1730~1740년 파리 분지에는 가톨릭교회 절반이 무너졌고 그 자리를 혁명과 공화국이 채웠다. 영국과 미국의 개신교는 당시 고등교육을 받은 사람들 사이에서 종교의 무차별주의가 확산하면서 활력이 떨어지고 있었다. 이런 상황에서 막스 베버는 벤저민 프랭클린을 이신론자라고 규정할 수 있었다. 그가 기술하는 벤저민 프랭클린은 전형적인 좀비 개신교도라 할 수 있다. 그는 종교 행위는 하지 않은 채 그 윤리만 간직해서 정직, 노동, 근엄의 가치를 중시하고 인간은 유한한 존재라는 것을 늘 인식했던 사람이다.

미국 독립 혁명이 일어나기 전 개신교의 비관주의가 누그러진 시기에 토머스 페인과 토머스 제퍼슨도 이신론자로 볼 수 있다. 이성에서 유추한 신, 그래서 합리적인 신은 칼뱅의 무서운 신과 닮은 구석이 없다. 나는 데이비드 흄, 애덤 스미스, 애덤 퍼거슨 같은 사상가들을 낳은 스코틀랜드의 계몽주의(프랑스와 상호작용이 컸던)를 중상류층의 개신교 신앙이 크게 저하된 것으로 진단하지 않는다면 어떻게 해석해야 할지 모르겠다.

영국에서는 프랑스 대혁명과 산업혁명이 시너지 효과를 발휘해 위협감, 저주에 대한 새로운 두려움이 나타났다. 1780~1840년 잉글랜드와 스코틀랜드에서는 개신교 바람이 다시 불었다. 그것이 잉글랜드에서는 지배적 종교였던 성공회에 영향을 미쳤다. 17세기 청교도들의 후손인 비국교회가 그 예다. 1851년 종교에 관해 실시한 조사는 이미 도시화와 산업화가 상당히 진행된 국가에서 종교 활동 비율이 놀라울 정도로 높다는 결과를 보여준다. 런던에서 예배 참석률은 40퍼센트에 이르렀다. 산업 지대인 북부와 미들랜즈의 도시 지역에서는 44~50퍼센트였다. 영국의 전체 평균은 66퍼센트였다. 웨일스에서는 참석률이 84퍼

센트까지 올라가기도 했다.[11]

19세기에 활력을 되찾은 개신교는 특수한 종교 지도를 탄생시켰다. 잉글랜드 남동부는 런던을 중심으로 성공회가 지배적이었고, 잉글랜드 북부, 웨일스, 콘월주에서는 비국교주의인 개신교 종파들, 그중에서도 감리교가 우세했다. 비국교주의 개신교의 분포는 노동자가 많은 산업 지역과 겹치는 것을 볼 수 있는데, 이는 영국 역사에서 종교 인식과 계층 인식이 왜 그렇게 혼재했는지 말해준다.[12] 이에 대해서는 다시 살펴볼 것이다.

활성화된 개신교에서 좀비 개신교와 제로 개신교로

1870~1930년 무너진 개신교는 이렇게 반으로 갈라진 개신교였다. 이때 내가 좀비 개신교 사회라고 부르는 것이 등장했다. 이 사회는 종교 활동이 위축되었지만 종교의 사회적 가치는 여러 교회가 만든 통과의례들과 함께 살아남은 세계다. 세례식, 결혼식, 화장火葬은 문제가 되지 않았다. 그러나 성서에 나온 계명―생육하고 번성하라―을 모두 지키지 않는다는 신호로 출산율이 추락했다. 이 현상은 중산층에서 먼저 일어났다.

개신교라는 틀이 사라진 영국은 순수한 국민주의(잉글랜드와 스코틀랜드를 교회보다 상위에 있는 하나의 단위로 묶어준다)를 발견했고 별다른 고민 없이 제1차 세계대전의 살육에 참여했다. 이 전쟁은 프랑스와 독일의 맹렬한 군사적 충돌을 넘어 더 근본적인 차원에서 당시 두 경제 강대국을 대치시켰다. 이 두 국가는 좀비 상태로 넘어가는 중이던 개신교 국가 독일과 영국이다.

진보주의적 자유주의와 노동 운동(대부인 자유주의를 흡수한)은 좀비 개신교의 가장 가시적인 정치적 발현이었다. 떠오르는 노동 운동의 리더 대부분은 비국교주의 종파 출신이었다.

영국이 1939~1945년 효율적이고 도덕적이며 1914년보다 국민주의 성향이 낮아진 결속된 공동체를 형성한 것도 좀비 개신교 덕분이었다. 영국은 당시 필요한 전쟁을 체념과 품위를 가지고 받아들였다.

제2차 세계대전 직후 서방 세계에서는 전체적으로 종교가 조금 활력을 되찾았다.[13] 이 현상은 개신교와 가톨릭을 통틀어 좀비 기독교 현상, 즉 종교 행위와는 별개로 종교 자체에서 비롯된 품격과 순응의 가치가 훨씬 강하게 부활한 것임을 보지 못하게 만들었다. 나치 니힐리즘의 충격파가 더 깊은 곳으로 퍼졌던 것이다. 선진국들은 숨을 가다듬고 있었다. 이때 가족에 대한 순응이 최고조에 달했고 이는 베이비붐 현상의 기반이 되었다. 출산율 상승은 남성과 여성의 명백한 역할 구분에 근거했다. 가족 순응주의와 함께 혹은 그것을 초월한 전후의 복지국가는 좀비 기독교의 궁극적 구현이자 극치였다.

좀비 상태에서 제로 상태로의 이행은 1960년대에 시작되었다.[14] 이 변화는 앞에서도 보았듯이 고등교육 발전, 그로 인한 교육의 계층화, 마지막으로 사회의 원자화와 관련이 있다. 세례식 건수가 추락했고[15] 이혼, 재혼, 한부모 가정이 폭증했다. 화장 건수도 급증했다. 좀비 상태가 막 시작된 1888년, 화장은 장례식의 0.01퍼센트를 차지했는데 1939년에는 3.5퍼센트, 1947년에는 10.5퍼센트로 계속 상승했다. 1960년에는 34.7퍼센트로 치솟았고, 2021년에는 78.4퍼센트나 기록했다. '동성애 결혼'과 마찬가지로 화장이 대세를 이룬 현상은 개신교가 제로 상태에 도달했음을 분명하게 가리킨다. '동성애 결혼'의 제도화는 한 국가에서 기독교가 종식을 맞은 상징적 날짜를 분명하게 알 수 있다는 장점이 있다. 영국에서는 그해가 2014년이다.

따라서 비틀스와 롤링 스톤스의 시대 다음에 도래한 대처 시대의 신자유주의—혼외 동거와 혼외 출생(그와 함께 발생한 성적 자유도 잊지 말자)이라는 맥락 속에서 등장한—는 속죄의 시대에 출현한 자유주의와 다르다.[16] 고전적 의미의 자유주의는 자유무역을 받아들였고 아일랜드인들이 굶주려 죽도록 내버려두었다. 그러나 그것은 사회를 지탱하는 활성화된 개신교와 공존했고 평균적인 영국인(원죄를 지은 인간은 전반적으로, 그리고 성적으로 악하다)에게 초자아와 자아의 이상(구원, 안녕 등)을 부여했다. 고전적 자유주의는 공학도, 기술자, 숙련 혹은 비숙련 노동자에 의한 상품의 대량 생산인 산업혁명을 함께했다. 신자유주의는 금융을 해방시켰고 생산 기반을 파괴했다. 순수하고 완전한 신자유주의 시장에는 비도덕적이고 탐욕스럽기만 한 사람들이 활동한다. 최초의 자유주의의 활성화된 개신교 신자와 복지국가의 좀비 개신교 신자를 잇는 대처식 신자유주의의 이상적 인간은 제로 개신교 신자이다.

사회적·정치적 해체

활성 개신교, 좀비 개신교, 제로 개신교라는 연속된 개념은 영국 사회사의 시기 구분을 효율적으로 하는 데 도움이 된다. 사회 구조를 생산하고 재생산하는 교육 시스템을 예로 들어보자. 우리는 1880~1960년대 퍼블릭 스쿨(사립 중고등학교)을 좀비 개신교의 번성과 안정화의 공간으로 꼽을 수 있다.[17] 이튼, 해로우, 럭비, 차터하우스, 웨스트민스터, 윈체스터……. 이곳에서 종교는 형식적인 것이 되었다. 그러나 귀족 사회의 자녀들과 새로운 중상위층 자녀들은 이곳에서 칼뱅주의의 엄격한 윤리에서 많은 부분 비롯되었고 검소와 감정 절제라는 가학적 성향(스파르타식 기숙사, 인색한 난방, 체벌)이 깃든 윤리를 지켰다. 학생들은 라틴어와 그리스어를 조금 배웠고 수학과 과학은 그보다 덜 배웠다. 이러한 교육에서 영국식 품위, 의연함stiff upper lip(절대 불평하지 않는 극기), 그리고 억압에 대한 반대급부인 유머 감각이 비롯되었다. 나는 르완다 강제 이주 사건에서 이 유머 감각이 크게 위협받고 있다고 느꼈다.

영국은 제국을 다스릴 수 있는 지도자 계층을 학교에서 양성하고자 했다. 19세기 말 재구성 중이던 미국의 개신교 상류층이 이 영국 사회의 계획에 매료되었고 그보다는 조금 더 느슨해진 버전의 교육 시스템을 만들어낸다.

1930년대에 이미 엄격함이 줄어든 퍼블릭 스쿨 체제는 1960년대와 1970년대 문화 혁명을 거치면서 더욱 완화되었다. 대처식 신자유주의와 그것을 뒷받침하는, 뭐랄까, 도덕 관념이 없는 제로 개신교로 인해 퍼블릭 스쿨은 독립형 사립학교independant school로 변했다. 이곳에는 상위 6퍼센트에 해당하는 집안의 자녀들만 다닐 수 있었다. 이 학교들은 불안정한 혼합 속에서도 최고의 교육 수준과 높은 편의를 조화시키려고 노력했다. 등록금은 상승했다. 중국, 러시아, 나이지리아 부유층의 자녀들이 내는 등록금이 학교 재정 균형에 이바지했다. 그러나 과거의 윤리에서 살아남은 것은 거의 없었다. 독립형 사립학교는 영국 개신교의 제로 상태를 발현하고 재생산했다.

정치 분야에서 종교의 변화는 사회 변혁과 혼재한다. 전통적으로 사회 구조를 양극—노동 계층과 나머지—으로 나눠 보는 것은 소선거구제가 이미 부추기고 있는 양당 체제를 만들어냈다. 보수당 대對 노동당. 노동당은 19세기 자유주의자들의 유산이다.

그러나 1920년부터 서비스 부문이 영국 고용의 51퍼센트를 차지했고 사회 구조의 실질적인 무게 중심은 영국인들이 집착을 감추지 못하고 '중하위층lower middle class'이라고 부르는 계층이 차지했다.[18] 토리당과 노동당의 갈등은 과거에 이루어진 객관적인 계층 구조가 이미 중도화되었다는 사실을 가렸다. 갈등이 기능할 수 있었던 것은 갈등 자체가 빅토리아 시대에 좀비 상태의 성공회와 비국교회의 종교 갈등에 뿌리를 두었기 때문이다. 좀비 상태라 하더라도 두 종교의 분포는 여전히 정치 지도를 결정했다. 토리당의 지도는 성공회, 노동당의 지도는 비국교회, 그리고 더 포괄적으로는 가장 엄격한 개신교의 지도와 일치했다. 여기에는 북잉글랜드, 웨일스, 스코틀랜드 대부분이 포함되었다.

계층 구조의 현실과 제로 상태 개신교로의 점진적인 이행은 마거릿 대처가 강경한 광부 노조를 포함하여 노조의 권력을 무너뜨릴 수 있었던 이유를 설명해준다. 선거 제도 때문에 양당 체제는 살아남았지만 현재 영국 하원의 특징인 거친 언쟁은 정당들이 이데올로기적 본질을 상실했음을 감추기 위해서만 존재한다. 토니 블레어 이후 노동당은 보수파와 차별되는 경제 노선을 제시할 능력을 잃었다.

리즈 트러스는 귀족 사회와 노동자 계층의 대립에 이은 영국 프티부르주아의 무의식을 우연히 구현한 인물에 지나지 않을지 모른다. 이

원화는 과거에 매우 양극화된 성향으로 나타났지만 지금은 이 성향들이 사라지고 있다. 그러나 그것은 국가를 구조화하는 데 기여했다. 이것이 깨지면 고등교육으로 계층화되고 종교의 위축으로 원자화된 사회가 드러날 것이다. 그 사회는 국민도, 계층도 없는 무형의 사회로, '노동당'의 워크woke*와 '보수당'의 안티워크antiwoke로 나뉘는 윤리적·인종적 문제에서 죄를 짓는 이데올로기적 엘리트 계층이 지배할 것이다. 모순적이게도 바로 이런 맥락에서 안티워크가 지배적인 보수당이 울트라워크ultrawoke한 정부 내각을 구성했다. 보수당 간부들이 문화적으로 노동당 간부들과 그리 다르지 않은 것이 사실이다. 이 작은 세계의 일원들은 워크의 가치가 지배하는 대학을 거쳤다.

브렉시트 시기는 제로 상태 종교의 출현과 일치했다.

2014년 스코틀랜드 독립을 결정하는 국민투표가 실시되었다. 결과는 독립에 반대하는 것으로 나왔지만 투표수 차이는 크지 않았다. 특히 노인들이 독립을 원하지 않았다. 개신교의 종말은 스코틀랜드의 분리 세력을 매우 잘 설명해준다. 린다 콜리가 훌륭하게 설명한 것처럼 1707년 연합법이 가능했던 것은, 스코틀랜드와 잉글랜드가 처음에는 서로를 별개의 국가로 인식했지만, 두 국가 모두 개신교였기 때문이다. 개신교가 사라지면서 이 관계도 해체되었다. 그래서 스코틀랜드는 자신의 정체성을 더는 잘 모르고 영국과 결별해야 하는지 아닌지, 유럽연합에 다시 합류해야 하는지 아닌지 잘 모른다. 글래스고 지역에서 과거 가톨릭 신자였던 노동자들은 제로 상태의 가톨릭 신자가 되어 독립을

* '인종적 편견과 차별에 대한 경계'를 의미하며 영미권에서 많이 사용되는 표현이다.

주장하는 스코틀랜드 국민당에 투표한다. 또 장로파인 스코틀랜드 국민당은 이슬람교도를 리더로 삼았다.

브렉시트는 고학력자와 그렇지 않은 사람들을 반으로 갈라놓았을 뿐만 아니라 젊은이와 노인도 갈라놓아 아주 놀라운 혼합 복식조를 탄생시켰다. 노인과 고등교육을 받지 못한 사람들은 브렉시트에 찬성했다. 서민 계층의 가장 강력한 동기는 아마도 동유럽, 특히 폴란드의 이민자 유입을 막는 것이었다. 이는 젊은 세대의 역동성도, 낙관적인 국민도 되찾지 못한 국가를 의미한다. 《더 선》, 《데일리 메일》, 《데일리 미러》, 《데일리 익스프레스》 등 일명 대중지(타블로이드)는 여러 억만장자가 소유하고 있는데 그중 한 명인 오스트레일리아 출신 미국인 거물 루퍼트 머독은 브렉시트를 찬성했다. 그러니 많은 올리가르히가 브렉시트에 찬성했다고 볼 수 있다.[19] 루퍼트 머독이 그중 하나라는 사실은 새로운 영국 혁명이 불러일으키는 강한 바람보다는 아메리카노스피어의 지배력을 연상시킨다. 영국에 사는 오스트레일리아인들이 최근 영국 사회와 정치 변화에서 한 역할은 심층 연구 대상이 될 만하다. 나는 영국에 관한 문헌 중 역사에 관한 비유럽권의 관점을 담은 글을 많이 만났다.

영국 개신교의 제로 상태에 관한 가정은 레드 월의 해체를 설명하게 해준다. 2019년 총선거에서 보수파는 넉넉한 과반을 차지했지만 논평가들은 무엇보다 노동당의 철옹성이었던 영국 북부에서 노동당이 참패한 사실에 충격을 받았다. 이 지역의 많은 선거구에서 최초로 보수당 후보들이 선출되면서 수백 년에 이르는 노동당 지지 기반이 무너졌다.[20] 이 현상은 브렉시트의 여파로 보였다. 독립을 향한 국민의 열망을 받아들인 보리스 존슨에 대한 감사의 표시였기 때문이다. 존슨은 이후 산업에 활력을 불어넣어야 할 필요성에 대해 영리한 소리를 했다. 나는 이 지역의 주민들이 무엇보다 종교 기반이 쇠퇴하면서 노동당 지지자로서의 정체성을 잃었다고 생각한다. 영국 북부의 인구는 더 이상 노동자가 아니고 탈산업화되어 숙련도가 필요 없는 서비스 직종으로 이동했다. 노동 운동은 산업과 비국교주의에서 탄생했다. 그러니 탈산업화와 제로 개신교가 합쳐지면 언젠가 노동 운동은 흔들릴 수밖에 없었다.

결론을 말하자면, 브렉시트는 국가의 복귀를 구현한 것이 아니라 국가의 해체에서 비롯되었다. 노인들은 과거에 대한 향수를 표현했고, 서민층 유권자들은 그들의 아노미 상태를, 언론 올리가르히들은 아메리카노스피어에 대한 선호를 표현했다. 2014년 우크라이나는 러시아를 물리쳤고(그로 인해 러시아와 아주 가까웠던 올리가르히들을 무력화했다) 2016년 영국은 미국을 선택했다(그로 인해 매우 밀접하게 연결된 올리가르히들을 지켰다). 영국은 자국의 독립을 잃은 그 순간에 우크라이나의 독립을 지지했다. 그렇다면 그 지지가 흉내 내기에 지나지 않음에 어찌 놀라겠는가. 영국 자체가 독립이 무엇인지 잊었으니 말이다.

프롤레타리아 혐오가 인종주의를 대신할 때

모든 선진 사회는 고등교육 대중화, 그리고 주관적인 불평등주의와 여기에서 비롯된 객관적 불평등의 재등장으로 변화를 겪었다. 영국의 경우 고등교육을 받은 사람과 그렇지 않은 사람의 차이는 과거 계층 정체성 그리고 다른 곳에서는 유례를 찾을 수 없는 힘 때문에 복잡해졌다.[21]

나는 1994년에 『이민자의 운명』이라는 책을 썼다. 이 책에서 나는
영국이 미국과 다르고 영국에서 미국식 인종차별이 불가능한 것은 영
국인들이 백인 노동자를 19세기 중반 이후 별개의 인종으로 여겼기 때
문이라고 주장했다.[22] 영국에는 다양한 백인종이 살고 있기 때문에 미
국식으로 흑인만 차별하는 것은 상상할 수 없는 일이었다. 브렉시트와
그 여파는 이 가정이 맞는다는 것을 확인해주었다. 영국 상류층에서
서민에 대한 증오가 심했기 때문에 오히려 흑인, 특히 BAME를 선호
하는 현상이 나타났다. 최고학력자 대다수가 유럽연합에 남는 것에 투
표했다는 사실을 상기하자(케임브리지와 옥스퍼드 출신이 각각 73.8퍼센트와
70퍼센트).

브렉시트 옹호자들은 영국이 유럽연합을 탈퇴하면 자국의 운명을
스스로 좌지우지할 수 있으리라 생각했다. 그러나 국민투표는 이러한
바람을 실현할 수 있는 조건으로 귀결되지 못했다. 유럽연합에 남고 싶
은 고학력자들과 탈퇴하고 싶은 중등교육을 받은 사람들의 화해가 이
루어지지 않았기 때문이다. 중상류층이 서민층에 대해 느끼는 감정은
나빠지기만 했다.

단순히 고등교육만 받은 사람들은 영국 전체를 좌지우지하지 못했
고 미국과 관련이 있는 슈퍼리치들은 그럴 수 있었다. 보리스 존슨 정
부의 브렉시트 시행은 진정한 민주주의 성향이 잔존하고 있음을 암시
할 수도 있지만, 독립적인 정치 행동이 가능한 올리가르히가 영국을 지
배한다는 가정도 가능하다. 글로벌 금융으로 런던과 뉴욕이 특히 조세
천국을 공동 운영하기 위해 맺은 관계를 보면 나는 두 번째 가정이 더
설득력 있다고 본다.

따라서 브렉시트 이후 영국에서는 매우 특이한 현상이 일어났다. 초고학력자들이 다양성, 소수민족, (유럽연합 탈퇴 지지의 결정적 이유가 되었던) 이민 등 서민이 싫어하는 것은 무엇이든 찬성한다는 것이다. 대학 졸업자 중 유럽연합 잔류에 투표했고 이민 감소를 원하는 사람의 비중은 20포인트 감소해서 23퍼센트밖에 되지 않는다. 반면 이민 증가를 원하는 사람의 비중은 세 배나 증가해서 31퍼센트에 이른다.[23] 이 수치들에서 서민에 대한 상류층의 도발을 어떻게 보지 못할 수 있겠는가?

BAME가 고등교육 접근에 있어 혜택을 받는다는 것을 보여주는 이상한 통계로 돌아가 보자. BAME에 대한 공공연한 특혜가 비공식적인 적극적 우대 조치로 귀결된 선의를 품고 있기도 하지만 중상류층의 서민층에 대한 복수심도 표출된 것은 아닌지 생각해볼 수 있다. 대영제국 시절 피지배자들의 후손이 분명한 사람들에게 지배를 당하라는 강요를 받는 서민층 말이다. 짓궂은 사람들이라면 이젠 그리 중요하지 않아진 정치 권력을 BAME에게 줄 수 있다고 말할 것이다. 그러지 말라는 법이 있을까?

지금까지 말한 것에서 그 무엇도 자신감에 찬 국가, 나아갈 방향을 아는 국가를 그리지 않는다. 오히려 의미의 상실, 국가가 희생양을 필요로 한다는 생각이 들 정도의 불안감이 드러났다. 프롤레타리아와 노인들에게는 유럽이 있었다. 그렇다면 유럽연합 잔류를 원했던 사람들에게는 무엇이 있었나?

어떤 의미에서는 러시아가 영국 중산층이 원한 희생양을 자처했었다. 러시아 올르가르히의 자녀들이 영국 사립학교에 많이 다니고 있고 무엇보다 직접적으로나 영국 유령회사를 경유하는 방식으로 부동산에 투자했기 때문이다. 전쟁 직전 러시아인들이 런던 서부에 엄청난 부동산 투자를 하면서 이곳은 런던그라드로 불리기도 했다. 로만 아브라모비치Roman Abramovich가 첼시 FC를 매입한 사건은 영국이라는 국가가 비활성화된, 죽은, 혹은 몸을 파는 국가라는 새로운 지위를 얻었음을 상징했다.

제로 개신교, 제로 국가

프랑스인들은 대혁명을 계기로 국가를 만들었다고 믿는다. 이들은 국가에의 귀속이 기독교 공동체에의 귀속을 대체했을 뿐임을 모른다(혹은 알고 싶어 하지 않는다). 가톨릭의 보편주의를 잘 이어받은 프랑스인은 새로운 국민국가의 존재에도 불구하고 보편적 인간이라는 사상에 여전히 집착한다.

개신교 국가들의 역사는 아예 다르다. 국가가 더 빨리 탄생했기 때문이다. 로마 가톨릭교회와 결별해서 태어난 개신교는 모든 국민이 고유의 언어, 그러니까 영어로 성서를 읽을 것을 요구했다. 그리고 신이 선택한 특별한 공동체를 낳았다. 잉글랜드 내전은 신의 가장 위대한 영광을 위해 왕의 목을 쳤다. 신모범군을 창설해서 권력을 잡은 올리버 크롬웰은 유럽 역사에서 최초로 군사적인 동시에 종교적인 지배 체제를 만들려고 했다.

윌리엄 블레이크의 〈예루살렘〉에서 마지막 4행시를 들어보자.

나는 정신적 싸움을 멈추지 않으리라

내 칼은 손에서 잠자지 않으리라

우리가 예루살렘을 건설할 때까지

영국의 푸르고 기쁜 땅에서

국가와 종교가 끈끈하게 뒤섞인 이 시구는 1804년에 쓰였고 1808년에 발표되었으며 1916년에 휴버트 패리Hubert Parry가 여기에 곡을 붙여 지루한 〈신이시여, 왕을 구하소서God Save the King〉보다 훨씬 더 영혼을 고양하는 영국의 비공식적 애국가가 되었다. 1962년 토니 리처드슨은 상류층이 누리는 특혜에 불만을 품은 젊은 노동자를 다룬 영화 〈장거리 주자의 고독〉(앨런 실리토Alan Sillitoe의 소설이 원작이다)에서 이 음악을 사용했다.

개신교 국가에서 국가와 종교가 이렇게 얽히고설키면 종교의 최종 몰락은 국민감정의 몰락도 내포할 수 있다. 제로 개신교는—비활성 국가보다는 덜—제로 국가를 만든다.

다음에 살펴볼 제로 개신교는 스칸디나비아반도 국가들에도 문제가 된다. 이 국가들의 주변부적 성격이 지나치게 큰 혼란은 피해가게 하지만 말이다.

제7장

스칸디나비아반도: 페미니즘에서 호전주의로

우크라이나 전쟁이 준 충격 중 하나는 북유럽에 호전적인 축이 등장했다는 점이다. 전쟁은 노르웨이가 유럽 내에서 활동하는 미국의 군사 요원이라는 사실을 드러냈다. 덴마크는 미국 시스템에 더 깊이 편입된 것 같다. 핀란드와 스웨덴은 다급함에 나토에 가입했다. 이번 장에서는 이 지역의 호전주의가 전쟁 이전에도 이미 존재했으며 영국처럼 국가 내부의 사회적 역학에서 크게 비롯되었음을 살펴볼 것이다.

스웨덴과 핀란드의 나토 가입 신청은 역사적으로 봤을 때 영국의 호전주의만큼 놀랍다. 두 국가는 중립의 전통이 있기 때문이다. 스웨덴은 그 전통이 매우 오래되었고 핀란드는 제2차 세계대전 이후 생겼다. 그리고 무엇보다 양국을 위협하는 것이 아무것도 없었다. 러시아는 제2차 세계대전 이후 건드린 적이 없던 핀란드를 통해 서방과 평화로운 관계를 유지하고 싶어 했다. 러시아가 스웨덴을 공격할 수도 있다는 생각에 대해서는 친숙한 표현으로 적나라하게 말해야 할 것이다. 미친 거 아니야? 언어적으로 봤을 때 사촌 격인 에스토니아에 의해 나토 쪽으로 기운 핀란드가 분석 오류를 저질렀다고 본다면, 러시아와 국경도 맞닿지 않는 (핀란드와 노르웨이와는 달리) 스웨덴의 경우에는 정신의학과에서나 나올 흥분 상태로 진단해야 한다. 강력한 러시아 혐오에 사로잡힌 스웨덴 지도자들이 1700~1721년 표트르 1세에게 패배한 것에 복수라도 하려는 것일까? 스웨덴 제국을 해체하려고 러시아가 앞장선 것은 사실이지만 덴마크뿐 아니라 폴란드의 일부 귀족이 가담했고 결정적인 최후의 일격을 가한 것은 프로이센과 영국이었다. 그 뒤로 오랫동안 효율적이면서도 완고했던 작은 국가 스웨덴이 발트해를 재정복하려고 중립성을 포기한다? 나는 믿지 않는다.

그런데 이렇게 부조리한 일들이 실제로 일어났다. 게다가 행위자들은 진지했다. 러시아의 위협은 현실이 아니었지만 러시아에 대한 두려움은 실재했다. 나는 핀란드와 스웨덴의 나토 가입을 비난하려는 것이 아니라 이들의 두려움이 어디에서 왔는지 이해하려 한다. 영국의 호전주의에 대해 밝히려 애썼듯이 말이다. 그러나 제7장은 아주 짧다. 스칸디나비아반도 국가들은 전쟁의 주역이 아니다. 이들 사례는 개신교의 마지막 붕괴가 그들의 동기 중 하나라는 것을 확인하는 데 의의가 있다. 스웨덴의 공식적인 페미니스트 정체성은 우리에게 짧게나마 서방의 참전이 갖는 '페미니스트적' 차원을 다루게 해줄 것이다.

덴마크 왕국(그리고 노르웨이)의 뭔가 석연치 않은 점

스웨덴과 덴마크를 다루기 전에 우크라이나 전쟁 훨씬 이전에 나토에 가입한 덴마크와 노르웨이를 빠르게 살펴보자.

노르웨이는 오랫동안 덴마크의 속령이었고 1814~1905년의 짧은 스웨덴 지배 시기가 끝난 뒤에 최종 독립했다. 독립을 얻은 뒤에는 릭스몰, 보크몰, 란스몰(혹은 뉘노르스크)을 각각 지지하는 사람들 간에 치열한 언어 분쟁이 일어났다. 그러나 일상어는 덴마크어의 변형이라는 것만 알면 된다. 스칸디나비아반도 주민들은 영어를 잘해서 이중 언어 사용자에 가깝다.

노르웨이는 미국을 도와 노르트스트림을 폭파했고, 덴마크는 오래전부터 미국 정보기관의 부속 기관처럼 움직였으며 앙겔라 메르켈의 휴대전화 도청 사건에도 관여했다. NSA와 공동으로 데이터 수집 및 저장 센터를 코펜하겐 동부에 있는 작은 섬에 짓고 러시아보다 서방의 동맹자들을 더 많이 감시했다. 프랑스의 국제 보도전문채널 프랑스24는 이 뉴스가 갖는 매우 평범한 성격을 강조했다.

덴마크는 유럽 내 NSA의 도청 지부가 되었다. 유럽 지도자들을 감시하기 위해 미국 NSA 소속 덴마크 첩자들의 도움으로 일요일 밝혀진 정보는 덴마크가 미국 정보기관들을 위해 하는 역할을 강조한다. 양국의 협력은 해마다 증가했다.[1]

덴마크는 미국, 영국, 캐나다, 오스트레일리아, 뉴질랜드가 참여하는 기밀 정보 동맹체 '파이브 아이즈'의 실질적인 일원이 되었다.

그리고 노르웨이나 덴마크에서 총리가 되면 그다음에는 자연적으로 나토의 사무총장이 될 수 있다는 사실도 주목해야 한다. 2001년 덴마크 총리가 된 아네르스 포그 라스무센Anders Fogh Rasmussen은 사퇴 후 2009~2014년 나토 사무총장으로 활동했다. 그의 후임은 2013년까지 노르웨이 총리였던 옌스 스톨텐베르그Jens Stoltenberg였다. 라스무센은 현재 우크라이나와 나토의 관계 강화를 위한 '비공식 고문'이다.[2]

유럽연합 회원국인 덴마크는 미국이 체스에서 두는 말 신세다. 덴마크가 군사적 측면에서는 효율이 떨어지지만 미국은 때때로 노르웨이보다 덴마크라는 말을 더 앞세운다. 2023년 7월 유럽연합 경쟁담당 집행위원이던 마르그레테 베스타게르Margrethe Vestager는 미국인인 피오나 스콧 모턴Fiona Scott Morton을 자기 부서의 수석 경제학자로 앉히려 했다. 베스타게르가 GAFA에 보여준 공정함은 어렵지 않게 상상할 수 있다. 유럽 시스템에 들어간 덴마크 고위 공무원이 미국의 비공식 대표였다고 볼 수 있는 가능성은 80퍼센트에 가깝다.

노르웨이와 덴마크가 미국의 통제 시스템에 들어간 사실 때문에 나는 스웨덴의 나토 가입 의지에 실익의 요소가 있다고 간주하게 되었다. 스칸디나비아반도라는 별자리에서 중심을 차지하는 별인 스웨덴은 주민이 1040만 명이고 인구 540만 명의 노르웨이, 590만 명의 덴마크, 인구 550만 명의 핀란드에 둘러싸여 있다. 스웨덴은 오래전부터 이 지역의 지배 세력이었고 특히 1920년대부터 1990년대 말까지 오랜 사회민주주의의 실험 기간에 이데올로기적 리더였다. 스웨덴이 덴마크와 노르웨이에 이어 핀란드를 나토, 그러니까 미국의 직접 통제에 놓이게 할 수 있었을까? 나토 가입은 좀 더 작은 주변국들과 직접적인 군사 조정을 통해서 아마 스칸디나비아반도 내 스웨덴의 영향력 유지에 도움이 될 것이다. 러시아와 불필요한 갈등을 일으키는 것은 이 작은 장점에 비하면 치러야 할 대가가 꽤 크다. 그러나 이 이유도 나는 별로 믿지 않는다.

스웨덴과 핀란드의 사회적 흥분 상태

스웨덴이나 핀란드의 사회경제적 상황은 영국과 비교할 수 없다. 세계은행에 따르면 2022년 스웨덴의 1인당 국민소득은 5만 5873달러였고 핀란드는 5만 536달러, 독일은 4만 8432달러, 영국은 4만 5850달러, 프랑스는 4만 963달러였다. 영국과 비교해서 상대적으로 낮은 프랑스의 1인당 GDP는 이 지표를 신중하게 해석해야 한다는 사실을 상기시켜준다. 영국은 식료품비와 의료비가 프랑스보다 훨씬 높다. 한편 미국의 1인당 GDP는 환영幻影에 가깝다는 특징이 있음을 앞으로 살펴볼 것이다. 게다가 핀란드는 학생의 학업 수준을 측정하는 국제학업성취도평가PISA에서 매우 높은 점수를 기록한다. 그러나 스칸디나비아반도 개신교 국가 대부분에서 관찰되는 지능지수IQ 저하 현상에 있어서 예외가 아니다.[3] 지능지수는 널리 통용되는 측정 도구이고 따라서 개신교 국가에서 많이 사용된다. 개신교 국가들은 앞에서도 말했듯이 인간이 평등하게 태어났다고 믿지 않기 때문이다. 그래서 지능의 개인차를 측정하는 것에 아무런 거리낌이 없다. 반면 가톨릭 국가이자 공화국인 프랑스는 지능지수를 좋아하지 않는다. 아무튼 제임스 플린James Flynn과 마이클 셰이어Michael Shayer는 1995년경부터 핀란드, 덴마크, 노르웨이,

스웨덴에서 지능지수가 낮아지는 현상이 공통으로 나타난다고 지적했다.

특히 스웨덴과 핀란드도 새로운 교육 계층화에서 비롯된 '서방 민주주의 국가'의 위기를 비껴가지 못했다. 두 국가에는 정체성, 외국인 혐오, 극우, 포퓰리즘(중립적이고 객관적이고 싶은데 달리 어떻게 불러야 할지 모르겠다)을 표방하는 정당들이 생겨났다. 내가 이 글을 쓰는 순간에도 핀란드에서는 핀인당이 정부를 구성하고 있고, 스웨덴에서는 스웨덴 민주당이 정부를 구성하지는 않지만 정부를 지지하고 있다. 덴마크는 포퓰리즘 정당이 생기는 상황을 피해갔지만 그것은 사실 덴마크 사회 민주당이 외국인 혐오를 선택했고 "이민이 거대한 문제라는 것을 이해한 유럽 최초의 좌파 정당"을 자처하기 때문이다.

이런 불안의 이유는 무엇일까? 스칸디나비아반도 국가들은 신자유주의의 영향을 받았더라도 복지국가는 희생시키지 않았다. 따라서 불안의 이유를 지나치게 경제적으로 설명하는 것은 배제해야 한다.

어떤 해석을 하기에 앞서 우리는 스칸디나비아반도 국가들의 불안은 러시아 문제가 생길 것이라고 예상해서 나타난 것이 아니라는 점과 우크라이나 전쟁이 이미 존재했던 군사적 우려를 표출하는 계기였다는 점을 강조해야겠다. 이에 관한 증거는 2018년에 발간된 저서에 나와 있다. 로널드 잉글하트Ronald Inglehart는 『문화적 진화』[4]에서 (그가 설립한) 세계가치관조사World Values Survey의 데이터를 바탕으로 많은 국가에서 '가치관'이 어떻게 변했는지 탐구했다. 여론조사는 사회적으로 용인된 것만 표출하는 개인의 의식 수준에 머물 때가 가장 많다. 그러나 무기를 들고 국가를 위해 싸울 준비가 되어 있느냐는 질문을 했을 때 세계가치관조사가 받은 흔한 답변 중에는 사실 놀라운 답변이 숨어 있었다. 잉글하트는 서방 세계 전체에서 시민의 군사적 의무감이 하락했다고 지적했다. 이는 때마침 나토가 우크라이나에 병사가 아닌 무기를 보내는 정책을 결정한 것과 맞물린다. 여기에 놀라움이 있었다. 잉글하트는 유독 스칸디나비아반도에서는 국가를 위해 싸우겠다는 주민의 수가 증가했다고 썼다. 스웨덴에서는 이러한 증가로 인해 2017년에 군 병역 제도가 부활했다. 2017년이면 러시아가 우크라이나를 침공하기 훨씬 전이다.

잉글하트의 책은 저자가 현상을 설명한 것도 흥미롭지만 만족할 만한 설명은 하나도 없었다는 점에서도 흥미롭다. 사실 저자는 서방 세계에서 군사적인 것에 대한 흥미가 전반적으로 떨어지는 이유를 사회의 여성화로 보았다. 매력적인 그의 주장이 일단 마음에 든다. 나도 『그녀들은 어디 있는가?』[5]에서 집단이 갖는 의미의 저하, 즉 군사적인 것에 대한 관심의 저하가 여성 해방과 관련이 있다고 보았기 때문이다. 그러나 문제가 하나 생긴다. 스칸디나비아반도는 세계에서 가장 페미니스트적인 지역이다. 여기서 우리는 논리적 궁지에 몰린다.

이 문제를 해결하자. 아니면 적어도 가정이라도 제안하자. 이 경우 페미니즘이 평화주의를 촉진하는 것이 아니라 호전주의를 부추길 수 있는 것일까?

스웨덴과 핀란드의 일부 여성 정치인이 반려 행동주의를 보인다는 사실이 그 증거이다. 스웨덴의 마그달레나 안데르손Magdalena Andersson과 핀란드의 산나 마린Sanna Marin 등 여성 총리들이 자국의 나토 가입을 결정했다. 여성과 전쟁의 거부를 연결 지은 잉글하트의 가정을 계속 상기하며 최고 권력을 지닌 이 여성 중 일부는 일종의 기만을 보이는 것이 아닌지 상상해볼 수 있다. "전쟁은 남성들의 것이었습니다. 우리는 그들만큼 혹은 그들보다 더 확고한 모습을 보여야 합니다." 나는 여기서 이 여성들이 해로운 남성성을 무의식적으로 흡수했으리라는 가정을 해본다. 우크라이나 전쟁을 두고 남성 정치인과 여성 정치인이 보인 반응을 통계 분석해보는 것도 좋은 박사 논문 주제가 될 것이다. 빅토리아 눌런드Victoria Nuland(우크라이나 문제를 담당하고 있는 미국 국무부 차관), 우르줄라 폰데어라이엔Ursula von der Leyen(유럽연합 집행위원장), 아날레나 베어보크Annalena Baerbock(독일 외무부 장관) 등 전쟁을 지지하는 과격파 혁명가들은 여성이라는 정체성을 초월하는 것일까? 숄츠와 마크롱의 상대적으로 신중한 모습에서 남성성의 표출을 읽어야 할까?

앞에서 언급했던 스웨덴과 핀란드의 포퓰리즘 정당인 핀인당과 스웨덴 민주당은 남성 유권자 비중이 매우 높은 것이 특징이다. 요즘 표현으로 '매우 젠더화' 되어 있다고 볼 수 있다. 이 정당들은 친러로 의심받았다.

내가 백 퍼센트 진심인 것은 아니다. 그건 인정하지만, 스칸디나비아반도 국가들에서 젠더 갈등이 실제로 존재하고 그것이 정치 분야에서도 드러난다는 점을 우리의 추론에 추가해야 한다.

개신교의 종말, 국가의 위기

영국 사례 분석에서 비롯된 더 간단한 가정이 우리에게 열쇠를 제공한다. 위기는 종교적이고 문화적이다. 스칸디나비아반도에서도 국가

216

는 개신교의 자녀이고, 개신교의 점진적 소멸은 국가를 위태롭게 한다. 종교가 제로 상태에 다다르면 작은 국가에서는 국가적 불안이 생기고 결국 국제적 불안이 발생한다. 이때 경제 상황은 그렇게 나쁘지 않다. 어쩌면 거기에서 안보에 관한 욕구가 생겼고 그 욕구를 나토 가입이 채워줌으로써 있지도 않은 외부의 위협을 물리치려는 것이리라. 이는 역사적으로 보았을 때 지금 자신들이 무슨 일을 하고 있는지 갈피를 잡지 못하는 스칸디나비아반도 국가들에서 위협감이 자라기 때문이다. 스웨덴과 핀란드가 나토 가입을 요청하며—요청은 수용되었다—표현한 것은 러시아에 대해 보호받고 싶은 욕구가 아니라 순전히 소속감에 대한 욕구다.

제8장

미국의 본성:
과두제와 니힐리즘

나는 서론에서 존 미어샤이머의 재능과 용기를 칭찬했다. 미국 지도자들을 다룰 제10장에서는 그의 동료이자 공모자인 스티븐 월트 Stephen Walt를 찬양할 것이다. 스티븐 월트는 오래전부터 미국이 세상에 대한 합리적인 개념을 되찾도록, 그러니까 '자유주의 헤게모니'를 더는 열망하지 않는 세상으로 돌아오기를 요구했다. 그는 미국이 국제적 균형을 통해 자국의 힘을 보존하고, 자국의 이익에 따라 강대국을 지지하기를 바란다. 미국은 세계 최대의 군사 강국이지만 모든 것을 직접 지배할 능력은 전혀 없다. 나는 월트와 미어샤이머를 무한히 존경한다. 두 사람 모두 열성적이기는 하지만 군사 분야에는 무능한 네오콘들 사이에서 냉정함을 유지할 줄 알기 때문이다. 그러나 그들의 세계관은 기계적으로 보인다. 국민국가를 견고하고 안정된 요소로 보기 때문이다. 한 국가의 외교 정책을 이해하려면 내부적 변화를 심도 있게 분석해야 한다. 그런데 소위 '현실주의자'로 불리는 두 지정학자는 비극적인 변화가 일어나도 그것이 눈에 보이지 않는 듯하다. 내가 서론에서도 말했듯이 그들은 예를 들어 미국이 여전히 국민국가라고 전제한다. 정말 그럴까? 게다가 미국이 앞으로도 안정적일 것이며 더 나아가 나머지 세계의 영향을 받지 않으리라고 본다. 지정학의 전통적인 관점은 대서양과 태평양 사이, 그리고 캐나다와 멕시코라는 비강대국 사이에 있는 미국을 모든 위험을 벗어난 섬으로 가정한다. 어떤 위험도 감수하지 않기 때문에 국제 관계에서 가능한 모든 실수를 다 저지를 수 있는 국가로 보는 것이다. 미국은 프랑스, 독일, 러시아, 일본, 중국, 심지어 영국처럼 생존을 위해 싸울 필요가 한 번도 없었다. 이번 장과 마지막 두 장에서 나는 미국이 오히려 많은 위험에 노출되었음을 증명하고자 한다. 나머지 세계에 대한 미국의 경제 의존성은 엄청나게 높다. 또 미국 사회는 분열 중이다. 이 두 현상은 상호작용하고 있다. 해외 자원에 대한 통제력을 잃으면 그렇지 않아도 좋지 않았던 국민의 생활 수준이 크게 저하될 것이다. 그러나 이것은 진화 과정에서 더는 내부와 외부를 구분할 수 없는 제국의 본성이다. 따라서 미국 사회의 내부적 역동성 혹은 퇴행에서 출발해야 미국의 대외 정책을 이해할 수 있다.

앞으로 미국을 다룰 총 3개 장의 내용이 매우 간략한 점에 대해서는 독자에게 미리 양해를 구한다. 3개 장에서 모든 것을 다 보여줄 수는 없다. 미국처럼 복잡한 사회의 위기를 다루려면 책 한 권 분량은 필요하다. 그러나 시간이 없다. 전쟁은 항상 우리를 더 멀리 끌고 간다. 내 계획은 학문적으로 높은 완성도에 도달하는 것이 아니라 현재 진행 중인 재앙을 이해하는 데 도움이 되고자 하는 것이다.

러시아 사회의 안정, 우크라이나 사회의 해체, 옛 인민민주주의 국가들의 자격지심, 독립을 꿈꿨던 유럽의 좌절, 영국의 국가(미국의 형제 국가라기보다는 어머니 국가)로서의 쇠락, 스칸디나비아반도의 표류를 차례로 살펴보면서 우리는 세계적 위기의 본거지, 미국이라는 블랙홀에 점점 더 가까워졌다. 오늘날 세계가 부딪힌 진짜 문제는 매우 한정된 힘을 가진 러시아의 의지가 아니라 미국 중심부의 데카당스다. 그리고 그 데카당스에는 한계가 없다.[1]

나는 이 데카당스에서 미국의 대외 활동을 해석하는 데 도움이 되는 것만 살펴볼 것이다. 그리고 단호하면서도 부정적인 표현을 사용할 것이다. 나를 제외한 많은 사람이 미국은 여전히 미국이며, 미국의 민주주의는 여전히 작동하고(트럼프 현상과 그 상흔들이 이 점에 대해서는 주저하게 만들지만) 특히 러시아와의 갈등에서 미국이 자유, 민주주의, 소수자 보호, 정의를 수호한다고 주장한다. 물론 다 아주 좋다. 그러나 나는 그들과 반대로 생각한다. 그들과 나 모두가, 평등하지는 않지만 거의 다원적인 서방의 존재가 영속하는 데 이바지하는 것이다.

니힐리즘, 필요한 개념

나는 우크라이나나 유럽보다 미국에 니힐리즘의 개념을 적용하는 데 더 많이 망설였다. 우크라이나와 유럽은 매우 어두운 역사를 경험했다. 반면 미국은 낙관적인 분위기 속에서 탄생했다. 그래서인지 미국의 독립선언문은 '행복의 추구'를 언급한다.

오래전 헤르만 라우슈닝Hermann Rauschning의 『니힐리즘 혁명』[2]을 읽었던 나는 라우슈닝에 답하는 레오 스트라우스Leo Strauss의 「독일 니힐리즘에 관하여」[3]도 읽었다. 히틀러의 독일과 바이든의 미국을 비교하는 것은 과하고 부조리하며 받아들일 수 없는 일임을 나도 인정한다. 반유대주의는 미국에 전혀 없는 현상이 아니지만 미국인들의 주된 관심사는 아니다. 미국은 유대인의 해방을 완성하기까지 했다. 이는 역사상 흔한 사례가 아니다. 독일과 미국이 걸어온 길에서 평행선을 찾기 위해 내가 어쩔 수 없이 니힐리즘이라는 개념을 사용하는 것은 나를 비롯한 독자들에게 큰 정신적 변화를 일으키도록 돕기 위함이다. 그리고 기술적인 이유도 있다.

나에게는 미국이 선에서 악으로 변질하였음을 상징할 만한 핵심 개념이 필요할 것 같았다. 우리의 지적인 딜레마는 사실 우리가 미국을 사랑한다는 것이다. 미국은 나치를 몰락시킨 국가 중 하나였다. 그리고 우리에게 번영과 긴장 완화를 위해 가야 할 길을 보여주었다. 오늘날의 미국이 빈곤과 사회의 원자화로 가는 길을 낸다는 아이디어를 온전히 받아들이려면 니힐리즘 개념이 절대적으로 필요하다.

니힐리즘 개념을 사용하게 만든 기술적인 원인은 미국 사회의 가치와 행태가 오늘날 매우 부정적인 데 있다. 과거의 독일 니힐리즘처럼 미국 사회의 부정적 성격negativity은 개신교의 해체가 낳은 결과이다. 그러나 개신교의 해체는 나치즘과 같은 단계에서 발생하지 않았다. 나치즘은 1880~1930년 개신교가 더는 활성화된 종교가 아닐 때 출현했다. 이때는 개신교의 좀비 상태가 지속하면서 절망이 출현하고, 긍정적이든 부정적이든 개신교의 가치가 종교 행위의 쇠퇴와는 상관없이 여전히 살아남았던 시기에 해당한다. 그러나 미국 개신교의 좀비 단계는 매우 긍정적이었다. 그 기간은 어림잡아 루스벨트에서 아이젠하워 재임 시절까지일 것이다. 당시 미국에는 복지국가의 개념이 생겼고, 우수한 대중 교육을 설파하는 대학이 설립되었으며 낙관적인 문화가 확산하여 전 세계를 매료시켰다. 이 시기 미국은 개신교의 긍정적 가치(높은 교육 수준, 백인들의 평등주의)는 보존하고 부정적 가치(인종차별, 청교도주의)는 버리려 했다. 오늘날의 위기는 개신교의 제로 상태에 해당한다. 개신교의 제로 상태를 통해서 우리는 트럼프 현상과 바이든의 대외 정책, 내부로는 썩어 들어가고 바깥으로는 과시벽을 보이는 미국, 미국 시스템이 자국 시민과 다른 국가의 시민에게 가하는 폭력을 모두 이해할 수 있다.

1930년대 독일의 역동성과 현재 미국의 역동성은 진공이라는 동력을 가진 공통점이 있다. 두 국가 모두에서 정치는 가치의 부재 속에서 이루어지고 있고 폭력을 지향하는 움직임일 뿐이다. 라우슈닝도 나치즘을 다르게 정의하지 않았다. 민족사회주의 독일 노동자당NSDAP, 즉 나치당의 당원이었던 그는 당을 떠났다. 정상적이었던 이 보수주의자는 이유 없는 폭력을 용인할 수 없었기 때문이다. 나는 오늘날의 미국에서 사유와 사상의 위험한 진공 상태를 본다. 거기에는 돈과 권력에 대한 집착만 남아 있다. 돈과 권력은 그 자체가 목적, 가치가 될 수 없을 것이다. 진공은 자기 파괴, 군사주의, 전염성 강한 부정성, 결국 니힐리즘으로 가는 성향을 유발한다.

마지막이자 본질적인 요소 때문에 나는 니힐리즘을 받아들였다. 그 요소는 바로 현실 거부다. 니힐리즘은 자기 자신과 타인을 파괴하고자 하는 욕구만 표출하는 것이 아니다. 니힐리즘이 종교처럼 변하면 현실을 부정하게 된다. 어떻게 그렇게 되는지 미국을 통해 설명해보겠다.

더 많은 죽음을 위해 더 많은 돈 쓰기

니힐리즘이 반영된 사례는 바로 미국의 사망률 추이다.

앤 케이스Anne Case와 앵거스 디턴Angus Deaton이 2020년에 펴낸 『절망의 죽음과 자본주의의 미래』[4]는 2000년 이후 흑인의 사망률 감소로 어느 정도 상쇄된 사망률 추이를 분석했다. 특히 45~54세 백인 남성의 사망률―알코올 중독, 자살, 오피오이드[마약성 진통제] 중독으로 인한― 추이를 분석했다. 선진국에서 유일하게 미국만 기대수명이 전체적으로 감소했다. 2014년 78.8세였던 기대수명이 2020년에는 77.3세로 낮아졌다. 1년 뒤인 2021년에는 76.3세였고, 영국은 80.7세, 독일은 80.9세, 프랑스는 82.3세, 스웨덴은 83.2세, 일본은 84.5세였다. 2020년 러시아인의 평균 수명은 71.3세로 여전히 힘든 역사의 흔적, 말하자면 생물학적 흔적을 담고 있었다. 그러나 러시아인의 기대수명은 2002년에 65.1세밖에 되지 않았으니 푸틴이 재임한 뒤 6년이나 늘어난 것이다.

그래프 6.1(영국을 다룬 제6장)은 미국의 기대수명 추락이 1980년부터 시작된 신자유주의 시절, 경제 성장 둔화 이후 일어난 일임을 이미 보여주었다. 게다가 미국의 기대수명은 다른 선진국들과 달리 코로나 사태 이후 빨리 원상 복귀되지 않았다.[5] 오히려 코로나 사태로 미국의 모든 민족 그룹에서 기대수명이 낮아졌다.

미래 지표인 유아 사망률은 미국이 '보호'하거나 맞서 싸우는 선진국들보다 미국의 후진성이 더 뚜렷함을 보여준다. 유니세프에 따르면 2020년경 미국에서 태어난 신생아 사망률은 1000명당 5.4명이었다. 반면 러시아는 4.4명, 영국은 3.6명, 프랑스는 3.5명, 독일은 3.1명, 이

탈리아는 2.5명, 스웨덴은 2.1명, 일본은 1.8명이었다.[6]

미국의 사망률을 1776년 독립선언문에 명시된 위대한 역사적 계획과 비교하면 놀랍다. "우리는 모든 인간이 평등하며 조물주에게 생명, 자유, 행복 추구 등 양도할 수 없는 권리를 받았다는 것을 자명한 진리로 생각한다." 가장 충격적인 것은 사망률 증가가 세계에서 가장 높은 의료비 지출과 동시에 나타났다는 점이다. 2020년 의료비 지출은 미국 GDP의 18.8퍼센트를 차지했다. 반면 프랑스에서는 12.2퍼센트, 독일에서는 12.8퍼센트, 스웨덴에서는 11.3퍼센트, 영국에서는 11.9퍼센트였다. 물론 이 수치들은 최저 추정치다. 같은 해 1인당 GDP가 미국은 7만 6000달러, 독일은 4만 8000달러, 프랑스는 4만 1000달러이기 때문이다. 미국의 의료비가 GDP에서 차지하는 비중을 1인당 GDP로 곱해보자. 그러면 미국이 국민의 건강을 돌보려고 이론적으로 얼마나 많은 재정적 노력을 기울이는지 알 수 있다. 내가 '이론적'이라고 말하는 것은 이 모든 것이 GDP가 매우 비현실적인 개념임을 보여주기 때문이다.

더 심각한 것도 있다―그리고 여기서 니힐리즘의 타당성이 완전히 드러난다. 앤 케이스와 앵거스 디턴은 의료비 지출의 일부가 국민의 생명 파괴에 사용된 시기에 사망률이 상승했다는 것을 보여주었다. 오피오이드 스캔들 말이다. 거대 제약사들이 높은 연봉을 받는 양심 없는 의사들과 함께 정신적 고통을 받는 환자들에게 경제적이고 사회적인 이유로 오피오이드를 제공하고 있다. 오피오이드는 위험하고 중독성이 강하며 급사, 알코올 중독, 자살 등의 직접적 원인이 될 때가 많다. 이 현상이 45~54세 백인의 사망률 증가를 설명해준다. 따라서 이는 상류층 일부의 소행으로 국민 일부의 삶이 파괴된 사건이다. 그들의 행태는 비열함에 가깝지만 표현은 기술적으로 하자. 우리는 도덕성 제로 상태의 절정기에 있다. 2016년 로비스트들(미국 정치 시스템의 합법적이고 공식적인 일원)이 장악한 미국 의회는 '환자 접근성 및 효과적인 약물 집행법Ensuring Patient Access and Effective Drug Enforcement Act'을 통과시켰다. 이 법은 보건 당국이 오피오이드 사용 중단을 명령하는 것을 금지하고 있다. 그러니까 시민을 '대표하는 자들'이 제약회사에 시민을 살해할 수 있도록 허용하는 법을 만든 것이다.[7] 그래서 니힐리즘이라는 것인가? 당연히 그렇다.

플래시백: 선한 미국

미국 사회에서 진행 중인 쇠퇴의 역학을 이해하려면 선한 미국은 어떠했는지를 기억하고 그것을 뒷받침한 논리를 떠올려야 한다. 나는 뉴딜 정책으로 '좌파'를 공공연히 내세웠던 프랭클린 루스벨트의 미국에서 멈추지 않을 것이다. 루스벨트 행정부는 부자에게 과중한 세금을 매기고 이들을 견제할 노조를 제도화했다. 사회의 균형에 꼭 필요한 이 두 가지 요소 덕분에 노동자 계층은 중산층으로 이동할 수 있었고 제2차 세계대전 동안 민주적인 동원이 가능했다. 나는 아이젠하워의 미국을 대충 그려보겠다. 드와이트 아이젠하워는 공화당 소속으로 1953~1961년 대통령직을 연임했다.

1945년, 미국 제조업은 전 세계 제조업의 절반을 차지했다. 미국의 교육 수준은 기독교 영향권을 포함하여 세계 최고였다. 양차 대전 사이에 고등학교 교육 시스템이 크게 발전했다. 전후에는 대학이 발전했는데 이는 1944년 채택된 '재향군인의 사회 재적응을 위한 법Servicemen's Readjustment Act', 일명 '지아이빌GI Bill' 때문이었다. 민간인의 사회 재적응 지원에 속하는 이 법은 재향군인이 대학 교육을 계속 받을 수 있도록 재정적 편의를 제공하는 법이었다. 아이젠하워의 미국은 주민의 3분의 2만 개신교였지만 근본적인 가치는 여전히 개신교에서 비롯되었다. 가톨릭 신자들은 이러한 교육 강화를 받아들였고 유대인들만 그것이 불필요하다고 생각했다.

전후 종교의 부활은 미국에서 특히 두드러졌던 것 같다. 로버트 D. 퍼트넘Robert D. Putnam과 데이비드 E. 캠벨David E. Campbell은 그 절정기를 1950년대로 보았다.[8] 두 저자는 좀비 상태의 종교라는 개념에 거의 접근했다. 당시 미국인의 종교를 매우 시민적인 종교, 무신론을 주장하는 공산주의에 반대해서 나타난 종교라고 정의했기 때문이다. 그렇게 해서 '유대-기독교'(종교적 측면에서 보면 아무런 의미가 없다)라는 용어가 출현했다. 그것은 당시 미국에 퍼진 좀비 상태의 개신교가 회복된 것이다. 여전히 이루어지던 중요한 종교 행위는 지역 공동체를 단합시켰지만 그 형이상학적 의미는 분명하지 않았다.

아이젠하워의 미국은 진정한 민주주의 문화에 물들어 있었고 모든 시민의 행복을 보살폈다. 미국 내부의 가치들은 전체주의적 공산주의에 대한 투쟁을 기치로 내건 대외 정책의 가치와 일치했다. 두 가지 문제점은 라틴아메리카가 반식민지 상태로 미국에 의존했다는 점과 흑인 차별이 지속되었다는 점이다. 그러나 시민권을 위한 투쟁이 시작되면서 인종차별이 철폐되고 백인의 평등이라는 제한적인 원칙이 허물어지기 시작했다. 로자 파크스와 마틴 루서 킹이 1955년에 시작한 몽고메리 버스 보이콧은 1956년 버스에서 발생한 인종차별이 위헌이라는 대법원의 판결을 끌어냈다. 그러나 대법원은 원래 미국 건국의 아버지들이 민주주의의 중재 도구로 구상한 기득권establishment 권력의 축이다.

1955년 무렵의 권력 엘리트

그렇다면 아이젠하워의 미국은 어떤 지도층을 가지고 있었을까? 미국은 민족과 종교가 이미 매우 다양한 국가였다. 가톨릭인 아일랜드계와 이탈리아계, 동유럽의 유대인 등 '소수'자가 '많은' 비중을 차지하고 있었기 때문이다. 그러나 지도층은 전혀 그렇지 않았다. C. 라이트 밀스C. Wright Mills는 1956년 『파워 엘리트』'에서 백 퍼센트 와스프WASP로 구성된 소수 그룹에 대해 설명했다. 여기서 와스프는 하층민을 가리키는 것이 아니다. 이 그룹에는 미국 성공회 신자인 기득권층의 비중이 매우 높았다. 성공회는 위계와 사회적 권위를 꽤 용인한다.

성공회 신자인 엘리트들은 영국의 교육 시스템을 모방한 사립 기숙학교에서 교육을 받았다. 그 꼭대기에 그로튼 스쿨이 있었다. 프랭클린 루스벨트 대통령이 하버드에 가기 전에 이 학교에 다녔다. 당시 영국의 사립학교들과 상황이 비슷했지만 더 유연하고 덜 엄격한 와스프 기득권층의 사립학교들은 지적인 성과에 연연하지 않았다. 그들의 목표는 '인격'을 갖추게 하는 것이었다.

와스프를 조롱하는 것은 일상이다. 이 상류층은 다른 지도층과 마찬가지로 우스꽝스러운 온갖 편견을 만들어냈다. 그렇다고 해서 그들에게 도덕과 엄격함이 없었던 것은 아니었다. 1941~1945년, 와스프 중 가장 젊은 사람들이 유럽이나 태평양 전쟁터로 보내졌다. 그들은 루스벨트처럼 소득 상위 계층에 90퍼센트의 과세율을 적용했던 작은 마법의 세계 출신이다.

마지막으로 존 롤스John Rawls의 사례를 살펴보고 와스프와 작별하자. 와스프의 대표자 중 한 사람인 존 롤스는 1980년부터 죽기 전인 2002년까지 미국의 민주주의를 해체하려 한 세력에 의해 어찌 보면 변태적으로 도구화되었다.

존 롤스는 황금기의 마지막인 1971년에 발표된 유명한 『정의론』[10]을 쓴 저자다. 이 책을 제대로 읽으면 내가 설명하는 대로 추도사였음을 알 수 있다. 루스벨트보다 1.5세대 뒤인 1921년에 태어난 롤스는 와스프 중 하위 계층에 속했다. 그로튼 스쿨보다 한 단계 아래인 켄트 스쿨에 다녔고 이후 프린스턴과 하버드에서 수학했다. 그는 태평양에서 보병으로 복무했고 도덕성에 대한 강한 우려를 품고 전쟁에서 돌아왔다. 성공회 신자였던 그는 히로시마에 원자폭탄이 일으킨 참상을 현지에서 목격하고 무신론자가 되었다. 이 경험에서 나온 것이 바로 『정의론』이라는 두꺼운 책이다. 이 책은 축복받은 시대에 와스프의 상류 계층이 보인 행태를 이론화했다. 롤스는 정의라는 것이 최종적으로는 최빈곤층의 행복은 증진시키더라도 불평등을 없애지는 못한다고 주장했다. 아이러니라면 롤스가 불평등의 심화가 빈곤층을 돕기는커녕 아예 파멸시키기 시작하기 직전에 이런 주장을 했다는 점이다. 이를 좀 더 자세히 살펴보자.

'불공정의 승리': 1980~2020년

'구글 앤그램 뷰어'에서 존 롤스의 인기가 어떻게 변했는지 보자. 1971년 이후 10년 동안 낮았던 그의 인기는 1980년 직후 상승하기 시작했고 1990~2006년에 절정에 달했다. 이때는 그의 이론을 적용했을 때 미국이 불공정한 국가가 되었다는 사실만 보여줄 수 있었다. 에마뉘엘 새즈Emmanuel Saez와 가브리엘 쥐크만Gabriel Zucman이 쓴 책의 제목『불공정의 승리』[11]가 이 상황을 명확하게 요약했고 책의 내용도 이를 훌륭하게 설명했다. 두 저자는 능수능란한 계산 끝에 미국의 과세율이 뉴딜로 도입된 세제와 매우 멀어졌다는 사실을 알아냈다. 부자든 가난한 사람이든 비례세가 28퍼센트로 동일하게 적용되고 상위 400명의 과세율은 크게 떨어져 불공정의 최고봉을 보여주고 있기 때문이다. 미국의 사망률 상승이 주로 고등학교도 졸업하지 못한 사람들에게서 나타난다는 사실까지 덧붙이면 오늘날의 미국은 롤스가 구상했던 정의와 정확히 반대되는 것을 구현한다는 사실이 자명해진다. 불공정이 판을 치는 마당에 『정의론』이 정치인들과 싱크탱크 지식인들의 찬사를 받았다는 사실은 사회학적 관점에서 보면 더욱 사악하다. 일종의 경제적·철학적·악마적 의식으로 선한 사람들을 조롱한 것일까? 니힐리즘은 서방을 지배하고 있다. 1980년대 시작된 롤스의 전 세계적―아니 서방에서의―성공은 계획된 것이었다. 그것은 특히 프랑스 바보들에게 통했다.

친구이자 출판인인 장-클로드 기유보Jean-Claude Guillebaud는 『정의론』이 1987년 쇠유 출판사에서 번역·출간되었을 때 CIA가 재정 지원을 해주었다고 당시에도 말했고 이후에도 말을 바꾸지 않았다. 나는 푸틴의 지휘를 받는 러시아 정보기관들이 프랑스 지식인들에게 그 정도 수준의 작전을 수행해 성공할지 의문이다.

미국 개신교의 제로 상태를 향하여

미국에서 개신교(그리고 종교)가 사라진 사실은 여러 요인에 의해 오랫동안 감추어졌다. 첫 번째 요소는 미국에서는 유럽보다 종교 행위 빈도가 더 높았다는 점이다. 그러나 이를 자세히 연구한 결과를 보면 통계가 두 배 정도까지 부풀려졌다는 것을 알 수 있다. 질문을 받은 사람들이 과장해서 대답했기 때문이다. 두 번째 요소는 1970년대 일어난 복음의 붐이었다. 유행은 1990년대 초에 끝났다.[12] 로스 다우서트의 『나쁜 종교』[13]는 복음주의가 전통적인 개신교와 별다른 관계가 없는 이단임을 알려준다. 칼뱅주의와 루터교회는 엄격한 교파였다. 인간이 경제적으로나 사회적으로 도덕을 지키기를 요구했고 그렇게 해서 인간은 진보를 낳았다. 1970년대 종교에 다시 붐이 일었을 때 그 붐을 일으킨 사람 중 일부는 많은 돈을 벌었지만 오히려 종교를 쇠퇴시키는 요소들이 생겨났다. 예를 들면 성경을 글자 그대로 해석하라는 요구, 비과학적인 정신 상태, 그리고 병적인 자기도취 성향이 나타났다. 신은 요구하는 신이 아니라 신자를 어르고 달래며 정신적으로나 물질적으로 보너스를 주는 존재가 되었다.

미국 개신교의 변화가 서유럽에서 일어난 변화와 얼마나 다른지 구분하는 가장 확실한 방법은 출산율의 변화를 보는 것이다. 문맹이 퇴치된 인구에서 출산율이 낮아지는 것은 신앙심의 후퇴를 보여주는 가장 좋은 지표다. 부부는 더 이상 신성한 권위의 감시를 받는다고 느끼지 않는다. 미국의 이러한 변화는 아주 정상적이다. 산아제한을 가장 많이 한 프랑스의 합계 출산율은 1930년대에 여성 1인당 2.1명이었다. 1940년대에 미국의 합계 출산율은 2명이었고 영국에서는 약간 더 적은 1.8명이었다. 1960년 미국의 부부가 평균적으로 낳은 자녀의 수는 꽤 높은 3.6명이었다. 그러나 복음의 붐이 끝난 1980년에 들어서자 1.8명으로 급감했다. 같은 시기 영국의 출산율은 1.7명, 프랑스의 출산율은 1.9명이었다. 미국에서 제대로 된 종교가 살아남았다는 증거는 여기서 찾을 수 없다.

최종적인 비기독교화의 또 다른 증거는 동성애에 관한 태도 변화다. 1970년에 교회에 다니는 사람 중 50퍼센트가 이미 동성애를 받아들였다.[14] 교회를 거의 가지 않는 사람들에게서는 그 비율이 83퍼센트나 되었다. 제로 상태의 종교를 나타내는 핵심 지표인 동성 결혼을 살펴보자. 동성 결혼은 종교가 활성 단계와 좀비 단계를 이미 초월했음을 의미한다. 2008년에 1946년 이전 출생자 중 22퍼센트만이 동성 결혼을 받아들였지만, 1966~1990년 출생자 중에는 50퍼센트가 동성 결혼을 수용했다. 나는 보수적이고 고압적이거나 과거의 향수 같은 관점에서 이 통계를 인용하는 것이 아니다. 동성애와 동성 결혼의 수용은 불가역적인 문화적 변화의 증거, 종교의 제로 상태를 나타내는 지표로 언급하는 것이다. 기독교, 유대교, 이슬람은 동성애를 비난하고 동성 결혼을 아무런 의미가 없다고 본다. 프랑스는 2013년에, 영국은 2014년에 동성 결혼을 합법화했다. 미국에서는 2015년에 주 차원에서 합법화가 이뤄졌다. 시기상으로 그렇게 큰 차이가 없다. 2015년은 따라서 제로 종교의 해다. 2016년은 도널드 트럼프가 대통령으로 당선된 해이다. 2022년은 우크라이나가 러시아와 전쟁을 벌이는 하청업자가 된 해다.

제로 상태는 불안정하다. 그것은 니힐리즘, 더 나아가 니힐리즘의 가장 완성된 형태인 현실 부정으로 귀결되는 고유한 역동성을 가지고 있다. 미국은(영국과 함께) 자유주의 혁명뿐만 아니라 성 혁명, 그리고 남녀평등을 위한 투쟁에서 트랜스젠더 문제로 넘어간 '젠더' 혁명의 최초 동력이기도 하다. 서방과 러시아의 갈등에서도 이 중요한 이데올로기 테마를 볼 수 있다. 그것이 미국 사회에서 갖는 의미를 먼저 생각해 보자.

나는 남녀평등은 다루지 않겠다. 그것은 정당한 요구이며 개념상으로 아무런 문제가 없다. 또 동성애자의 해방도 옆으로 밀어놓겠다. 이는 성적 지향을 중심으로 사회가 돌아가는 것을 못마땅해하며 '동성애' 이데올로기에 반대하는 회의주의자들이 보기에도 이의의 여지가 없는 문제다. 그런데 트랜스젠더 문제는 동성애와는 다르다. 개인이 취향에 따라 호적상으로 간단히 '젠더'를 바꿀 수 있거나 의미 있는 옷차림, 호르몬 섭취, 또는 외과적 수술로 '성'을 바꿀 수 있다고 말한다면 말이다. 여기서 나의 의도는 개인이 자신의 신체와 삶을 원하는 대로 바꿀 권리를 거부하자는 것이 아니라 미국, 더 나아가 서방 세계 전체에서 트랜스젠더 문제가 중심이 된 현상의 사회학적이며 도덕적인 의미—두 의미는 하나다—를 이해하자는 것이다. 사실은 단순하니 결론을 빨리 내리겠다. 유전학은 남자(XY 염색체)를 여자(XX 염색체)로, 여자를 남자로 바꿀 수 없다고 말한다. 그렇게 한다고 주장하는 것은 '거짓을 주장'하는 것이며 전형적인 지적 니힐리즘 행위이다. 거짓을 주장하고 싶은 욕구, 거짓을 숭배하고 사회의 진리처럼 강요하고 싶은 욕구가 특정 사회 계층(상류층보다 중산층)과 언론(《뉴욕 타임스》,《워싱턴 포스트》)에 퍼져 있다면 우리는 니힐리스트적인 종교를 다루는 것이다. 옳고 그름을 따지는 일은 연구자인 내가 할 일이 아니다. 그러나 사실에 올바른 사회학적 해석을 내리는 것은 내 일이 맞다. 서방에 트랜스젠더 테마가 널리 퍼져 있으니 우리는 서방의 종교가 맞이한 제로 상태의 차원 중 하나가 니힐리즘이라고 다시 한번 생각할 수 있다.

제로 개신교와 지적 능력의 추락

내가 고안한 사회 진화 모델에 따르면, 한 세대의 20~25퍼센트가 고등교육을 받았을 때 그 20~25퍼센트는 자신들이 본질적 우월성을 지녔다고 생각하게 된다. 그렇게 되면 평등이라는 꿈은 불평등의 정당화를 초래한다. 이쯤에서 다시 한번 미국에서 일어난 과정을 요약해보자. 미국이 이런 결정적 변화를 경험한 최초의 국가이기도 하지만 불평등을 강력하고 끈질기게 추구하는 욕구에 빠진 것처럼 세계적 차원에서 행동했기 때문이기도 하다. 고등교육의 발전은 인구를 재再계층화하고, 문맹 퇴치로 확산된 평등의 에토스와 더 나아가 공동체에 대한 소속감은 사라지게 한다. 종교와 이데올로기를 통한 통합은 물 건너가고, 그렇게 되면 사회의 원자화 과정이 시작되며 공통의 가치라는 틀을 잃은 개인은 약해져 소멸한다.

미국에서 고학력자 25퍼센트라는 기준은 1965년에 이미 달성되었다(유럽인들은 적어도 한 세대 뒤처졌다). 그런데 희한하게도 이 현상은 모든

234

수준에서 일어난 지적 쇠퇴와 거의 동시에 발생했다.

　제2차 세계대전 직후 고등교육의 발전은 능력주의의 이상을 실현했다. 가장 능력이 많은 사람이 가장 멀리 나아가고 가장 높이 뛰는 것이 모두의 행복을 위해 좋았다(롤스). 미국에서 능력주의의 실천은 수학능력평가시험SAT으로 이루어진다.[15] 이 시험은 두 과목으로 나뉘는데, 하나는 구술 능력을 평가하고 다른 하나는 수학 능력을 평가한다. 구술 시험의 경우 1965~1980년에 합격률이 급락했다가 2005년까지 안정적으로 유지되었으나 이후 다시 급감하기 시작했다.[16] 수학 시험의 경우에도 1965~1980년에 합격률이 똑같이 급락했고 1980~2005년 안정적이었다가 2005년부터 다시 크게 떨어졌다. 즉 두 시험 모두 지적 능력 감소의 영향을 받았다.

　미국의 교육 수준 하락(30년 뒤 프랑스에도 나타날 현상)은 미국교육통계센터NCES가 「13세 학생의 읽기와 수학 시험에서 나타난 점수 재하락 Scores decline again for 13-year-old students in reading and mathematics」을 통해서 확인했다. 이 보고서는 이 현상이 모든 민족 그룹에서, 그리고 우등생과 열등생 모두에게서 나타났다고 밝혔다.[17]

　매우 최근에 이루어진 연구에서는 2006~2018년 미국 국민 전체의 지능지수도 하락했으며 고등교육을 받지 않은 사람들에게서 더 빠르게 하락한다는 사실이 드러났다.[18](스칸디나비아반도를 다룬 장에서 이 현상을 이미 언급했다. 스칸디나비아반도에서는 이 현상이 더 빨리 밝혀졌다.)

　교육의 효율성 저하와 교육을 중시했던 개신교의 종식을 어떻게 연결 짓지 않을 수 있을까? 여기서 복음주의의 이단적 성격이 다시 한번 드러난다. 복음주의는 가톨릭 신자들보다 교육 수준이 낮은 백인들 사

이에서 확산했다.[19]

역사적이고 사회학적인 이 시기의 큰 모순은 교육 발전이 장기적으로는 교육의 쇠퇴를 야기했다는 사실이다. 교육 발전이 교육을 중시하는 가치를 사라지게 했기 때문이다.

제로 개신교와 흑인 해방

개신교는 인간의 평등을 믿지 않는다. 칼뱅주의가 깃든 미국의 개신교도 인간을 선택받은 자와 저주받은 자로 나눈다. 영미권의 절대적 핵가족은 이러한 세계관을 갖는다. 파리 분지의 평등한 핵가족과는 달리, 자녀가 유산을 평등하게 나눠 갖지 않는다. 아이젠하워 시절의 행복하고 제로 개신교 상태인 미국을 설명하면서 나는 흑인들이 민주주의에 포함되지 않았다고 지적했다. 흑인 권리를 위한 투쟁의 전조는 있었지만 말이다. 흑인의 배제는 그들을 망각했다거나 불완전함으로 볼 수 없다. 그것은 사회정치 시스템에 본래 담겨 있었던 것이다. 흑인 배제는 사회정치 시스템―미국의 자유민주주의―을 정의하고 기능하도록 한다. 개신교의 형이상학적 불평등주의와 절대적 핵가족의 평등에 대한 무관심에도 불구하고 미국이 훌륭한 민주주의 국가가 될 수 있었던 것은 불평등을 '하위 인종'에게 '고착'했기 때문이다. 그 대상이 처음에는 원주민이었고 그다음은 흑인이었다. 백인 사이에 평등이 존재하려면 한쪽에는 선택받은 자인 백인을, 다른 한쪽에는 저주받은 흑인(처음에는 원주민)을 두어야 했다. 아일랜드와 이탈리아 이민자들이 흑인을 차별한 것―빠르게 완성되었고 가톨릭과 거리가 먼―이 개신교에

236

서 비롯된 사회적 입장을 수용한 좋은 지표다.

미국에서 흑인 문제는 종교적이고 핵심적인 성격을 갖는다. 인종차별과 개신교는 개별적인 변수가 아니다. 흑인을 차별하는 것은 개신교의 저주다. 미국 흑인 대부분이 개신교였고 지금도 개신교라고 반박할 수 있겠으나 미국 흑인의 개신교—복음이 전하는 역경에서 생존하려는 생각과 결합된 감정적인 개신교—는 흑인들만의 것이라는 특징이 있다. 흑인들의 개신교 교회는 분리되어 있다. 사실 흑인의 개신교도 나름의 방식으로 인종적 차이를 제도화했다.

인종주의와 인종 분리가 마지막에는 종교적 가치에서 비롯되었다면 활성 상태 또는 좀비 상태의 종교—다시 말하면 인간이 불평등하다고 보고 어떤 인간은 열등하다고 정의하는 정신적이고 사회적인 시스템—가 무너진 결과 중 하나가 흑인의 해방이다. 여기서 나는 19세기에 북부 뉴잉글랜드에서 의식적으로 흑인 해방을 위해 싸운 상류층이나 중산층의 호의적인 개신교도들을 말하는 것이 아니다. 나는 대중의 무의식, 심오한 정신적 태도를 말하는 것이다.

과정은 다음과 같이 이루어진다. 교육 계층화는 개신교의 붕괴로 이어진다. 개신교의 붕괴는 흑인을 불평등의 원칙에서 해방시킨다. 그러고 나서 시민의 권리를 위한 투쟁, 적극적인 우대 조치, 그리고 2008년 최초의 흑인 대통령 버락 오바마 당선이 이어진다. 미국에는 보편성에 대한 장애물로서 절대적 핵가족 내에서 자녀들, 그러니까 인간의 평등에 관한 불확실성만 남게 될 것이다.

그러나 이 과정은 당황스러운 결과를 낳는다. 즉 흑인에 대한 불평등은 백인의 평등을 가능하게 했으며 흑인 해방은 미국 민주주의를 뒤

흔드는 뜻밖의 부정적 결과를 낳았다. 흑인이 더는 불평등의 원칙을 구현하지 않으므로 백인의 평등도 전멸한 것이다. 따라서 민주주의 감정은 그 어느 곳보다 미국에서 가장 위협받고 있다. 선진국 어디서나 고등교육은 민주주의 감정을 갉아먹었다. 그러나 미국에서는 흑인의 불평등에 기반한 백인의 평등이 갑자기 사라지면서 이 현상이 가중되었다. 이것이 1965~2022년 미국 사회가 경험한 강력한 불평등 변화의 인류학적이고 종교적인 배경이다. 이를 경제적(소득 불평등 심화)이거나 정치적(대학을 졸업하지 못한 시민들의 역할 삭제)인 측면으로만 보아서는 안 된다.

흑인 해방은 새로운 모순을 낳았다. 흑인은 정말 해방되었다. 가치로 따지면 그것은 심오한 일이다. 전통적인 미국의 인종차별은 확실히 죽었고 나는 백인 공화당 유권자들이 더는 흑인을 열등하다고 믿지 않는다고까지 말할 수 있을 것 같다. 오바마가 대통령으로 선출되었고, 로이드 오스틴Lloyd Austin 국방부 장관도 흑인이다. 그러나 흑인은 아무리 해방되었다고 하더라도 크게 보면 여전히 덫에 갇혀 있다. 그들의 해방은 교육 계층화가 이루어지고 있을 때, 경제 불평등이 가중되고 있을 때, 교육 수준과 생활 수준이 하락하고 있을 때 일어났다. 현재 계층 간 이동은 유럽보다 미국에서 더 어렵다. 미국 흑인의 해방은 통계적으로 보았을 때 그들이 계층 밑바닥에 있을 때 완성된다. 그래서 그들이 객관적인 조건을 벗어나기 매우 어려운 것이다. 사회 계층의 하층부에 몰려 있는 그들은 평등한 시민의 이상이 사라진 사회에서 시민권을 얻었다. 집단적 종교와 그 종교가 강요하는 자아의 이상이라는 지원을 빼앗겨 개인이 작아진 때에 다른 사람들과 평등해졌다.

은총을 잃다: 교도소, 총기 난사, 비만

미국에 진짜 개신교도가 남아 있다면, 그리고 그들이 미국을 바라본다면 상황을 설명할 표현이 금방 머릿속에 떠오를 것 같다. 은총을 잃다falling from grace. 추락.

미국에서는 부의 불평등과 그로 인한 중산층 감소가 일어났다. 1950년대의 이상적인 미국에서 중산층은 노동자 계층을 포함했다. 심지어 노동자 계층이 많은 부분을 차지했다. 따라서 세계화로 인한 노동자 계층의 파산은 중산층의 감소로 이어졌다. 남아 있는 것은 중상위층으로, 아마 전체 인구의 10퍼센트에 해당할 것이다. 이들은 0.1퍼센트의 최상위층 밑에 매달려 추락하지 않으려고 애쓴다. 바로 이 중상위층이, 자산 대부분이 과세를 피해 가는 최상위층보다 더 적극적으로 누진세 부활에 반대했다.[20]

케이스와 디턴이 증명한, 소득에 따른 불평등한 사망률 증가도 미국의 추락을 설명하는 요소에 속한다. 러시아의 '권위주의'에 대항하여 민주주의를 수호하는 자유주의 사회 미국은 수감률이 세계 최고 수준이다. 2019년 인구 100만 명당 수감인의 수가 531명이었다. 러시아는 300명 정도다─바그너 그룹이 죄수를 용병으로 고용했기 때문에 비율이 낮아진 것이 아닐까. 영국은 143명, 프랑스는 107명, 독일은 67명, 일본은 34명이다.

미국에서는 총기 난사 사건이 2010년부터 우려스러울 정도로 증가했다.[21]

미국은 비만의 나라이기도 하다. 1990~2000년과 2017~2020년 과

체중 인구가 전체 인구의 30.5퍼센트에서 41.9퍼센트로 증가했다.[22] 체질량지수가 30kg/m² 이상인 인구는 중등교육만 받은 사람들에게서 40퍼센트 이상 된다. 그러나 미국의 고학력자 중 비만인 사람들도 프랑스보다 세 배나 많다는 사실을 기억하자.

비만이라는 질병은 단순한 보건 문제가 아니다. 비만은 당연히 죽음을 초래한다. 코로나19 기간 중 위험 인자로서 비만은 미국의 초라한 사태 대응에 기여했다. 사실 코로나19가 아니더라도 비만은 위험 인자이지만 말이다. 비만은 신체 상태를 넘어서 개인의 정신 구조화에 관한 놀라운 사실들을 알려준다. 불평등에도 불구하고 식량 문제가 전혀 없는 사회에서 나타나는 비만은 자기 규율의 부족을 보여준다. 특히 양질의 음식을 구할 수 있는 부자들의 경우는 더욱 그렇다. 따라서 비만율(혹은 그 반대)은 개인이 자기 자신을 통제할 수 있는지를 보여주는 지표(여러 지표 중 하나)가 될 수 있다. 미국의 비만율은 사회 전체의 초자아 결핍 현상을 드러낸다. 앞에서 언급한 수치들과 고학력자만 본다면 프랑스인과 비교해서 미국인의 초자아(따라서 이상적 자아) 다이어트 계수를 재미 삼아 계산할 수 있을 것이다.

능력주의의 종말: 과두제에 오신 것을 환영합니다

전후 번영하는 민주주의 국가였던 미국은 능력주의를 이상으로 삼는 사회로 개종했다. 고등교육의 확산이라는 전체적 맥락에서 보면 유대인을 비롯해 다른 민족·종교 그룹이 대학에 진학하는 것을 막기 위해 와스프가 세운 장벽은 매우 높았다. 와스프 엘리트들의 동기는 어떻게 보면 지정학적이었다. 과학이든 이데올로기든 모든 영역에서 소련과 맞서야 했기 때문이다. 이데올로기를 먼저 살펴보자. 도덕적 측면에서 흑인 해방은 공산주의적 보편주의에 맞서는 데 필요했다. 과학은 어땠을까? 1957년 소련이 스푸트니크 1호를 우주로 보내자 미국은 충격에 빠졌다. 소련이 기술적 우위를 점했다는 두려움이 퍼졌다. 능력주의 원칙을 마지막까지 거부하던 움직임이 멈췄고 그러자 갑자기 유대인들이 필요해졌다. 영화 〈오펜하이머〉가 보여주듯이 원자폭탄은 유대인들 덕분에 만들어진 것이 아니었나? 명문대 학생 수를 제한하기 위해 1920년대에 제도화된 정원제numerus clausus는 사실상 폐지되었다. 유대인들은 아이비리그의 탑3인 하버드, 프린스턴, 예일에 대거 입학했다.

제임스 브라이언트 코넌트James Bryant Conant는 1933~1955년 하버드 대학 총장을 지낸 화학자이자 맨해튼 프로젝트(원자폭탄을 완성한)의 감독관이었다. 그는 능력주의에 따른 대학 개방을 옹호했다. 하버드 입학 조건에 SAT를 도입했으나 실용주의자이기도 했던 그는 대학 재정에 노움이 되는 부자들의 자녀에게 곧바로 입학할 수 있는 길을 따로 열어두었다.[23]

그러나 미국 민주주의의 부패가 최종 단계에 접어들었다. 능력주의 시스템의 종식, 상류층의 고립, 과두제 단계로의 이행이 그것이다. 특권층은 능력주의 놀이가 지겨워졌다. 아무리 게임에서 늘 이기더라도 말이다. 그들은 자녀의 지적 수준과는 상관없이 하버드, 예일, 프린스턴에 언제든지 돈을 내고 자리 하나를 마련해줄 수 있었다. 중상위층 자녀들은 SAT를 보긴 해야 했지만 무사히 입학하는 경우가 많았다. SAT 준비는 미국에서 너무 거대하고 잘 나가는 산업이 되어서 지능을 측정하는 도구로서의 유효성을 모두 상실했다. 시험을 준비하려면 학부모와 자녀가 역경을 마다하지 않아야 하고 따라서 불안감에 휩싸일 수 있었다. 결국 이 시련을 견디고자 하는 사람들은 점점 줄어들었다. 최근에 실제로 SAT 응시자의 수가 줄어들었다. 이 대학 입학 과정이 해체되는 와중에 코로나19 사태는 SAT를 아예 없애자는 구실을 제공했다.[24]

능력주의 원칙의 포기는 미국 역사에서 민주주의 단계가 막을 내리는 것을 의미한다. 피라미드의 상층부는 계층화되고 불평등하다. 변호사, 의사, 대학교수는 연봉 40만~50만 달러를 받지만 자녀 교육비, 의료보험료를 빼고 나면《포브스》선정 미국 400대 부자와 비교할 수 없다. 하지만 이 작은 세계는 과두제 사회의 꼭대기에 있고, 그 안에서 올리가르히는 자신에게 의존하는 사람들─이들 역시 특권층이다─에게 둘러싸여 살아간다. 그들은 나머지 90퍼센트의 시민이 부딪히는 어려움을 모른다.

자유민주주의가 아닌 니힐리즘으로 다져진 서방의 자유주의적 과두제가 러시아의 권위주의적 민주주의와 맞서 싸우고 있다.

우리는 역사에서 소수의 지배 집단이 정복자가 되는 것─로마 공화정이나 카르타고─을 많이 보았다. 그러나 그들은 합리적으로 효율적인 사회를 지배했다. 미국 과두제의 비극은, 몰락 중이며 많은 부분이 가상인 경제를 지배한다는 점이다. 이에 대해 살펴보자.

제9장

미국 경제의 거품 빼기

2023년 1~6월에 미국이 우크라이나에 필요한 무기를 생산할 능력이 없다는 연구 결과가 쏟아져 나왔다.[1] 이 연구들은 러시아 정부 산하 연구소에서 나온 것이 아니라 미국 국방부와 국무부가 재정 지원한 싱크탱크들이 수행한 것이다. 세계 최강대국이 어쩌다가 이렇게 말도 안 되는 상황에 빠졌을까? 이번 장에서는 미국 경제의 실상을 다룬다. 세계 2대 경제 대국(다른 하나는 중국이다) 미국의 경제에 잔뜩 낀 거품을 빼고 의미 있는 무언가로 만들고자 한다. 국내총생산 대신 '실질적인 국내총생산*'은 어떨까? 우리는 나머지 세계에 대한 미국의 의존성과 근본적인 나약함을 발견할 것이다.

급진적인 비판을 하기에 앞서 균형을 어느 정도 맞춰야 하니 미국

---

* 물가상승률을 고려하는 실질국내총생산RGDP의 개념과는 다르다(246~248쪽 참조).

경제의 부인할 수 없는 강점에 대해서도 알아보자. 최근 가장 중요한 혁신은 실리콘 밸리에서 일어났다. 정보통신 기술에서 이룬 성과는 미국의 전 세계, 혹은 적어도 동맹국에 대한 지배를 크게 강화했다. 그런가 하면 최근 미국은 석유와 특히 천연가스의 주요 생산국으로 다시 도약했다. 1940년 미국의 하루 평균 석유 생산량은 400만 배럴이었다. 그것이 1970년에는 960만 배럴로 증가했고 2008년에 와서야 500만 배럴로 떨어졌다. 2019년, 그러니까 우크라이나 전쟁 발발 얼마 전 미국의 석유 생산량은 생산 단가를 크게 줄여주는 수압파쇄법 덕분에 1220만 배럴로 급상승했다. 따라서 미국은 주요 수출국은 아니지만 석유 순수 입국에서 벗어났다. 천연가스 생산량은 2005년 4890억 세제곱미터에서 2021년 9340억 세제곱미터로 껑충 뛰었다. 그 덕분에 미국은 러시아에 이어 세계 2위의 천연가스 수출국이 되었다. 그러다가 전쟁에 힘입어 세계 1위의 액화천연가스LNG 수출국이 되었다. 고객은 갑자기 러시아산 천연가스를 공급받지 못하게 된 유럽 동맹국들이다. 에너지 부문은 우크라이나 전쟁의 이상한 특징을 보여준다. 미국의 목적이 우크라이나를 방어하려는 것인지 아니면 동맹국인 유럽과 동아시아를 통제하고 이용하려는 것인지 알 수 없기 때문이다.

미국 경제의 강점 ─GAFA, 천연가스, 실리콘 밸리, 텍사스산 석유─은 인간 활동이 갖는 스펙트럼의 양 끝에 있다. 컴퓨터 코딩은 추상화로 향하고 에너지는 실체가 있는 천연자원이다. 미국 경제의 어려움이 스펙트럼의 나머지를 차지한다. 상품의 제조, 즉 전통적 의미의 제조업이 미국의 약점이다. 우크라이나 전쟁은 나토 표준인 155밀리미터 포탄을 충분히 생산할 능력이 없는 미국 제조업의 취약성을 드러냈다. 그

러다가 모든 종류의 미사일을 포함하여 아무것도 충분히 생산할 능력
이 없는 상황임이 서서히 드러났다.

전쟁이라는 폭로자는 우리가 미국에 대해(그리고 미국이 자기 자신에
대해) 갖는 인식과 현실의 간극을 보여주었다. 2022년 러시아의 GDP는
미국 GDP의 8.8퍼센트였다(벨라루스의 GDP를 합치면 서방 GDP의 3.3퍼센
트). 이러한 불균형에도 불구하고 미국은 어쩌다가 우크라이나에 보낼
포탄도 충분히 만들지 못하는 지경이 되었을까?

미국 제조업의 증발

미국이 지휘한 세계화는 미국 제조업의 헤게모니를 무너뜨렸다. 1928
년 미국의 제조업 생산은 세계 제조업 생산의 44.8퍼센트를 차지했다.
그런데 2019년에는 16.8퍼센트로 추락했다. 같은 기간 영국의 제조업
생산 비중은 9.3퍼센트에서 1.8퍼센트로 떨어졌고, 일본은 2.4퍼센트
에서 7.8퍼센트로 올라갔다. 독일은 11.6퍼센트에서 5.3퍼센트로, 프랑
스는 7퍼센트에서 1.9퍼센트로, 이탈리아는 3.2퍼센트에서 2.1퍼센트
로 감소했다. 중국은 2020년 28.7퍼센트를 차지했다. 세계 15위 제조
업 생산국인 러시아의 비중은 1퍼센트 안팎이다. 관련하여 비교할 통
계가 드문 것은 러시아 제조업이 마치 미국 항공기들이 달성하려 했던
스텔스 기술을 완성했다는 것을 알려주는 듯하다. 따라서 러시아가 스
텔스 제조업이라는 절대무기를 개발해서 미국을 기습 공격했다고 말
할 수 있다.

세계화된 사회에서 '물리적인' 힘의 관계를 더 잘 파악하려면 제

조업의 꽃이라 할 수 있는 공작기계 생산을 들여다보면 된다. 2018년 중국은 전 세계 공작기계 생산의 24.8퍼센트를 차지했다. 독일어권 국가(독일, 오스트리아, 스위스. 스위스 산업의 대부분이 독일과의 국경 지대에 몰려 있다)는 21.1퍼센트, 일본은 15.6퍼센트, 이탈리아는 7.8퍼센트, 미국은 6.6퍼센트, 한국은 5.6퍼센트, 대만은 5퍼센트, 인도는 1.4퍼센트, 브라질은 1.1퍼센트, 프랑스는 0.9퍼센트, 영국은 0.8퍼센트를 차지했다. 나는 통계에서 러시아 찾기를 포기했다. 이 부문에서 러시아는 최악을 생각하게 하는 불가시성에 도달했다.

미국의 유형 재화 생산이 감소하는 현상은 농업에서 일어났다. 1994년 멕시코, 캐나다와 북미자유무역협정NAFTA을 체결한 이후 미국 농업은 집중화와 전문화, 그리고 쇠퇴의 과정을 겪었다.[2] 우리는 제1장에서 밀 생산을 언급했다. 러시아의 밀 생산이 2012년 3700만 톤에서 2022년 8000만 톤으로 증가한 반면 미국의 밀 생산은 1980년 6500만 톤에서 2022년 4700만 톤으로 감소했다. 미국이 과거에는 농식품의 (순수) 수출 대국이었지만 지금은 수출과 수입이 균형을 이루고 있고 적자에 다가서 있다.[3] 계속 증가하는 인구 때문에 앞으로 10~20년 동안 완전히 적자를 기록하리라 예상할 수 있다.

미국의 실질적인 국내총생산

앞에서 우리는 공식적인 통계에 기댔다. 이제는 그것을 뛰어넘을 때다. 미국의 GDP에서 대인 서비스가 차지하는 비중은 압도적이다. 그러나 서비스의 효율성이나 심지어 유용성은 파악할 수 없다. 과다한 연봉을 받는 의사(그러나 오피오이드 스캔들에서는 살인자)와 변호사, 포식자 같은 금융가, 교도소 간수, 정보기관 직원이 이 직군에 속한다. 2020년 미국 GDP에는 경제학자 1만 5140명의 노동이 부가가치로서 포함되었다. 거짓을 전파하는 사제가 대다수인 그들의 평균 연봉은 12만 1000달러에 이른다. 진정한 부의 생산이 아닌 이런 기생충 같은 집단의 활동을 뺀 미국의 GDP는 얼마일까? 여기서 흥미로울 만한 제안을 하겠다. 다소 자유로운 계산을 통해 GDP의 거품을 빼서 미국에서 해마다 생산되는 부를 현실적으로 계산해보자는 것이다. 그것이 바로 실질적인 GDP(혹은 현실적인 GDP)이다. 이를 위해 나는 노벨상을 탈 수 있을 만큼 과감하고 정확한 계산을 할 것이다. 하찮은 메달을 그토록 많은 코미디언에게 준 스웨덴 국립은행은 이번만큼은 겸허하고 명철한 사람에게 상을 줄 수 있을 것이다.

우리는 제8장에서 의료비 지출이 미국 GDP의 18.8퍼센트를 차지했으나 기대수명은 줄어들었다고 언급했다. 나는 그 결과를 볼 때 의료비 지출의 실질 가치가 과장되었다고 생각한다. 이 지출에는 명목 가치의 40퍼센트만 실질적이다. 따라서 나는 0.4를 곱해서 수치를 낮추겠다.

2022년 미국의 1인당 GDP는 7만 6000달러였다. 나는 이 수치에서 20퍼센트는 제조업, 건축, 교통, 광산, 농업 등 물질적이라고 할 수 있는 경제 부문에 해당한다고 본다. 7만 6000달러의 20퍼센트는 1만 5200달러이니 나는 이를 '진짜' GDP로 두겠다. 그렇다면 6만 800달러가 남는다. 이는 서비스(의료 포함) '생산'이다. 서비스가 의료 자체보다 더 '진짜'라고 생각할 이유가 없다. 따라서 여기에도 0.4를 곱하겠다. 그러면 6만 800달러는 2만 4320달러가 된다. 이것을 앞의 1만 5200달러와 합한다. 그렇게 해서 3만 9520달러라는 1인당 실질 GDP가 나왔다. 이 결과가 놀라운 것은 2020년 1인당 실질 GDP가 서유럽 국가의 1인당 GDP보다 훨씬 낮기 때문이다(독일은 4만 8000달러, 프랑스는 4만 1000달러였다). 얼마나 이상한가. 1인당 부의 순서가 유아 사망률 순서와 일치한다. 독일이 1위, 미국은 거의 꼴찌다.

수입 의존성

제8장 초반에서 자국을 세상의 모든 불행을 피해 가는 섬으로 보는 최고의 미국 지정학자들의 환상을 언급한 바 있다. 그들은 미국의 가장 근본적인 특징 하나를 잊고 있다. 미국의 무역수지는 엄청난 불균형 상태다. 미국인들이 생산보다 소비를 더 많이 한다는 뜻이다.

외국과의 실물 재화 교역량은 제조업의 전체 생산량 또는 공작기계 생산량 다음으로 한 국가의 실질적인 국력을 측정하는 보완적이면서도 훌륭한 지표가 된다. 미국은 수입으로 살고 있고 그 수입은 수출이 아니라 달러를 찍어내어 감당하고 있다. 실제로 미국은 국채를 발행해서 무역 적자를 메우고 있다. 달러가 기축통화이기 때문에 가능한 일이다. 달러는 국제 거래에 사용되고 (제5장에서 보았듯이) 최상류층이 재산을 조세 천국에 감추는 데 많이 사용된다. 확실하지는 않지만 통용되는 달러의 3분의 1이 이런 목적으로 사용되는 것으로 보인다.

실질적인 부를 측정하기 위해 불필요하거나 가상으로 이루어지는 서비스를 GDP에서 빼는 것이 필요했던 것처럼 미국의 무역 적자를 제대로 알아내려면 서비스는 빼고 재화만 계산해야 한다. 그러니 우리의 비판을 계속하자. 원래 과학적이었던 이 모든 지표가 세계화 때문에 과시, 유혹, 은폐의 도구로 탈바꿈했음을 잊지 말자. 미국에서 재화(서비스 제외)의 무역 적자가 GDP(여기서도 등장하는 GDP 역시 가상이다)에서 차지하는 비중만 보면 안정된 상태라는 인상을 받는다. 2000년에 4.5퍼센트, 2022년에 4.6퍼센트의 적자가 났기 때문이다. 그러나 이 수치는 적자에 비례해서 GDP가 증가했기 때문에 나왔다. GDP는 여전히 아무런 의미도 없다. 그러나 미국의 연속적인 실질 GDP를 계산하는 것은 포기하자. 그러려면 앞에서 했던 계산보다 느슨한 계산을 할 수밖에 없다. 더 간단한 방법은 무역 적자 규모를 살펴보는 것이다. 총액으로 따지면 2000년에 비해 2022년 무역 적자는 173퍼센트 증가했다. 물가상승률을 적용하면 60퍼센트 증가한 셈이다.

가장 놀라운 것은 무역 적자 증가가 오바마 재임 시절 시작되었고 트럼프 시절 강화되었으며 바이든도 추진한 보호무역주의 정책에도 불구하고 지속되었다는 사실이다. 이 이상한 사실로 우리는 미국의 쇠퇴가 불가역적이라는 것을 이해할 수 있다. 심오한 원인—개신교, 교육, 시민 도덕의 추락 등 돌이킬 수 없는 많은 현상—들을 살펴본 우리는 경제 쇠퇴 자체는 쇠퇴도 아니라 해도 놀라지 않을 것이다.

비생산적이고 포식자적인 능력주의자들

지금까지 사용한 모든 경제 지표는 재화나 식량 생산과 관련이 있었다. 한 경제의 잠재성을 심도 있게 측정하려면 출발점에 있는 생산자들, 물건을 제조하는 사람들로 거슬러 올라가야 한다. 경제란 무엇보다 교육을 받고 능력을 습득한 사람들의 합이기 때문이다. 우크라이나에 필요한 포탄을 생산할 능력이 없는 미국은 아마도 포탄을 생산하는 인력을 없애버렸을 것이다.

《포린 어페어스》에 실린 「미국은 어떻게 전쟁 기계를 부쉈는가How America Broke its War Machine」를 읽으면 1980년대 320만 명을 고용했던 방위 산업이 기업의 구조조정과 집중화 이후 지금은 110만 명만 고용한다는 사실을 알 수 있다. 3분의 1로 줄어든 것이다. 현실을 반전시키는 데 챔피언인 미국 경제학자들은 틀림없이 '체질 강화'를 말할 것이다. 그러나 고용 인구의 감소는 미국 제조업을 강타한 물질적 쇠퇴뿐 아니라 인적 쇠퇴의 구체적인 지표다.

우리는 제1장에서 러시아보다 인구가 두 배나 많은 미국이 어떻게 33퍼센트나 적은 공학도를 양성하는지 알아보았다. 이를 더 살펴보자. 능력주의의 이상은 미국 민주주의에 역효과를 냈다. 민주주의를 불평등의 이상으로 왜곡시키고 약화시킨 것이다. 많은 저자가 이 명백한 사실을 지적했다.[4] 그들이 자주 놓친 것은 SAT로 선발된 '능력자'가 선택하는 학업 즉 직업 교육의 유형이 변했다는 사실이다. 능력주의 창시자들의 주된 목적은 소련과의 경쟁에 대비하는 것이었다. 미국은 과학과 기술을 전공한 최우수 학생을 채용해서 공산주의 능력주의자들의 제조업을 압도해야 했다. 당시 하버드 대학 총장이었던 코넌트는 앞에서도 봤듯이 화학자였고 맨해튼 프로젝트의 감독관이었다. 그러나 과학과 기술 부문의 채용은 빠르게 줄어들었다. 현재 미국 대학생 중 7.2퍼센트만이 공학을 전공한다. 따라서 사회 내부에서 공학이나 과학 연구보다 수입이 더 높을 수 있는 법학, 금융학, MBA 등의 분야로 두뇌 유출이 일어났다고 할 수 있다.

최고의 국가(특히 그들의 세상인 대학과 애국심 넘치는 싱크탱크)에서 모든 것이 최상으로 흘러가고 있다고 증명하는 데 바빴던 경제학자들은 이 현상을 알아보지 못했을 뿐만 아니라 일반적으로 고등교육을 받는 사람이 (트럼프 지지가 많은 중등교육을 받은 사람보다) 더 높은 연봉을 받는다는 황당한 해석을 내놓았다. 학력이 높을수록 연봉이 높다고 본 이 헛똑똑이들은 연봉이 교육의 실질적인 기여와 인적 자본의 개선을 측정하는 기준이 된다고 생각했다. 법학, 금융학, 무역학 전공으로 생산 능력이나 지적 능력이 개선되지 않아도 사회적 지위가 높으면 시스템이 생산한 부를 포식할 능력이 더 많다는 생각은 하지 못한다. 요컨대 교육과 소득 수준이 가장 높은 사람들의 존재는 변호사, 금융가, 혹은 수많은 서비스 부문에 매복한 사람들이 뛰어난 포식자 무리라는 사실을 보여준다. 이것이 교육의 발전이 최종적으로 도달한 타락이다. 대학 졸업자의 증가는 수많은 기생충을 낳았다. 프랑스 독자가 두려움에 사로잡혀 왜 *프랑스*가 가난해지는지 묻고 싶다면 공무원이나 이민자에 대고 소리치는 것보다 무역, 경영, 회계, 마케팅을 공부하는 학생 수기 얼마나 되는지 생각해보는 게 낫다. 1980년 이 분야의 전공생 수는 1만 6000명이었는데 2021~2022년에는 23만 9000명이었다.

수입된 노동자에 대한 의존성

STEM(과학, 기술, 공학, 수학의 약자) 인력이라고 부르는 과학기술 분야의 인력 부족 현상을 메꾸기 위해서 미국은 해외에서 많은 인력을 수입했다. 2000년 STEM 분야에서 해외 출신이 16.5퍼센트를 차지할 정도였다. 2009년에는 23.1퍼센트인 250만 명이 해외에서 유입된 인력이었고 이 중 28.9퍼센트(72만 2500명)가 인도인이었다. 중국인은 27만 3000명, 베트남인은 10만 명, 멕시코인은 11만 9000명이었다. 물론 이 수입 인력은 미국인보다 더 숙련된 사람들이다. 미국에서 태어난 STEM 인력 중 67.3퍼센트가 학사 학위를 가지고 있는데 해외 인력은 그 비중이 86.5퍼센트에 달한다.

그 밖에 다른 통계도 알아보자. 소프트웨어 개발자 중에는 39퍼센트가 외국인이다. 공학도의 경우에는 분야에 따라 15, 20, 25퍼센트를 차지한다. 물리학자 중에는 30퍼센트에 달한다. 캘리포니아주의 STEM 인력 중 외국인은 39퍼센트다.[5]

어떻게 보면 타국의 인력을 끌어들이는 것은 미국의 역사 자체다. 1840~1910년 독일과 스칸디나비아반도에서 몰려든 이민자는 교육 수준이 높았고 직계 가족 본연의 역동성을 보였다. 이들은 늦었지만 빠르게 진행된 미국의 제조업 발전에 함께했다. 그러나 해외 인력에 의존하는 것은 와스프 자체의 교육적 역동성이 그 배경이다. 미국인들도 숙련된 노동자, 기술자, 공학도를 배출했다(그러나 위대한 과학자는 적었다). 현재 수입 인력은 와스프뿐만 아니라 미국 백인 전체의 교육 붕괴를 상쇄한다.

대학에서 외국인과 미국인의 과학과 기술 전공 선택 경향은 매우 큰 차이가 난다. 미국 대학은 알다시피 외국인 학생을 많이 받아들인다. 표 3은 2001~2020년 나타난 의미 있는 특징 두 가지를 보여준다. 우선 미국 대학에 박사 학위자를 제공하는 국가 중 중국과 인도가 높은

	전체	과학&공학	공학	공학이 차지하는 비중
중국	88 512	81 803	30 599	35 %
인도	36 565	34 241	14 397	39 %
한국	25 994	19 781	8 023	31 %
대만	12 648	9 765	3 418	27 %
캐나다	9 027	6 399	1 060	12 %
튀르키예	8 887	7 372	3 104	35 %
이란	7 338	6 949	4 834	66 %
태국	5 166	4 494	1 701	33 %
일본	4 121	3 100	479	12 %
멕시코	4 089	3 451	912	22 %

(출처: 미국 국립과학재단)

순위를 차지한다. 또 외국인 학생 중 공학 전공생의 비중이 높다. 이것은 출신 국가가 과학과 제조업에 얼마나 관심이 많은지 보여주는 중요한 정보다. 나는 이 표에서 공학 전공생의 비중이 66퍼센트인 이란 박사 과정생들에게 동기 부여 사회학 부문 1등 상을 주고 싶다. 그러고 보면 우크라이나 전쟁이 시작된 이후 왜 이란이 러시아에 군사 드론을 수출했는지 알 수 있다.

지정학을 다루고 있는 이 책에서 나는 힘의 근간을 다루려 하고 있다. 공학도의 수는 무기 생산 이상의 의미를 띠어야 하고 우리를 물건에서 인간으로 나아가게 해야 한다. 현대 군대는 기술력을 얼마나 가지고 있느냐에 따라 유지되며 기술력이란 공병 부대만을 가리키지 않는다. 특히 공군과 해군의 첨단 무기를 다루는 장교는 실제로 엔지니어다. 미국이 그런 장교를 많이 양성하지 못하는 것은 큰 전쟁이 일어났을 때 미군의 실제 대응 능력에 대한 의구심을 갖게 만든다. 미국 공군과 해군은 전통적으로 가장 뛰어난 군대이다. 특히 태평양 전쟁 이후 해군항공대가 그렇다. 따라서 이 분야에서 법학과 경영학으로 두뇌 유출이 일어나며 미국의 군사적 힘을 위협하고 있다. 전쟁은 적국에 지불 명령서를 보내거나 계좌를 틀어막아서 이기는 것이 아니다. 앗, 이 문장이 기시감을 준다. 러시아 중앙은행의 자산 동결과 올리가르히들(그리고 러시아 출신 일반인. 이는 서방에서 그토록 숭배하는 재산권을 침해하는 것이다)의 재산 압류, 러시아산 석유를 운송하는 선박에 대한 보험 가입 거부가 떠오른다. 미국에서는 법률가 마인드로 전쟁을 수행한다. 그리고 우크라이나에는 포탄이 모자라다.

달러 불치병

전망을 한다는 것은 단순히 쇠락을 인지하는 능력이 아니다. 미국의 경우 전망은 너무 쉬울 것이다. 과정이 가역적인지 아닌지만 확실히 하면 된다.

'각성'을 배제하는 종교의 제로 상태 가설이 그럴듯하지 않다고 생각하는 사람들을 위해 나는 쇠퇴가 가역적이지 않다는 것을 간접적으로 보여주는 경제 꼭지를 추가하겠다. 앞에서도 신보호무역주의 조치에도 불구하고 무역 적자가 계속 증가한다는 사실을 강조하며 운을 뗐다.

또 다른 경제적 자각도 미국에 아무런 효과를 내지 못했다. 2007~2008년 대침체 이후 미국은—모든 계층이—불평등 심화가 경제 불안정과 생활 수준 하락을 가속하리라는 것을 알았다. 2011년 발생한 '월가를 점령하라Occupy Wall Street' 시위는 금융 자본주의라는 적을 지정했다. 2013년 미국에서 출간된 토마 피케티의 『21세기 자본*Le Capital au xxie siècle*』은 큰 성공을 거두었다. 이 책은 정치(혹은 정치로 인한 전쟁)가 관여하지 않으면 잔혹한 불평등 심화가 계속되리라고 주장한다. 그러나 이후 무역 적자와 마찬가지로 경제의 흐름에는 아무런 변화도 일어나지 않았다. 0과 1 사이를 오가는 지니계수는 값이 커질수록 불평등이 크다는 것을 의미한다. 미국에서 이 지니계수가 계속 커지고 있다. 1993년에는 0.454, 대침체 직전인 2006년에 0.470이었는데 10여 년이 흐른 뒤인 2021년에는 0.494로 상승했다. 불평등은 묵시록의 기사처럼 꿋꿋이 자기 길을 가고 있다.

미국은 왜 상황을 바로잡지 못하는 걸까? 왜 불평등과 무역 적자를 줄이지 못하고 대학생이 공학과 과학을 전공하도록 하지 못하는 것일까? 이러한 무력함(도덕성 제로)의 종교적 근거를 옆으로 제쳐두면 행동을 막는 순전히 경제적인 장애물을 볼 수 있다. 미국은 세계 통화인 달러를 찍어낸다. 무無에서 금전적 부를 추출하는 능력은 미국을 마비시킨다. 우리는 도덕성 제로 상태에서 그리 멀지 않다. 그러나 이 메커니즘을—신이나 도덕을 끌어들이지 않고—오로지 기술적으로 분석할 수 있다.

'네덜란드병Dutch Disease'이라고 들어봤을 것이다. 이 현상은 '천연자원의 저주'라고도 불린다. 여기서 천연자원은 주로 석유와 천연가스를 일컫는다. 어떤 국가의 풍부한 천연자원이 수출되면 통화 가치가 상승하는데, 그로 인해 다른 경제 부문의 발전이 저해된다. 그렇게 보면 미국은 지독한 네덜란드병을 앓고 있다고 볼 수 있다. 미국 경제에 족쇄를 채우는 '천연'자원은 바로 달러다. 세계 통화를 최소의 비용이나 아무런 비용도 치르지 않고 찍어내는 것은 통화 창출을 제외한 모든 경제 활동의 수익성을 떨어뜨려 결국 투자를 끌어들이지 못한다.

창출된 통화는 미연방준비제도이사회Fed가 조폐판을 돌려 찍어낸 것이 아니다. 앤 페티포Ann Pettifor가 자신의 매우 타당성 있는 책 서론에서 지적했듯이 통화 창출의 5퍼센트만 중앙은행이 담당한다.[6] 나머지 95퍼센트는 시중 은행이 개인에게 해주는 대출이나 은행 간 대출에서 비롯된다. 그러나 위기 발생 시 연준은 시스템을 구하기 위해 더 많은 달러를 발행할 것이다. 2008년 당시 실제로 그렇게 했다. 따라서 국가는 은행과 개인의 통화 창출이 무한할 수 있도록 해준다. 무한하기는 미국의 공공부채도 마찬가지다. 의회는 필요할 때마다 부채의 법적 한도를 올려준다. 미국은 잊을 만하면 한 번씩 예산 증액과 관련한 촌극을 연출한다. 공화당은 민주당에 복지 지출을 줄이지 않을 거라면 부채 한도를 올리지 말라고 위협한다. 제국의 백성들이여, 편히 잠들라! 부채 한도는 다시 올라갈 것이고 달러와 국채는 계속 발행될 것이며 이 행성의 특권층들은 계속 달러와 국채를 사들일 테니. 달러는 이 특권층을 제외한 이들을 위해서도 존재한다는 특징이 있다. 방금 낮잠에서 깨어나 아직 멍하지만 자유로워진 내 정신은 우크라이나 지도자들이 서유럽에서 쇼핑을 즐기도록 수십억 달러를 보내는 바이든을 떠올린다. 하지만 정신 차리자. 그런 일은 미국과 유럽 동맹국 사이에서는 일어날 수 없다.

이런 시스템을 바꾸는 것은 어려운 일이다. 돈을 찍어내는 일이 재화를 생산하는 것보다 훨씬 더 쉽기 때문이다. 은행가, 세무 전문 변호사, 은행가를 위해 일하는 로비스트 등 돈을 가진 사람을 통화 창출, 부의 원천에 데려다주는 일은 분명 멋진 직업이리라. 반면 공학도는 그런 원천에서 너무 멀리 있다. 또 산업가는 돈을 만들어내는 사람들이 예를 들어 수익률을 15퍼센트로 정해주면 그 목표를 반드시 달성해야 한다. 진짜 경쟁이 악마 같은 내부 집단의 조폐판에서 비롯한다면 외국에 대한 제조업 보호 정책은 역부족이다. 이 메커니즘은 전공과 직업을 선택하는 젊은이들에게 먼저 영향을 미친다. 은행가와 변호사가 돈을 훨씬 더 많이 버는데 왜 어려운 과학이나 기술을 전공하겠는가. 그렇다면 앞에 나왔던 비생산적인 직업군으로의 두뇌 유출이 설명된다. 사람들은 달러가 샘솟는 신성한 분수에 가까이 가게 해줄 법, 금융, 무역을 전공하려 할 것이다.[7]

제10장

워싱턴 조직

간략하지만 미국의 사회와 경제를 보여주는 전체 그림이 완성되었다. 미국의 쇠퇴는 규명되었다. 이제는 미국이라는 병든 강대국의 대외정책을 이끄는 그룹을 인류학자의 눈으로 면밀하게 살펴보자. 자신의 입맛대로 결정해서 서방을 러시아의 문 앞에 데려간, 이 독특한 풍습을 가진 그룹은 무엇일까? 인류학은 주로 자연환경에서 생활하는 원시 공동체를 연구한다. 여기서 자연환경은 워싱턴 D.C.가 된다. 우리는 무엇보다 미국의 지정학적 기득권층에 관심을 둘 것이다. 현지에서는 이 그룹을 정체불명의 미생물 이름을 따서 '블롭Blob'이라고 부른다.

와스프의 멸종

C. 라이트 밀스가 다뤘던 와스프는 사라졌다. 현재 미국 행정부를

들여다보기만 해도 그것을 알 수 있다. 행정부를 이끄는 주요 인물, 특히 우크라이나 전쟁을 다루는 인물 중 와스프는 한 명도 없다. 조 바이든은 아일랜드계 가톨릭 집안 출신이다. 제이크 설리번Jake Sullivan 국가안보보좌관도 마찬가지다. 토니 블링컨Tony Blinken 국무부 장관은 유대인이고, 빅토리아 눌런드 유럽 및 유라시아(즉 우크라이나) 담당 차관은 유대인 아버지와 영국인 어머니 사이에서 태어났다. 로이드 오스틴 국방부 장관은 흑인이며 가톨릭 신자다.

흑인은 미국 교도소 수감자의 40퍼센트를 차지하고 동시에 바이든 내각에서 차지하는 비중도 높다. 미국 전체 인구의 13퍼센트가 흑인이지만 바이든 내각에서는 26퍼센트나 된다. 하원(따라서 흑인 인종을 대표한다)에서도 13.3퍼센트를 차지하지만 상원(역사의 흐름을 막으려고 만들어졌으니 당연하다)에서는 3퍼센트에 그친다. 엄격한 의미의 정치 기구를 제외하고 보면, 언론인의 6.4퍼센트가 흑인이고 최상류층에서는 0.5퍼센트밖에 되지 않는다(400대 부호 중 2명만 흑인이다). 그러나 정치 지도자들을 보면 워싱턴에서도 런던처럼 유색 인종의 물결이 인다.

지도층의 미래는 대학에서 읽을 수 있다. 미래의 올리가르히 양성소인 미국의 3대 대학 하버드, 예일, 프린스턴 재학생의 출신을 살펴보자. 백인은 미국 인구의 61퍼센트를 차지하지만 빅3 대학에서 차지하는 비중은 46퍼센트밖에 되지 않는다. 따라서 영국과 마찬가지로 지성계에서 백인의 우세는 기울 전망이다. 그러나 흑인의 비중도 약간 낮다. 전체 인구 중 13.3퍼센트를 차지하지만 3대 대학에서는 10퍼센트밖에 되지 않는다. 라티노들도 마찬가지다. 전체 인구의 20퍼센트에 달하는 라티노는 3대 대학 재학생의 16퍼센트밖에 차지하지 않는다. 이렇게 낮은 비중을 상쇄해서 놀랄 만큼 전체 비중을 높이는 그룹이 있었으니, 그것은 바로 아시아인이다. 전체 인구의 6퍼센트인 아시아인은 3대 대학에서 차지하는 비중이 28퍼센트나 된다.

정부에서 와스프가 사라진 것은 의도한 상황이 아니었다. 공화당 정부, 심지어 트럼프 정부는 와스프를 재등장시키겠지만 그래도 그들의 개신교는 제로 상태일 것이다. 그렇다면 와스프는 유사 와스프가 된다. 게다가 모든 사람이 바이든을 백인 미국인으로밖에 보지 않는다. 그가 아일랜드계 가톨릭 집안 출신이라는 사실은 중요하지 않다. 케네디가 미국 역사상 최초의 가톨릭 대통령이 되었을 때는 그것이 하나의 사건이었고 전환기였다. 그러나 지금은 그렇지 않다. 바이든 주변에 와스프가 한 명도 없고, 바이든 자체도 와스프가 아닌 사실은 관심도 끌지 않는다.

이런 현상은 간단하게 설명할 수 있다. 종교의 제로 상태는 종교의 차이뿐 아니라 인종과 교육의 차이까지 사라지게 했다. 제로 가톨릭 신자와 제로 개신교 신자의 차이가 뭘까? 제로 개신교—내가 만든 신조어를 최대한 사용하자—, 따라서 지옥에 떨어지는 형벌을 받을 가능성이 제로인 분위기에서 흑인과 백인이 무슨 차이가 있을까? 개신교의 증발은 신앙과 매우 밀접했던 기존의 인종차별을 증발시켰다.

아시아 학생의 높은 비중은 역차별의 결과가 아니라 아시아의 높은 교육열 때문이다. 개신교가 사라지면서 교육열과 노력에 대한 숭배도 함께 사라졌고 자녀를 잘 돌보지 않는 절대적 핵가족이라는 인류학적 배경 때문에 백인들의 학습 능력은 크게 떨어졌다. 개신교도와 가톨릭 교도 자녀들의 SAT 점수와 평균 지능지수는 동시에 떨어졌다. 일본, 한국, 중국, 베트남 이민 가정의 자녀들은 한두 세대 정도 권위적인 가족 구조와 교육을 신성시하는 유교 전통이 대물림되었기 때문에 같은 추락을 겪지 않았다.[1] 영국과 프랑스에도 같은 현상이 나타났다.

오해하지는 말자. 영국의 사례처럼 우리는 먼저 가톨릭 신자와 개신교 신자, 더 나아가 백인과 흑인의 구분을 없앤 훌륭한 역사적 성취를 인정해야 한다. 그러나 와스프의 멸종이 내포하는 사회학적 의미가 무엇인지 궁금할 수밖에 없다.

도덕성 제로 상태에서 권력 엘리트 계층의 멸종은 지도층의 공통적인 에토스도 증발시켰다. 와스프 엘리트들은 좋든 나쁘든 도덕적인 목적, 즉 방향을 제시했다. 그러나 현재 지도층(그들을 엘리트라 부르기 조심스럽다)은 아무것도 제시하지 않는다. 그들 안에는 순수한 힘의 역학만 존재한다. 그 힘은 외부로 향하면서 군사적 힘과 전쟁에 대한 선호로 바뀌었다. 이 중요한 사실에 대해서는 더 자세히 다루겠다. 그 전에 바이든 행정부의 대외 정책 수립에서 유대인이 맡은 역할을 알아보는 데 필요할 사회학의 기본 개념을 소개하겠다.

유대 지성의 실종?

이번에도 오해를 피하기 위해 이것만은 분명히 해두자. 나도 유대인 가정 출신이며 프랑스 브르타뉴에서 태어난 영국계다. 나는 나의 세 가지 기원에 대해 매우 흡족하다.

유대인은 미국 전체 인구의 1.7퍼센트를 차지한다. 그러나 바이든 행정부, 특히 대외 정책 담당자 중 유대인 비중은 1.7퍼센트를 훨씬 웃돈다. 미국의 가장 우수한 외교 정책 싱크탱크인 외교협회Council on Foreign Relations의 이사회에서도 유대인 비중이 높다. 34명의 이사 중 3분의 1이 유대인이니 말이다. 2010년《포브스》가 발표한 미국의 100대 부자 중 30퍼센트가 유대인이었다. 마치 1930년대 초 부다페스트의 상황을 보는 듯하다. 상황의 해석도 동일하다. 상류층에 유대인의 비중이 매우 높은 현상을 설명하려면 우선 비유대인 인구의 교육 수준이 낮은지 살펴봐야 한다. 그리고 실제로 그런 경우가 많다. 이런 사회에서는 유대교의 교육열이 십분 드러난다. 1800~1930년대 동유럽과 중유럽이 그랬듯이 오늘날의 미국이 이런 조건을 완벽하게 갖추었다. 최근까지 미국에서 유대인이 상대적으로 중요해진 것은 개신교도들의 교육에 관한 관심이 줄어든 결과 중 하나다. 개신교의 경쟁이 사라지면서 교육을 강조하는 유대교가 19세기 문맹률이 낮았던 동유럽과 중유럽에서 일으킨 것과 똑같은 결과를 1965~2010년에 낳은 것이다.

그러나 역사는 계속된다. 미국 내 유대교의 역사도 마찬가지다. 아시아계 미국인의 학업 성과가 상승하자 1965~2010년 경쟁의 부재 상황이 종식되었다.

《태블릿*Tablet*》(유대교 전문 잡지)이라는 온라인 잡지에 실린 한 기사는 현재 미국에서 유대인의 중심적 위치가 얼마나 흔들리고 있는지 보여준다.[2]

2023년 3월 1일에 게재된 이 기사의 제목은 「사라지는 사람들The Vanishing」이다. 제이콥 새비지Jacob Savage가 쓴 이 글은 꽤 파국적이다. 그는 "대학, 할리우드, 워싱턴, 심지어 뉴욕에서도 중요한 위치를 점했던 유대인들이 영향력을 잃고 있다"라고 썼다. 그는 충격적인 여러 사례를 들었다. 베이비붐 세대 유대인들은 명문대 교수 중 21퍼센트를 차지한다. 그러나 30세 미만에서는 그 비중이 4퍼센트를 넘지 못한다. 아이비리그 대학 재학생 중에서도 유대인은 7퍼센트밖에 되지 않는다. 다시 말하면 1950년대 말 폐지된 정원제에 따라 가져갈 수 있는 최대 할당 비중 10퍼센트를 다 채우지도 못한 것이다. 새비지는 "하버드 학생 중 유대인 비중은 1990~2000년대 25퍼센트에서 현재 10퍼센트 미만으로 낮아졌다"고 밝혔다.

이러한 현상은 대학이 아닌 다른 영역에서도 나타났다. "미국 유대인의 정치 본거지였던 뉴욕에서도 권력을 잡은 유대인은 거의 없다. 10년 전만 해도 하원의원이 다섯 명, 시장이 한 명, 자치구 구청장이 두 명, 시의원이 열네 명이나 있었지만, 지금은 의원 두 명과 자치구 구청장 한 명뿐이다. 쉰한 명의 시의원 가운데 유대인은 여섯 명이 전부다." 역사적으로 봤을 때 유대인은 연방 판사 중에서도 비중이 높았다. 유대인은 미국 전체 인구의 2.5퍼센트밖에 되지 않았지만(내가 보기에는 1.7퍼센트지만 비교를 왜곡하고 싶지 않다. 누가 유대인이고 아닌지를 정하는 기준은 여전히 논란의 대상이다) 연방 판사의 20퍼센트가 유대인이었다. 그러나 새비지의 기사가 작성되었을 시기를 기준으로 하면 바이든이 임명한 판사 114명 중 8~9명만 유대인이다(내 계산대로라면 7~8퍼센트. 그래도 여전히 비중이 높다).

할리우드에서도 마찬가지다. 스티븐 스필버그, 제임스 그레이James Gray, 제리 사인펠드Jerry Seinfeld 같은 거물들을 제외하면 위대한 유대인 감독이나 시나리오 작가는 더는 볼 수 없다. 기사는 현재와 같은 맥락에서 특별한 의미를 갖는 성찰로 마무리된다. "푸틴이나 오르반이 대학에서 유대인을 50퍼센트 줄이면 유대인의 차별 철폐를 지원하는 NGO 인 반명예훼손연맹Anti-Defamation League이 비명을 지를 것이다. 그러나 하버드와 예일이 마법처럼 10년 안에 유대인 학생의 절반을 잃어도 아무도 소리 지르지 않을 것이다."

새비지는 유대인 차별의 부활을 고발했다. 하지만 나는 믿지 않는다. 백인들이 유대인을 제치고 아시아인을 선호할 이유가 없기 때문이다. 가장 그럴듯한 해석은 교육을 중시하는 종교 때문에 오랫동안 득을 보았던 미국 유대인이 결국 미국의 종교와 지성의 쇠락에 자신들도 빨려 들어갔다는 사실을 너무 잘 받아들였다는 것이다. 그 사실은 비유대인과의 결혼 비율로 알 수 있다. 1980년 이전에 결혼한 유대인 중에는 18퍼센트만 비유대인과 결혼한 반면 2010~2020년 결혼한 유대인 중에는 그 비중이 61퍼센트나 된다. 미국의 쇠락 때문에 나머지 39퍼센트의 유대인이 같은 유대인과 결혼하게 되었다고 생각하지 않는다. 제로 개신교와 제로 가톨릭을 말했으니 미국(과 다른 곳)의 제로 유대교도 생각해볼 수 있지 않을까? 이는 유대인의 교육 수준 하락을 분석하기에 필요한 개념이다.

새비지의 기사를 이렇게 길게 다루는 것은 그의 글이 혁신적인 사고의 장을 열었기 때문이다. 그러나 나는 그가 언급한 통계와 결론을 전적으로 신뢰하지는 않는다. 아무리 그래도 현재 지도층과 특히 전쟁에 헌신하는 무리 중 유대인의 비중은 여전히 높기 때문이다—이는 절정기에 이른 경력 지체 효과다.

워싱턴이라 불리는 마을

에릭 카우프먼Eric Kaufmann이 『앵글로아메리카의 흥망성쇠』[3]에서 지적한 것처럼 가톨릭 신자, 유대인, 아시아인, 라티노, 흑인을 의도적으로 해방시킨 미국의 와스프는 보편적이라고 부를 수 있는 새로운 지도층을 만들어내기 위해 스스로 해체한 역사상 가장 드문 제국의 지도층이다. 비슷한 부류는 고대 로마의 지도층 정도일 것이다. 카우프먼은 이에 감탄했고, 보편적인 도덕 감각으로 보면 그가 옳다. 문제는 다른 차원이다. 1945~1965년 미국의 지도층은 균일하고 일관되며 개인적 관계로 다져진 엘리트 계층이었다. 이 지도층은 개신교의 좋은 점을 간직했고 나쁜 점은 제어했다. 나머지 계층과 마찬가지로 공동체적 도덕을 따랐다. 군 복무, 의무 복무, 납세의 의무를 받아들였으며 자유 수호에 중심을 둔 책임감 있는 대외 정책을 이행했다. 미국의 뒷마당인 라틴아메리카에서만 모든 인간에게 있는 구제 불능의 나쁜 본능을 표현할 수 있었다. 그러나 현재 워싱턴이라는 마을은 공동체적 도덕이 없는 개인의 집합체일 뿐이다.

내가 '마을'이라는 표현을 쓴 것은 우연이 아니다. 집단이 더는 국가적 혹은 보편적 파급력이 있는 믿음으로 다져지지 않는다면, 원자화되었다는 의미로 아노미 상태라면―우리가 실제로 보고 있는 것―, 그 집단은 믿음과 행동을 조절하는 순전히 지역적인 메커니즘이다. 나는 제4장에서 그 어떤 집단 신념, 사회, '이상적 자아'로도 구조화하거나 틀에 넣을 수 없는, 개인의 약한 초자아를 언급했다. 나약한 개인을 움직이는 것은 그가 지역적으로나 직업으로 인해 속하게 된 집단 내부의 모방을 통한 조절 메커니즘이다. 프랑스를 예로 들자면 국민연합을 지지하는 교외 지역, 마르세유의 빈민가, 기자라는 직업 혹은 마크롱 정부가 있다. 발전된 개인주의 사회의 원자화는 장소 및/혹은 직업의 구심력을 갖는다. 하지만 지금은 워싱턴과 그 지도층이 문제다. 인종과 종교라는 장벽을 훌륭히 무너뜨린 것을 넘어서 백인, 흑인, 유대인, 아시아인이 돈과 워싱턴의 권력을 좇아 허둥대는 모습을 상상해보라. 이들은 타자와 비교했을 때만 존재할 수 있다. 자신의 행동과 결정을 외부의 가치, 특히 종교, 도덕, 역사를 기준으로 정하지 않는다. 그들의 유일한 인식은 지역과 마을 차원에 머물러 있다. 이는 매우 우려스러운 현상이다. 세계 최강대국의 지도층을 구성하는 개인들이 집단을 초월하는 사상 체계를 따르지 않고 소속된 지역 네트워크에서 비롯된 충동에만 반응한다.

블롭의 인류학

지금까지 나는 주로 워싱턴을 기준으로 삼았다. 이제 지정학적 기득권층을 살펴보자. 이와 관련하여 우리에게는 스티븐 월트의 훌륭한 책 『선의의 지옥—미국의 외교 정책 엘리트와 미국 패권의 쇠락』[4]이 있으니 다행이다. 앞에서도 말했지만 월트는 미어샤이머와 함께 지정학 분야의 대표적인 현실주의자다. 두 사람은 이스라엘의 로비에 관한 책을 함께 썼다.[5] 미어샤이머는 창의적이고 우파와 좌파를 가리지 않는 반체제적 성향을 보이며 아이비리그에 속하지 않는 시카고 대학에서 가르친다. 반면 월트는 하버드 대학, 더 정확히 말하면 케네디 공공정책대학원의 교수다. 그는 지정학적 기득권층을 위에서 내려다볼 수 있는 사람이다.

그의 책에는 「'블롭' 속 인생. 공동체 감각Life in the "Blob". A sense of community」이라는 꼭지가 있다. 이 부분은 지정학자가 아닌 인류학자가 쓴 것 같다. 월트는 오바마의 보좌관 벤 로즈Ben Rhodes가 외교 정책을 담당한 소규모 집단을 가리키는 별명으로 만들어낸 '블롭'에 대해 설명하고 있다. 블롭은 원래 숲에서 볼 수 있는 미끌미끌한 단세포 생물을 가리킨다. 이 생물은 주변의 세균과 균류를 먹고 살며 뇌가 없다.

월트가 말하는 워싱턴의 블롭은 내가 생각하는 지도층과 완벽하게 닮았다. 내가 생각하는 지도층은 자신의 외부에서 지적 혹은 이데올로기적 애착을 갖지 못한다. 월트는 지도층의 일부가 좋은 학교를 나왔지만 그것이 그룹에 속하는 데 꼭 필요한 기준은 아니라고 설명한다. 그는 특히 결정적인 변화를 강조한다. 과거에는 외교 정책을 담당한 사람이 다른 분야를 전공하고 다른 분야에서 경력을 쌓았다. '변호사, 은행가, 대학교수, 사업가'인 그들은 일반적인 관점과 관심을 가지고 그룹에 합류했다. 그러나 블롭의 일원들은 그렇지 않다. 몇몇 예외를 제외하면 그들은 겉으로는 직위가 바뀌어도 자신들의 울타리를 절대 벗어나지 않는다. 월트는 유엔 주재 미국 대사를 지냈던 서맨사 파워Samantha Power를 예로 들었다. 파워는 기자와 인권 운동가로 이름을 알렸고 하버드에서 학생들을 가르쳤다(월트와 같은 케네디 공공정책대학원). 그러다가 버락 오바마의 대선 캠페인에 합류했고 2009년에 '다자외교 특별고문'이 되었다. 2013년에는 대사에 임명되었다가 트럼프가 권력을 잡자 하버드로 돌아갔다. 월트는 "그의 역할은 변했지만 '외교 정책을 만드는 일'은 멈춘 적이 없다"라고 결론지었다. 월트의 책은 2018년에 출간되었는데 이후 벌어진 상황은 그의 진단이 정확했음을 보여준다. 2021년 1월 민주당이 백악관으로 복귀하자 파워는 바이든에 의해 갑자기 미국 국제개발처USAID의 수장이 되었다.

'국제'라는 틀에 갇혔을 때 나타나는 가장 큰 부작용은 행동주의 성향을 갖게 된다는 것이다. 월트는 이렇게 설명한다. "그들은 미국이 야심적인 세계 정책을 수립하는 데 분명한 사적 이익이 있는 사람들이다. 미국 정부가 외부의 일로 더 바빠지면 국제정치 전문가들에게 줄 자리가 더 많아지고 세계 문제를 해결하는 데 할애된 예산도 더 많아지며 그들의 잠재적 영향력은 더 커질 것이다." 따라서 블롭은 위협을 과장하고 군사력에 집착하게 된다. 상황이 심각해지는 것이 (직업적인) 이익이다.

월트는 내가 앞에서 말한 것을 확인해준다. 이데올로기가 죽은 세상에서 국가는 물론 살아남겠지만 직업은 더 잘 살아남는다. 블롭만 문제가 아니다. 한때 서로 반대되는 이데올로기를 믿었던 기자들은 나름의 윤리와 이익을 추구하는 '저널리즘'이 되었다. 기자들은 전쟁도 좋아한다. 기사가 되니까 말이다. 경찰이나 군대도 마찬가지다.

월트는 블롭을 설명하며 그 일원들이 주로 정당을 벗어난 영역에서 네트워크를 형성한다고 주장한다. 모든 협소한 분야, 모든 마을에서 그렇듯이 커플이 만들어지고 결혼이 성립된다. 케이건가家는 매우 중요한 사례다. 가장 열성적이고 폭력적인 네오콘 로버트 케이건Robert Kagan을 먼저 살펴보자. 그는 군사 역사가인 도널드 케이건Donald Kagan의 아들이고 역시 군사 역사가인 프레더릭 케이건Frederick Kagan의 형이다. 세 사람은 모두 예일대를 졸업했다. 로버트 케이건은 책을 여러 권 냈는데, 군사라는 도구가 전 세계 민주주의의 활성화에 얼마나 기여했는지 찬양하는 내용이다.[6] 그는 부시(이라크 전쟁의 발기인)의 공화당 행정부를 지지했다가 (우크라이나 전쟁에서) 제국주의적인 민주당원들을 도왔다. 로버트 케이건은 앞에서 언급한 빅토리아 눌런드 유럽 및 우크라이나 담당 차관의 사랑스러운 남편이다. 눌런드는 2014년 전화로 날린 무서운 욕설 "유럽연합 엿 먹어라!Fuck the EU!"로 유명세를 얻었다. 이게 다가 아니다. 로버트 케이건의 제수씨, 그러니까 프레더릭 케이건의 아내 킴벌리 케이건Kimberly Kagan은 전쟁연구소ISW를 설립하고 운영 중이다. 네오콘의 직접적인 발현인 이 싱크탱크에서 우크라이나 전쟁에 관한 지도를 제작하고 그 지도들은《르몽드》등 언론이 충실하게 실어준다. 마치 독립적이고 확실한 출처에서 얻은 지도처럼 소개하면서 말이다.

　나는 '딥 스테이트deep state(심층 국가)' 개념이 엄청나게 인기가 많다는 것을 모르지 않는다. 이 개념을 신봉하는 사람들은 국가 기구의 심층부에 비밀스러운 권력 집단이 있다고 믿는다. 나는 그런 사람들과 다르다. 오히려 '얕은 국가shallow state'? 학파를 만들까 한다. 미국에는 국가 기구들이 존재한다. 육군, 해군, 공군, CIA, NSA 등은 거대하고 냉정한 기계들이다. 그러나 이곳에는 위계를 존중하는 개인들이 속해 있다. 이 관료주의 괴물들은 워싱턴에 속한 마을 '블롭'에 사는 반半지식인들의 작은 조직과 겹친다.

우크라이나에 대한 복수는?

이 장을 마치기 전에 하나의 의문을 언급해야겠다. 나는 전쟁의 미국인 주체들의 궤적을 재구성하면서 러시아 제국과 그 주변부에서 이주한 유대인들이 자주 등장해서 놀랐다.

우크라이나를 '관리'하는 가장 영향력 있는 두 인사인 토니 블링컨 국무부 장관과 빅토리아 눌런드 국무부 차관은 유대인 집안 출신이다. 블링컨은 어머니가 헝가리 유대인이고 친할아버지가 키이우에서 태어났다. 눌런드는 아버지 쪽이 몰도바와 우크라이나 유대인 집안이다. 이제 이데올로기적 배경, 즉 빅토리아의 시댁인 케이건 집안으로 넘어가자. 로버트와 프레더릭의 아버지 도널드 케이건은 리투아니아에서 태어났다. 지정학적 상위 기득권층에 아주 많은 사람이 러시아 제국의 서부와 가족 관계가 있다는 사실은 놀랍지 않다.

나는 경험상 가족 배경이 얼마나 먼 곳이든 외국과 관련이 있을 때 그 지역과 정신적 관계를 맺을 수 있다는 것을 안다. 부다페스트에 살았던 나의 증조부 오블러트 라슬로는 가족사에서 추상적인 상태로만 존재한다. 나에게 그는 그저 이름에 불과하다. 그러나 소련 시스템의 붕괴를 예고했던 나의 첫 책은 아주 희미한 가족의 기억이 나를 이끌던 헝가리 여행에서 탄생했다.

따라서 나는 우크라이나와 러시아 사이에 훨씬 더 직접적이고 실질적인 관계가 있다고 블링컨과 눌런드가 느낄 것이라고 생각한다.

우크라이나 국민주의를 패러디한 신나치즘(제2장에서는 말을 아꼈다)에 그들은 신경 쓰지 않는다. 우크라이나를 1881~1882년 포그롬과 함께 '러시아'의 반유대주의가 공식적으로 탄생한 곳으로 보는 이스라엘 사람들과는 다른 반응이다. 헝가리 출신 유대인이 헝가리를 애틋하게 생각하는 것은 이해할 수 있다. 실제로 그런 경우를 많이 보기도 했다. 그러나 우크라이나 출신 유대인이 우크라이나에 애정을 보이는 경우는 못 봤다. 블링컨과 눌런드가 과거에 무심한 이유는 두 가지로 해석이 가능하다.

우선 더 그럴듯한 해석은 종교의 제로 상태가 기억의 제로 상태와 같다는 것이다. 역사의식의 완전한 부재가 우크라이나의 과거가 왜 블링컨과 눌런드에게는 괴롭지 않은지 설명할 수 있다. 두 정치 지도자는 우크라이나의 반유대주의 과거와 현재 우크라이나 국민주의의 상징적인 신나치즘에 아예 무관심한, 과거를 잊은 미국인일 뿐이다. 그들에게 영감을 주는 것은 미국 제국의 위대함뿐이다.

두 번째 해석은 더 불안하다. 특히 우크라이나인들에게 말이다. 네오콘의 바람대로라면 우크라이나 전쟁이 러시아를 인구 측면에서 소모하게 한다는 장점이 있지만, 그 결말이 어떻든지 간에 우크라이나라는 국가를 공고히 하기는커녕 파괴할 것이다. 2023년 9월 말에 우크라이나 군경은 국경에 철조망을 쳐서 여름에 미국의 요구로 벌어졌던 무용하고 살인적인 반격에 진저리를 친 건강한 남자들이 징병을 피하려고 루마니아나 폴란드로 도망가지 못하게 막았다. 무엇이 중요할까? 우크라이나 정부와 살육전을 공동 지휘한 우크라이나 유대인 출신 미국인들은 왜 그것이 그들의 조상을 그토록 괴롭혔던 우크라이나에 가해진 정당한 처벌이라고 느끼지 않는 것일까? 그들이 언젠가 회고록을 쓴다면 관심 있게 읽어보자.

미국에 대한 심오한 숙고는 이렇게 마치자. 세상의 총체성과 현실에 다시 접속해서 서방을 제외한 나머지 국가 대부분은 왜 러시아의 승리를 바라는지 이해할 때다.

제11장

나머지 세상은 왜 러시아를 택했나?

1979년부터 크리스토퍼 래시는 나르시시즘을 미국 문화의 핵심으로 보았다(『나르시시즘 문화*The Culture of Narcissism*』). 선진국 사회의 원자화, 종교와 이데올로기의 붕괴에서 탄생한 왜소한 개인에 관해 앞에서 내가 말한 모든 것은 래시가 이룬 작업의 연장선이라 볼 수 있을 것이다. 그의 책을 읽으면서 나는 크게 감명받았다. 그러나 나르시시슴의 개념은 훨씬 더 광범위하게 적용될 수 있다. 이 개념은 서방 사회 내부에서 벌어지는 현상을 다룰 뿐만 아니라 대외 정책에 대해서도 이해하게 해준다. 실제로 이번 위기가 시작된 이후 서방, 즉 미국과 유럽 모두가 객관적인 현실과는 반대로 자신이 세계의 중심이며 전 세계를 대표한다는 착각에 얼마나 깊이 빠져 있는지 알게 된 것은 충격적이다. 그들은 사악한 러시아를 제외하면 모든 신생 국가가 서방의 가치에 감탄할 것이라고 믿는다.

서방은 1990년과 2000년 사이, 베를린 장벽 붕괴와 아주 잠깐 누린 절대 권력 사이 어디쯤엔가 멈춰 있는 듯하다. 공산주의 붕괴 이후 30년이 더 흘렀고, 특히 2007~2008년 대침체 이후 서방은 나머지 세계가 보기에 감탄할 만한 승리자가 더는 아님이 명백해졌다. 서방이 시작한 세계화는 헐떡이고 있고 서방의 교만함은 짜증을 불러일으킨다. 서방의 나르시시즘, 그로 인한 무분별 상태가 러시아에 큰 전략적 강점이 되었다.

누가 대악당 러시아를 혼내줄 것인가?

프랑스 싱크탱크인 지정학연구그룹GES은 2022년 3월 7일 러시아의 우크라이나 침공에 관한 각국의 반응을 지도로 제작했다. 이 지도는 서방의 나르시시즘을 한눈에 볼 수 있게 해준다. 지도를 보면 어떤 국가가 제재 원칙을 수용하고(처벌과 반격) 러시아를 적극적으로 비난하는지 알 수 있다. 여기서 서방의 고립이 나타난다. 러시아를 '반격과 함께' 처벌한 곳은 북아메리카, 유럽, 오스트레일리아, 일본, 한국, 코스타리카, 콜롬비아, 에콰도르, 파라과이뿐이다. 아주 작은 라틴아메리카 국가—무질서하고 역동적인 콜롬비아는 영토가 크다—들을 제외하면 미국의 동맹국이나 군사적 보호령뿐이다. 러시아를 적극적으로 지지한 국가는 민주주의 측면에서 보면 별로 추천하고 싶지 않은 블록을 형성한다. 베네수엘라, 에리트레아, 미얀마, 시리아, 북한이 여기에 포함된다. 가치 측면에서는 어떤 결론도 내릴 수 있다. "적은 선택할 수 있어도 동맹은 선택하는 것이 아니다." 레몽 아롱은 이렇게 말했다. 러시아가 설파하는 주권주의 이상은 모든 동맹을 정당화한다. 최근 러시아와 북한의 밀월 관계도 마찬가지다. 러시아는 군사적으로 포위된 상태다. 충격적일지 모르겠지만 나는 푸틴이 북한 전체주의의 수호자인 김정은에게 보이는 태도를 이해하기 위해 처칠이 또 다른 살육자인 스탈린과의 동맹을 정당화하면서 쓴 표현을 기꺼이 빌리고자 한다. "히틀러가 지옥에 쳐들어간다면 나는 적어도 하원에서 악마에 대한 우호적인 발언을 할 것이다."[1]

'반격 없이' 형식적인 처벌을 원한 국가들은 진영을 선택한 것은 아니다. 가장 충격적인 것은 러시아를 비난하지 않은 많은 국가다. 브라질, 인도, 중국, 남아프리카공화국이 이에 속한다. 이 네 개 국가는 러시아와 함께 브릭스BRICS를 구성한다. 브릭스는 미국의 경제 지배를 반대하며 대침체의 여파가 가시지 않은 2009년에 창설되었다(남아프리카공화국은 2011년에 가입했다). 대침체는 서방의 경제적 무책임을 세상에 드러낸 사건이었다. 미국의 서브프라임 사태는 가난하지만 성장하고 있던 이 국가들에 천인공노할 일이었다. 갚지 못할 걸 뻔히 알면서 왜 가난한 사람들에게 고금리 담보 대출을 해준 걸까? 이 또한 도덕성 제로다. 미국의 무책임은 이내 유럽의 무책임으로 이어졌다. 유럽은 사태에 너무 느리게 반응했다. 사실 대규모 경제 활성화 정책을 펼쳐 세계를 침체의 늪에서 꺼낸 것은 중국이었다. 그리고 브릭스의 출현은 서방의 이중적 무책임에 대한 반응이었다. 러시아를 고립시켜야 했던 우크라이나 전쟁의 결과는 브릭스의 확장이었다. 2023년 8월, 요하네스버그에서 열린 정상회의에서 사우디아라비아, 아랍에미리트, 이란, 이집트, 에티오피아, 아르헨티나가 브릭스에 가입했다.

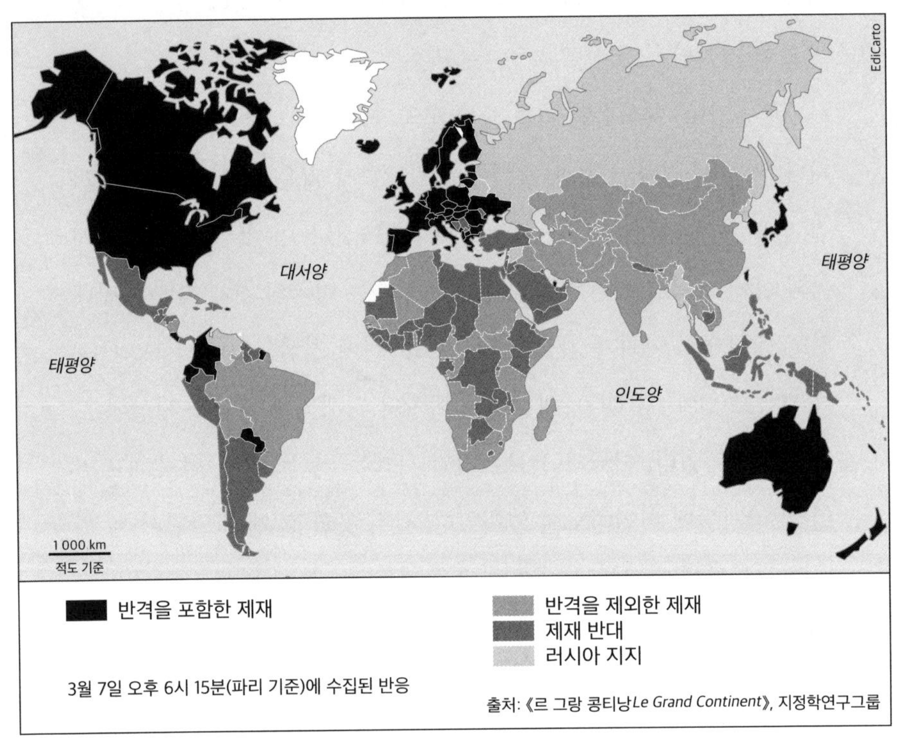

EdiCarto
대서양
태평양
태평양
인도양
1 000 km
적도 기준
반격을 포함한 제재
반격을 제외한 제재
제재 반대
러시아 지지
3월 7일 오후 6시 15분(파리 기준)에 수집된 반응
출처: 《르 그랑 콩티낭Le Grand Continent》, 지정학연구그룹

제재를 원하는 서방은 세계 인구의 12퍼센트밖에 차지하지 않는다. 브릭스에는 최대 인구 대국인 인도, 세계 인구 2위인 중국이 있다. 두 국가는 모두 인구가 가장 많은 대륙인 아시아에 있다. 브라질은 라틴아메리카에서 인구가 가장 많은 최강대국이다. 오랫동안 미국의 동맹국이었다가 아메리카 대륙에서 미국에 가장 반대하는 국가가 되었다. 멕시코는 그 반대의 길을 걸었다. 북미자유무역협정NAFTA을 맺은 뒤 미국의 산업 위성국이 되었기 때문이다. 남아프리카공화국은 사하라 이남 아프리카의 최강대국이다.

그럼에도 불구하고 서방 진영은 자신이 세상의 주인인 양 사고하고 행동했다. 서방 언론도 오직 서방 진영만 '국제 사회'로 만들었다. 유럽과 미국은 현재 주관적인 도덕적 우월감에 크게 빠져 있다. 그러나 역사기록학에서 요즘 각광 받는 주제는 유럽과 미국이 18세기에서 19세기 중반까지 시행했던 부끄러운 노예 제도다. 그것은 우리가 속죄해야 할 혐오스러운 짓이었다. 그렇다. 그것은 혐오스러운 짓이었고 우리는 속죄해야 한다. 그러나 서방에서 도덕적 우월감이 부활하는 때 이런 주세가 증폭되고 확산하니 얼마나 비현실적인가. 모순은 해결될 수 있다. 도덕적 우월감이 너무 크다 보니 자아비판도 가능하기 때문이다. 중요한 것은 서방의 뉘우침이다. 서방인의 눈에 다른 사람들은 존재하지 않는다.

가장 놀라운 점은 전쟁 발발 몇 달 뒤 서방의 언론과 정부가 보였던 중국에 대한 기대다. 나는 서론에서 이 충격적이고도 중요한 요소를 언급했다. 정의감과 자비심을 발휘하여 구체적인 이름은 거론하지 않겠다. 서방의 태도는 무분별과 어리석음의 결합이다. 뉴스에서 흥분한 논평가들은 러시아의 우크라이나 침공이 중국의 심기를 건드릴 것이고 중국이 러시아를 지지할지 아니면 처벌할지 고심하고 있다는 말도 안 되는 생각을 버리지 못했다. 이렇게 현실 감각이 떨어지니 정신의학과 의사, 아니 지정학 정신과의사라는 게 있다면 찾아가야 할 지경이다. 최소 10년 전부터 미국은 중국을 러시아보다 더 위험한 적으로 지목했다. 중국 공산당 간부들은 러시아가 추락하면 다음은 중국 차례라는 것을 알고 있다. 이런 상황에서 나토라는 작은 세계가 중국과의 동맹을 고려했다는 사실은 아연실색할 정도다. 이런 망상(아주 적당한 전문용어가 아닐 수 없다)은 두 가지 조건을 가정한다. 우선 서방 지도자와 언론인에게 최소한의 지정학적 지성이 없다는 것이고, 이는 우려스럽다. 두 번째는 너무나 엄청난 가정이어서 인종주의에 물든 것이 아닌지 의심스러운 조건이다. 즉 중국이 러시아에 등을 돌리고 서방과 한편이 된다는 기대다. 이는 서방이 시진핑과 그의 측근을 멍청이로 전제하고 백인이 우월한 인간이라고 생각한다는 점을 다시 한번 암시한다.

서방인들의 무분별을 기정사실로 보고 나는 이번 장에서 세계를 더 현실적으로 보여준다고 생각되는 것을 설명하겠다. 아메리카노스피어에서 서방이 아닌 세계The West against the Rest를 흔히 일컫는 표현인 '나머지 세계'가 서방을 지지하지 않는다는 것을 보여주겠다. 더 나아가 이 '나머지 세계'가 왜 러시아의 승리를 바라기 시작했는지도 보여주겠다. 그들은 러시아가 최초의 충격을 잘 견디는 것을 보면서 점점 더 러시아 편에 서게 되었다. 세계의 현실은 '나머지 세계'와 서방의 경제적이며 인류학적인 반목이다.

— 경제적 반목은 세계화가 서방에 의한 세계의 또 다른 식민 지배

일 뿐이라는 사실이 드러났기 때문에 발생했다. 그 주체가 영국이 아닌 미국이라는 점만 달라졌을 뿐이다. 최빈국 국민의 착취(마르크스주의자들은 잉여가치의 추출이라 할 것이다)가 1880~1914년에 비해 더 은밀하고 훨씬 효율적으로 이루어졌다.

— 인류학적 반목은 '나머지 세계'에 속하는 국가 대부분에 서방과 반대되는 가족 구조와 친족 체계가 존재한다는 사실에서 비롯되었다.

러시아는 천연자원과 노동으로 살아간다. 자국의 가치를 세상에 강요할 생각은 전혀 없다. '나머지 세계'를 경제적으로 착취하거나 자국의 문화를 수출할 능력도 없다. '나머지 세계'의 노동으로 살아가고 니힐리즘적인 문화를 자랑하는 미국에 비하면 러시아는 '나머지 세계'에 더 나은 선택으로 보인다. 소련은 최초의 탈식민지화에 엄청나게 이바지했다. 이제 많은 국가가 러시아가 두 번째 탈식민지화에 기여할 것을 기대한다.

서방에 의한 세계의 경제적 착취

사람들은 흔히 경제 세계화 덕분에 옛 제3세계 국가에서 산업과 중산층, 따라서 민주주의가 발전할 수 있었다고 말한다. 틀린 말은 아니지만 그렇다고 다 맞는 말도 아니다. 이러한 발전이 19세기 유럽 부르주아와 프롤레타리아의 대립처럼 반목적인 성격이기를 원했던 사람은 없다. 서방인들은 산업을 이전하면서 나머지 세계의 저임금 노동자를 착취하는 일종의 글로벌 부르주아로 살아가기로 했다는 사실을 인정하지 않았다. 이러한 착취 관계로 인해 '나머지 세계' 사람들은 프롤레타리아로 전락했다. 동시에 현지 지도층은 어느 정도는 무의식적으로 그대로 살아가게 했다.

1914년 이전의 식민주의와 최근의 세계화를 연결하는 가장 간단한 방법은 존 홉슨John Hobson의 『제국주의론』에 나오는 선구적인 문구를 인용하는 것이다. 1902년에 출간된 이 책은 레닌에게 큰 감명을 준 반제국주의의 고전이다. 비록 홉슨은 정치적 자유주의를 신봉했지만 말이다.

우리는 서방 국가들의 훨씬 더 확대된 동맹, 유럽 강대국의 연방 가능성을 언급했다. 이는 세계 문명의 대의를 발전시키기는커녕 서방, 선진 산업국 집단이 나머지 세계에 기생할 위험을 초래할 수 있다. 상류층은 아시아와 아프리카에서 엄청난 조공을 거둬들일 것이다. 그 조공은 그들이 길들인 수많은 하인을 유지하는 데 쓰일 것이다. 이 하인들은 농업이나 제조업에서 일하지 않고 개인 서비스나 새로운 금융 귀족의 통제하에 작은 산업 서비스에 종사할 것이다. 이러한 이론이 일고의 가치도 없다고 생각하는 사람들은 이미 그런 조건이 형성된 영국 남부의 사회경제적 상황을 살펴보기 바란다. 또한 중국을 금융가, 투자가, 정치 지도자, 무역업자 집단의 경제적 통제하에 두었을 때 이러한 시스템의 엄청난 확장 가능성에 대해서도 생각해보기 바란다. 그렇게 되면 역사상 가장 거대한 수익 저장고를 유럽의 소비를 위해 고갈시키는 일이 될 것이다.[2]

홉슨은 기생하는 지도층 때문에 낭떠러지로 내몰린 로마 제국 말기를 언급한다. 로마 제국의 지도층은 지중해 연안에서 라인강으로 올라가 노예를 사냥했고 로마인을 가난한 평민으로 만들어 봉건제의 해체를 향해 나아갔다.

1895년 허버트 조지 웰스는 산업 노동자를 지하 세계의 식인 괴물 몰록으로, 부르주아를 지상에서 생산된 식량을 소비하며 살아가다가 결국 잡아먹히는(약 80만 2701년경) 엘로이인으로 그린 『타임머신』을 발표했다. 대영제국의 절정기에 나타난 지식인들의 미래 구상 능력은 실로 감탄스럽다. 웰스는 과학소설의 거장으로 이름을 역사에 남겼다. 오늘날 홉슨은 천재적인 미래학자로 여겨진다. 그의 예언이 현실이 되려면 유럽 국가들이 두 차례의 세계대전에서 쇠락하고 세계의 중심이 서유럽에서 미국으로 바뀌며 특히 미국과 유럽이 고등교육으로 인해 해체되어야 했다. 집단 신념의 붕괴, 서민과 엘리트 계층의 정신적 원자화도 일어나야 했다.

그러나 2001년 중국의 세계무역기구 가입이 서방이 홉슨의 패러다임으로 기운 마지막 사건이다.

1892년 엥겔스는 『영국 노동계급의 상황』[3]의 영국판 재판 서문에서, 그리고 1917년 레닌은 『제국주의, 자본주의의 최고 단계』[4] 제8장에서 그들이 반대하는 사회민주적 개혁주의와, 서방 노동자 계층이 제국주의로 발생된 초과이윤에 간접적으로 기여한 바의 상관관계를 정립했다. 이들에 따르면 유럽 프롤레타리아—영국 노동자 계층을 필두로—의 생활 수준(향상)은 어느 정도 식민지 노동에 의한 것이다. 따라서 그들에게 더 호의적으로 바뀐 사회 시스템에서 협상이란 것까지 할 수 있었다. 엥겔스나 레닌이 생각할 수 없었던 것(그러나 홉스는 엿보았던 것)은 서방의 프롤레타리아가 중국과 세계 다른 민족들의 노동에 크게 의존하는 플레브스(평민)로 아예 변했다는 점이다.

조금 늦었지만 나는 소비사회를 마지막 단계로 이끈 세계화의 은총으로 오늘날의 세계가 도래했다고 이해하고 있다. 1980년까지 미국, 프랑스, 혹은 여타 국가의 노동자는 자신이 생산한 것을 주로 소비했다. 이것이 영광의 30년에서 비롯된 최초의 소비사회다. 그러나 서방의 생산 시설이 해외로 이전되면서 노동자의 존재가 변했다. 그들이 소비하는 물건은 이때부터 해외에서 생산되었다. 1950년대 노동을 했던 프롤레타리아는 세계화된 경제를 주장하는 이론가와 실천가들의 선동으로 2000년대에 플레브스로 탈바꿈했다. 내가 쓰는 이 내용은 국제 경제를 다루는 가장 정통한 교과서에 등장하는 이론과 완벽히 부합한다. 자유무역 이론은 필요한 물건을 가장 저렴한 가격에 구매할 수 있어야 하는 소비자에게만 관심이 있고, 이 이론을 설파하는 사도들은 서방의 서민에게 식량과 의복, 휴대전화, 자동차, 의약품, 장난감, 정원의 난쟁이 피규어를 직접 만들려면 더 비싼 값에 사야 할 것이라고 위협한다. 그리고 그들은 승리했다. 그러나 그들의 승리는 예상치 못한 사회정치적 결과를 낳았다.

나는 미국 노동자들이 겪는 도덕적 혼란을 이미 소개했다. 그들은 생산자로서의 가치가 제거되자 사회적 유용성을 잃고 알코올 중독, 오피오이드 중독, 절망, 자살에 빠졌다. 그렇다면 왜 그들 대다수가 목숨을 버리는 대신 트럼프를 찍을까? 왜 대규모의 통제되지 않은 이민이 더는 위협이 되지 않는 서유럽의 서민층도 '포퓰리즘, 외국인 혐오, 극우'를 표방하는 정당에 표를 던질까? 제조업 해체에서 살아남은 사람들은 왜 우경화되었을까? 그 이유는 간단하다. 사회민주주의든 공산주의든 좌파 정당들은 착취당한 노동자 계층이 지지 기반이었다. 포퓰리즘 정당들은 생활 수준이 중국, 방글라데시, 마그레브 등지의 값싼 노동자들의 노동으로 좌우되는 서민이 지지 기반이다. 나는 다음과 같은 생각이 들어 섬뜩했다. 프랑스 국민연합의 서민 유권자들은 가장 기본적인 마르크스주의 이론으로 보면 세계적인 잉여가치 채취자들이다. 따라서 그들이 우익인 것은 매우 정상적이다. 엥겔스와 레닌이 예감했듯이 자유무역은 타락하게 만든다. 여기에 우리는 '절대적인 자유무역은 절대적으로 타락하게 만든다'라고 덧붙일 수 있을 것이다.

이 잔인한 분석으로 우리는 재산업화가 왜 그렇게 어려운지 이해할 수 있다. 수많은 생산 활동을 이전해서 우리의 지방과 교외 지역이 점점 더 허약해지면 자유무역은 약속을 지킨 것이다. 생산자보다 소비자를 우선시하고 생산자를 소비자로, 기생하는 플레브스로 변화시키기 때문이다. 기생하는 플레브스는 생산하는 시민의 길과 공장의 규율을 되찾기를 전혀 원하지 않는다.

그러나 우리는 '서민층'이라고 부르는 계층의 상황에서 멈추지 않을 것이다. 선진 서방 세계(노동력이 풍부한 동유럽 국가는 제외한다)에서 사회 전체가 중국 노동자, 방글라데시 아동 노동의 덕을 본다. '프롤레타리아'처럼 저임금을 받는 젊은 대졸자. 불복하는 프랑스와 국민연합을 지지하는 유권자들. 달러 덕분에 가장 많은 이익을 보는 국가인 미국에서는 트럼프와 바이든을 각각 지지하는 유권자 모두 세계화의 초과이윤으로 살아간다. 미국 서민층은 사회적 무용성이 증가하면서 점점 더 신중하지 못한 행동을 하고 비정상적인 초과 사망률을 겪을지라도 말이다.

이러한 관점은 자신의 소비로 중국, 인도, 태국 중산층의 신분 상승에 기여하리라는 생각에 행복에 잠겼던 서방 독자를 충격에 빠뜨릴 것이다. 그들은 그렇게 해서 중산층이 자유민주주의의 굳건한 지지 세력이 되리라 믿었다. 이렇게 행복한 생각은 정작 서방에서 자유민주주의는 쇠락하고 있으니 더욱 어리석다. 홉슨의 관점은 서방의 세계 인식과 일치하지 않지만 말도 안 되는 급여를 위해 뼈 빠지게 일하고 있는 나머지 세계의 관점과는 일치하지 않을까? 여기에서 우리의 소중한 서방을 제외하고는 모두 우크라이나의 고통에 무관심한 이유를 알아차려야 하지 않을까? 혹은 더 심각하게 러시아로 기우는 이유를 알아차려야 하지 않을까? 러시아는 유럽이고 금발이 많을 정도로 백인 국가인데 세계를 착취하는 게임을 일삼지 않으며 오히려 시스템의 외부에 머물며 주권국가로 남아 있다.

착취하는 서방과 착취당하는 나머지 세계의 경제적 대립은 현실이다. 그것은 민주주의 국가와 독재 국가의 대립이기도 할까? 우리는 이 질문에 이미 충분히 답했다. 브릭스의 초기 3개 회원국인 브라질, 남아프리카공화국, 인도는 이론의 여지가 없는 민주주의 국가다. 이 국가들은 나름의 단점이 있지만 현재 자유주의적 과두제가 된 서방 민주주의 국가들의 퇴폐를 보면 그 정도의 단점은 가벼운 죄다. 나는 제1장에서 러시아를 권위주의적 민주주의 국가로 정의한 바 있다. 선거 제도가 있지만 소수자 집단(러시아의 소수민족 제외)을 침묵시키기 때문이다. 중국만이 민주주의 국가가 아니다.

이것이 전쟁 직전의 상황이었다. 이후 서방의 제재 전략은 서방과 '나머지 세계'의 잠재적 반목을 두 가지 방식으로 첨예화했다. 우선 '나머지 세계'가 러시아가 아닌 서방을 선택하기를 강요했고, 이어 '나머지 세계'의 상류층에 미국에 대한 유례없는 공포를 불러일으켰다.

경제 전쟁에서 세계대전으로

우크라이나 전쟁은 진짜 전쟁이고 우크라이나 국민은 순교를 경험하고 있다. 그러나 이 전쟁은 러시아와 우크라이나의 싸움이 아니라 러시아와 미국, 그리고 미국의 동맹국(또는 속국)이 벌이는 싸움이다. 이번 전쟁은 무엇보다 경제 전쟁이다. 왜 이 전쟁은 그렇게 제한된 수준을 넘지 못하는 걸까? 그리고 사람들이 흔히 생각하듯 경제 전쟁은 무기를 들고 싸우는 군사 전쟁보다 수위도 더 낮고 덜 격렬할까?

러시아의 핵 우월성과 전략은 우크라이나를 매우 국지적인 전통적 군사 작전의 무대로 만들었다. 러시아는 초음속 미사일을 가지고 있고 미국은 그렇지 않다. 러시아의 군사 독트린은 자국이 위협을 받을 때 전술핵 공격을 할 수 있도록 허용한다. 그러니 재래전에 나토가 개입하면 상황은 너무 위험해질 것이다.

그러나 나는 러시아인들이 — 개전 시기를 정했고 전쟁의 전체 틀을 계획했다는 것을 잊지 말자 — 진정한 재래전을 벌이지 못하게 함으로써 서방인들을 만족시켰다고 생각한다. 사람이 아닌 군사 물자를 우크라이나에 보낸다는 것은 세계화의 논리와 일맥상통한다. 서방인들은 초기에 저임금 국가의 노동자들이 자신들에게 필요한 것을 생산하게 했다. 이후에는 서방에 필요한 전쟁을 저비용 국가에 맡겼다. 우크라이나에서 사람 목숨은 그리 가치가 없다. 우리는 대리모를 통해 그것을 이미 확인했다. 주로 경제를 다루는《월스트리트 저널》이 2023년 여름, 자살이나 다름없는 반격으로 발생한 우크라이나의 상이군인 수 — 2만~5만 명 — 에 처음으로 관심을 가졌다는 사실은 의미심장하다.[5] 이러한 피해는 독일의 인공 보철물 산업을 부흥시킨 것으로 보인다.

만약 서방이 선한 마음으로 오로지 경제 전쟁만 치르기로 했다면, 그리고 제재로 러시아를 무찌르려 했다면, 그것은 경제 전쟁의 메커니즘을 제대로 숙고하지 않은 것이다. 지도자들과 언론은 우리에게 경제 전쟁이 그냥 전쟁보다 덜 폭력적이라고 말했다. 분명 그들은 그렇게 생각한 듯하다. 그러나 경제 전쟁이 주민의 배를 곯린다면 덜 폭력적이라고 말할 수 없다. 우크라이나 전쟁에서 제재는 작전 영역을 전 세계로 넓혔다. 전쟁은 이내 세계적인 차원을 띠었고 미국과 러시아의 파국적 대결이 되었다.

다행히 2022년 초 미국 카네기 대학에서 학생을 가르치는 젊은 네덜란드인 교수 니콜라스 멀더가 『경제 무기』[6]를 발표했다. 그는 이 책에서 제재가 어떻게 서방 지도자들이 선호하는 무기가 되었는지, 그리고 그 효과가 얼마나 가혹한지 설명했다. 전쟁의 대체물로서의 경제 제재는 1920년 국제연맹 설립과 관련이 있다. 경제 제재라는 조치는 제1차 세계대전 중 연합국이 동맹국에 가했던 봉쇄 정책에서 영감을 받아 만들어졌다. 그것은 배고픔과 질병으로 수십만 명의 목숨을 앗아간 봉쇄 정책이 독일과 오스트리아-헝가리에 대한 연합국의 승리에 결정적 역할을 했다는 확신에 근거했다.

경제 제재가 작동하려면 비교전국이 중립성을 버리고 참전해야 한다. 재래전은 두 주체 사이에서 벌어진다. 그 밖의 세계는 거대한 관중으로 변한다. 1870년 프로이센-프랑스 전쟁이나 1904~1905년 러일 전쟁을 생각해보자. 이 살육적인 경기는 제재라는 체제에서는 가능하지 않다. 제재가 효과적이려면 나머지 세계가 제재를 결정한 강대국의 요구에 따라야 한다. 요구를 받은 국가가 동맹국이라면 당연히 문제가 없다. 그런데 그 국가가 중립국이면 압력을 받게 된다. 전쟁 이전에 잠재적 반목이 존재했다면 즉각적 혹은 점진적으로 반목이 드러나고 활성화된다. 이것이 2022년 이후 미국과 나머지 세계 사이에서 일어나는 일이다.

미국과 그 진영에 의해 선택을 강요받은 나머지 세계가 러시아를 돕기로 하지 않았다면 러시아는 제재에 그렇게 잘 저항할 수 없었을 것이다. 서방은 나머지 세계가 자신을 좋아하지 않는다는 것을 깨달았다. 나르시시즘에 엄청난 상처를 입었다. 2023년 8월 23일 자《르몽드》사설 「제재의 효과에 대한 의문이 제기되다L'efficacité des sanctions mise en question」가 그것을 느끼게 해준다.

러시아산 석유를 불법으로 운송하는 '유령 선박'은 (…) 전 세계 수송량의 10~20퍼센트를 차지한다. 이 선박은 따라서 제재를 피해가게 해준다. 인도를 시작으로 서방이 매우 공을 들이는 핵심 국가들의 중개를 통해서 말이다. 제재의 불가침성은 두 방향으로 위태로워진다. 러시아가 고강도 전쟁에 꼭 필요한 무기 산업에 필수적인 전자 부품을 항상 공급받을 수 있기 때문이다. 여기서 제재는 정치와 충돌한다. 봉쇄는 서방이 카자흐스탄 같은 제3국을 러시아의 궤도에서 이탈시키기를 원하는 동시에 제3국에 대한 강경한 태도를 내포하기 때문이다.

서방은 금수, 봉쇄, 최고 정치 책임자와 올리가르히 기소에 동참해서 러시아에 등을 돌리도록 나머지 세계에 명령했다. 우리가 최소한 말할 수 있는 것은 전 세계 대다수 국가가 이러한 강압적 조치를 따르지 않았다는 사실이다. 두 진영 중 하나를 선택하라는 강요를 받은 나머지 세계가 나토를 무너뜨리려는 러시아의 노력을 지지했다고 볼 수 있다. 그들은 러시아산 석유와 천연가스를 사들였고, 러시아가 전쟁을 계속하며 시민사회로서 큰 어려움 없이 기능하는 데 필요한 장비와 부품을 제공했다.

서방은 제재의 효율성에 의문을 가져야 했다. 최근 몇십 년 동안 베네수엘라와 이라크가 봉쇄 조치를 받았다. 1990년과 2003년 전쟁 사이에 적용된 이라크의 봉쇄로 30만 명이 목숨을 잃었다.[7] 베네수엘라의 봉쇄도 사회의 상당 부분을 파괴했다. 그러나 두 체제 중 무너진 것은 없었다. 동의하지 않을지 모르겠지만 두 국가 모두 천연자원의 덕을 보는 산유국이다. 러시아에 대해서도 똑같은 얘기를 할 수 있다. 러시아는 석유 외에도 천연가스를 보유하고 있다—1700만 제곱킬로미터의 영토를 둘러싼 주변국들이 공공연한 우호에서 암묵적인 선의에 이르는 태도를 보인다는 이점까지 가졌다. 주변국이란 세계 최대 산업국인 중국과 인도, 이란, 튀르키예, 그리고 이슬람 국가들을 말한다. 러시아 봉쇄는 처음부터 나토의 나르시시즘에서 비롯된 것일 수밖에 없는 터무니없는 계획이었다. 여기서 우리는 브뤼노 르메르의 낙관주의보다는 서방의 작전 지도자인 워싱턴의 작은 조직이 보여준 규모와 정신의 편협함을 기억해야 한다.

나는 앞에서 서방과 나머지 세계가 맺는 관계의 현실인 경제적 착취로 인한 반목에 대해 기술했다. 그러면서 안타깝게도 서방의 서민층을 거기에서 제외할 수도, 그들에게 면죄부를 줄 수도 없었다. 균형을 맞추어야 하니 나머지 세계에 속하는 국가들에서 나타난 서민층과 지도층의 대립도 생각해보자. 서방의 편리를 위해 죽자 사자 일하는 것은 하층민인 노동자들이다. 그러나 인도, 튀르키예, 사우디아라비아, 남아프리카공화국, 브라질, 아르헨티나 등 나머지 세계에서 러시아를 돕자는 결정을 한 것은 착취당한 노동자가 아니라 지도층이었다. 그들이 가지고 있는 달러를 쓸 수 있고 더 나아가 자신들이 포함된다고 생각할 수 있는 서방과 연대할 수도 있었다. 미국과 영국의 5성급 호텔, 조세천국, 금권정치가들의 자녀가 다니는 사립학교는 지구상의 모든 슈퍼리치가 모이는 공동 공간이 될 수도 있었다. 올리버 벌로가 말하는 '머니랜드'가 탈국가의 세상에서 중추신경계가 될 수도 있었다. 하지만 그것은 실패했다. 러시아의 해외 자산을 불법 압수하자 나머지 세계의 상류층은 공포에 떨었다. 러시아 올리가르히의 돈과 요트를 추적한 미국(그리고 미국의 속국들)은 국가가 크든 작든 세상의 모든 올리가르히의 재산을 위협했다. 미국이라는 포식자 같은 국가를 피해 가는 것이 모든 올리가르히의 집착이 되었고 달러 제국에서 벗어나는 것이 합리적인 목적이 되었다. 신중하게 차근차근 진행해야 하지만 말이다. 그러나 제재가 본의 아니게 나타낸 민주주의적 효과는 인정하자. 실제로 제재는 나머지 세계의 특권층과 서민층의 관계를 돈독하게 만들었다.

그러나 미국 재무부가 불러일으키는 공포가 사우디아라비아가 석유 가격 유지를 위해 러시아와 합의한 유일한 이유는 아니다. 튀르키예도 그런 이유로 러시아와 우호적인 경쟁 관계를 시작하지 않았고, 이란도 러시아와 관계 강화를 한 것이 아니다. 인도가 러시아 지도자들과 사실상의 동맹을 유지한 것도 그런 두려움 때문만은 아니었다. 서방이 예감했던 것처럼 정치적·도덕적 가치도 중요했다. 다만 안타깝게도 서방이 전혀 예상하지 못한 방향이었을 뿐이다. 서방의 가치는 점점 더 비호감이 되어 간다. 인류학적 분석이 이 문제를 명쾌하게 풀어줄 것이다.

인류학적 다양성에 대한 무분별

우리는 제1장에서 1945년의 승전국 미국이 세계의 다양성을 인지했음을 살펴보았다. 이는 역동적이며 포용적인 문화 인류학을 낳았다. 그랬던 다양성의 수용은 이제 사라졌다. 우리는 1960년대부터 민족에 대한 일률적인 개념이 다양성의 수용을 어떻게 대체하기 시작했는지 설명했다. 이 개념은 소련 시스템의 붕괴로 승화되었다. 소련은 그 존재 자체로 세계의 다양성을 증명했다.

프랜시스 후쿠야마가 말하는 '역사의 종말'은 이 과정의 결말이며[8] 간섭주의를 미리 정당화했다. 세상이 균일하고 일괄적으로 민주화될 수밖에 없다면 진행 중인 역사에 약간의 박차를 가하면 어떨까? 군사적 박차를 말이다. 또한 사람들은 중국이 무역을 위해 생산하고 부를 축적한다면, 그리고 잘사는 중산층을 만들어낼 수 있다면, 결국 자유민주주의를 탄생시킬 것이라고 희망하기 시작했다. 이러한 헤겔의 '맥도널드' 버전은 한 가지 중요한 사실을 잊고 있다. 영국, 미국, 프랑스의 자유주의 정치 체제는 우연히 태어난 것이 아니라 개인주의적인 핵가족 배경에서 탄생했다. 중국의 농촌 가족 구조는 러시아와 마찬가지로 권위주의와 평등주의가 특징이다.

지정학은 단순화를 좋아하므로 나는 가장 간단한 인류학적 대립을 말하고 국가의 양분화된 계층화를 소개하겠다. 이를 위해 두 친족 체계와 각 체계에 해당하는 가족 구조를 비교하고 모든 국가를 부계/부모계로 나눌 것이다.

아버지와 어머니가 모두 중심이 되는 부모계 시스템에서는 아버지의 직계와 방계 자손, 그리고 어머니의 직계와 방계 자손이 아이의 사회적 지위를 결정할 때 동등하게 영향을 미친다. 부부 중심의 가족은 핵가족이다. 다시 한번 말하지만 이는 문맹 퇴치 단계에서 자유민주주의로 이행한 인류학적 시스템이다. 가족이 국민에 자유로운 성향을 미리 심어놓았기 때문이다. 고등교육이 발달한 더 최근에는 이 시스템이 급진적인 페미니즘을 등장시켰다. 이러한 문화적 혁명의 최종 단계는 동성애 해방, 여성의 양성애 발전, 트랜스젠더 이데올로기의 발전이다. 이에 대해서는 『그녀들은 어디에 있는가?』'에서 이미 말한 바 있다. 협소한 서방(미국, 영국, 프랑스, 스칸디나비아반도)은 이러한 부모계 시스템에서 비롯되었지만 그에 대한 자각은 없다. 서방은 자신이 보편적이라고 생각하고, 그러면서도 모순적이게도 자신이 우월하다고 느낀다. 행복하여라, 마음이 가난한 사람들!Beati pauperes spiritu•

나머지 세계는 대부분 부계다. 나머지 세계의 친족 시스템은 반대되는 규범으로 작동한다. 아이의 근본적인 사회적 지위는 오직 친가

• 「마태복음」5장 3절에 나오는 구절이다.

에 의해 결정된다. 부계 원칙은 공동체 가족 시스템과 공존할 때가 많고 완전한 개인주의 가족 시스템과 공존할 경우는 드물거나 아예 없다. 지도 11.2가 보여주듯이 부계 시스템은 서아프리카에서 아랍-페르시아 세계를 지나 북중국에 이르는 거대한 영역을 형성한다. 러시아 전체가 여기에 포함된다. 자유주의적이고 주변적인 부모계 핵가족 시스템이 있는 서방 세계는 아주 작아 보인다. 옆의 지도는 부계 비중을 나타낸다. 국가의 내부적 다양성과 각 민족 내에서 작동하는 부계 원칙의 다양한 강도를 고려해야 하기 때문이다. 부계 비중은 파올라 줄리아노 Paola Giuliano와 네이선 넌Nathan Nunn의 통계와 가족에 관한 50년에 걸친 연구에서 내가 알게 된 세계의 가족 관계 시스템을 결합해 나왔다.[10]

지금은 핵가족이 대세다. 모스크바의 아파트에서, 중국의 대도시와 카이로, 테헤란에서 핵가족을 볼 수 있다. 그러나 과거의 부계 공동체 가족, 급진적인 페미니즘을 거부하는 가족의 가치가 다 사라진 것은 아니다.

인류학적 구분은 앞에서 살펴본 경제적 구분과 일치하지 않는다. 예를 들어 남아메리카는 서방의 부모계 핵가족 시스템에 속한다. 따라서 브라질과 미국의 잠재적 반목은 인류학적으로 해석될 수 없다. 브라질의 적대감은 경제적이고 정치적이다. 반면 이란, 사우디아라비아, 튀르키예 같은 국가가 러시아에 이해 못할 너그러움을 보이는 것이 이해될 수 있다. 말리, 부르키나파소, 니제르 사람들이 러시아 국기를 흔드는 모습도 예전만큼 충격적이지 않다. 부계 전통과 반개인주의 정서가 같기 때문에 이 국가들이 겉으로 보기에는 매우 다르지만 실제로는 서로 가깝다.

지도 11.2 전 세계 부계 비중

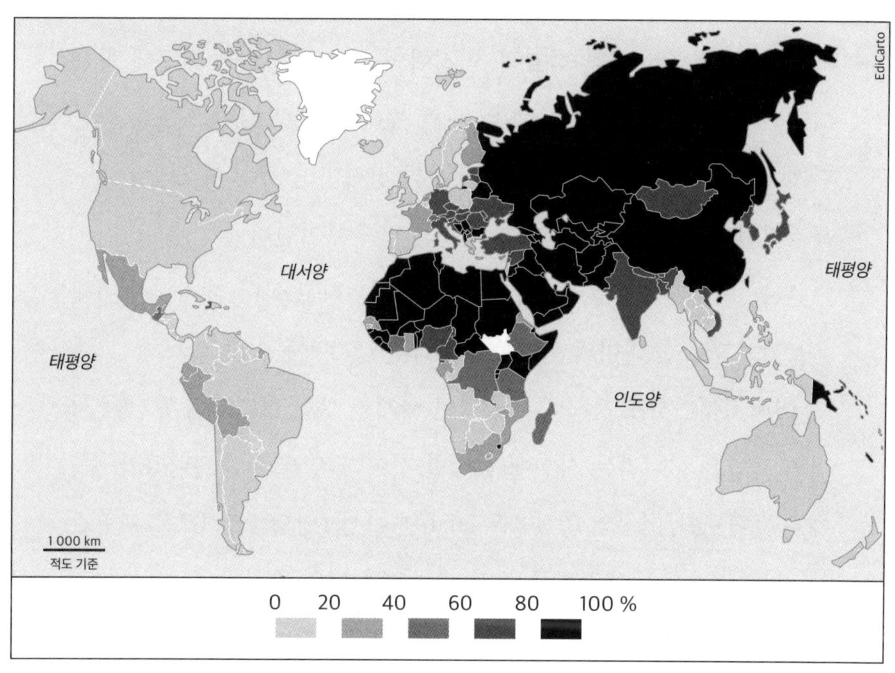

EdiCarto
대서양
태평양
태평양
인도양
1 000 km
적도 기준
0   20   40   60   80   100 %

부모계 문화권과 마찬가지로 부계 문화권도 진화한다. 부계 문화권에 여성 해방이 일어나지 않는다고 믿는 것은 큰 실수다. 다만 여성 해방이 서방의 전형적인 극단적 페미니즘의 형태를 취하지는 않을 뿐이다. 나는 이란에서 일어나는 여성의 자유에 대한 지속적인 억압을 모르지 않는다. 그러나 이슬람 공화국에서 여성은 남성보다 학력도 높고 자녀 수도 평균 2명 미만으로 줄어들었다.

부계의 정도는 물론 다르다. 러시아의 공동체 가족은 최근에 형성되었고 여성의 지위도 중국에 비해 꽤 높다. 지도를 보면 인도는 중간단계에 있다. 북인도의 부계는 중국보다 강하지만 가족 시스템이 매우특징적인 남인도는 여성에게 더 나은 지위를 부여한다.

나는 독일과 일본을 반半부계 국가로 분류하고 싶다. 페미니즘 이데올로기가 협소한 의미의 서방보다 강하지 않기 때문이다.[11]

이국적이면서도 동시에 기술적인 사례를 보면 현대성이 완전히 서방의 것만은 아니라는 사실에 동의할 것이다. 인도의 카르나타카주를 예로 들어보자. 이곳의 출산율은 2020년 여성 1명당 1.7명으로 프랑스와 같았다. 주도인 벵갈루루는 전 세계 IT혁명의 중심지 중 하나다. 카르나타카주는 남인도에 있으며 남인도는 북인도보다 교육과 경제가더 발전했다. 부계 원칙을 따르지만 여성의 지위가 더 높다. 결혼제도를 보면 경제적 현대성과 문화적 차이가 공존한다는 것을 알 수 있다.

남인도는 사촌 간 결혼을 허용한다(다만 두 형제나 두 자매의 자녀 간 결혼은 금한다). 2019년 카르나타카주의 사촌 간 결혼 비율은 23.5퍼센트였다. 여기에 육촌이나 팔촌 간 결혼, 가끔 허용되는 삼촌과 조카의 결혼까지 더하면 근친혼 비중은 1992~1993년 29.9퍼센트, 2015~2016년

27.5퍼센트였다.[12] 2019~2020년에도 27.2퍼센트를 기록했다.[13] IT의 나라 인도, 그것도 미국 GAFA에 많은 공학도를 공급하는 남인도의 카르나타카주에서 족내혼은 처음보다 약간 줄어들기는 했어도 안정적으로 유지되고 있다. 그렇다. 인류학은 오늘날의 세계가 안고 있는 다양성을 이해하는 데 유용할 수 있다. 우크라이나 전쟁이라는 맥락에서는 러시아의 뉴 소프트 파워를 이해하는 데 도움을 준다.

러시아의 뉴 소프트 파워

동성애 혐오 지도(11.3)를 보면 이 지도가 얼마나 부계 지도(11.2)와 일치하는지 알 수 있다. 두 지도 모두 서방의 고립을 보여준다.

국제 관계에서 이상하게도 도덕의 문제가 중요해졌다. 서방은 LGBT 이데올로기에 적대감을 보이는 국가를 시대에 뒤떨어졌다고 본다. 보편적인 현대성을 구현한다고 확신하는 서방인들은 동성애를 혐오하는 부계 세계, 사실상 서방의 도덕 혁명에 반대하는 세계에 비정상으로 보이고 있다는 사실을 이해하지 못했다.

이런 상황에서 서방이 러시아가 심각한 반反LGBT라는 것을 거세게 비난한다면 그것은 푸틴의 수에 걸려드는 것이다. 서방인들은 국가 두마가 동성애와 트랜스젠더 권리를 점점 더 억압하는(전쟁 이후 더 심각하게) 법안을 가결했으니 러시아가 나쁜 국가라는 것을 전 세계에 증명한 셈이라고 생각한다. 그러나 그들의 생각은 틀렸다. 러시아는 동성애 혐오와 반LGBT 정책이 다른 국가들을 잃기는커녕 오히려 매료시킨다는 것을 알고 있다. 공산주의의 혁명적 소프트 파워에 이어 푸틴 시대의 보수적인 소프트 파워가 등장한 것이다.

러시아 공산주의는 유럽, 특히 이탈리아와 프랑스의 노동 계층 일부와 중국처럼 국가 전체를 매료시켰다. 그러나 공산주의가 내거는 무신론은 이슬람 세계를 비롯해 많은 민족에게 두려움을 심었다. 도덕 측면에서 보수적인 오늘날의 러시아에는 이런 핸디캡이 없다. 게다가 푸틴은 오래전부터 러시아 사회에서 중요한 자리를 잃은 정교회의 역할을 과장하고 있다. 이 새로운 장르의 도덕적·탈종교적 보수주의를 성직자인 몰라mollah가 다스리는 이란과 러시아의 매우 손쉬웠던 관계 강화의 원인으로 보아야 할 것이다. 러시아는 원래 영국과 함께 이란의 전통적인 숙적이었다. 러시아 보수주의는 복잡한 관계를 가능하게 했지만 이슬람 정당이 통치하는 에르도안의 튀르키예나 근본주의적 군주제인 사우디아라비아와 더 우호적인 관계도 가능하게 했다.

서방의 트랜스젠더 이데올로기는 부계 세계에서 동성애 이데올로기보다 더 심각한 문제인 듯하다. 부계와 모계의 차이가 구조적이며 남녀의 이념적 대립이 필수적인 사회가 어떻게 남자가 여자가 될 수 있고 여자가 남자가 될 수 있다고 말하는 이데올로기를 받아들일 수 있겠는가? 단순히 거부한다고 말하기에는 갈등의 쟁점이 너무 크다. 그런 사회가 서방은 '미쳤다'고 생각하는 것은 타당성이 있다. 니힐리스트라고 해야 할까?

트랜스젠더 문제를 포함해야 하는 이 지정학 연구에서 미국의 부계 동맹국 혹은 속국의 문제는 특히 흥미롭다. 우크라이나, 대만, 일본은 서방의 규범을 준수하기 위해 LGBT 법안을 통과시켰다.

가장 최근의 사례는 일본이다. 가와바타 야스나리, 다니자키 준이

지도 11.3 전 세계 동성애 혐오

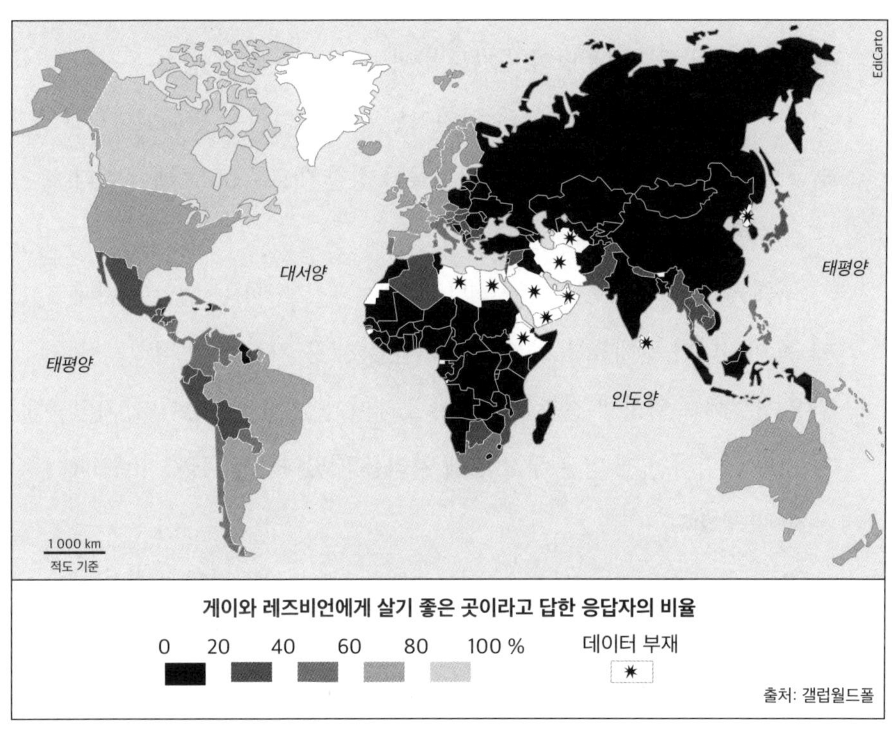
EdiCarto
대서양
태평양
태평양
인도양
1 000 km
적도 기준
게이와 레즈비언에게 살기 좋은 곳이라고 답한 응답자의 비율
0   20   40   60   80   100 %
데이터 부재
출처: 갤럽월드폴

치로를 읽은 나는 프랑스 문학과 일본 문학이 성性에 관한 성찰에 있어 상호 보완성이 있다는 것을 인지하고 있지만 이에 대해 조금 더 자세히 말할 수밖에 없다.

2023년 6월 16일 일본 상원은 '시민들의 젠더 다양성과 성적 지향 이해를 위한 법'을 채택했다. 줄여서 'LGBT 이해증진법'이라 한다. 하원은 하루 일찍 법안을 통과시켰다. 여당인 자민당과 공명당 연립은 일본유신회와 국민민주당의 지지를 받아 매우 서둘러 이 법을 통과시켰다. 자민당 내에서 대부분의 하원의원과 상원의원은 반대했다. 그러나 다른 정당들과 마찬가지로 간부들이 정한 대로 투표를 해야 했다(직계 가족).

좌파(입헌민주당, 일본공산당, 사회민주당, 레이와 신센구미)는 법안이 기대에 못 미친다며 반대표를 던졌다. 반대한 정당 중 가장 눈에 띄었던 정당은 상원에 유일하게 진출한 가미야 소헤이가 있는 참정당이다. 자민당 소속 상원의원 세 명은 투표 전에 자리를 떠났다(정당 내규를 위반했다는 비난을 받았다).

일본 주재 신임 미국 대사 람 이매뉴얼Rahm Emanuel은 법안에 대한 지지를 공개적으로 트위터에 계속 올렸고 법안이 통과되었을 때도 자신의 X(트위터의 후신) 계정에 축하 메시지를 올렸다. 법안이 채택되자 일본 대법원은 경제산업성에 근무하던 트랜스젠더 공무원이 여성 화장실을 이용하지 못하도록 한 조치가 불법이라는 판결을 내렸다. 그리고 시부야에는 여성 전용 공중화장실이 사라졌다. 여성 화장실을 지키려는 시위가 IT 비지니스 분석가 후카다 모에 같은 사람들의 주도로 시작되었다. 트랜스젠더 여성(즉 남성)이 여성 전용 공중목욕탕에 나타날 것에 대한 두려움도 확산되었다. 상황이 어떻게 될지 두고 볼 일이다. 일본의 LGBT 정책 전환이 일본 국민을 미국과 더 가까워지게 했는지 아니면 위대한 보호자에 대한 원망을 강화했는지 알게 될 날이 올 것이다.

최고의 아이러니는 다른 데 있다. 이 법들은 서방에 소속되어 있음을 확인하고 러시아나 중국에 대한 미국의 보호를 더 확실히 하기 위해 도입되었다. 그러나 생각해보자. 내가 제8장에서 분석했던 트랜스젠더 이데올로기의 깊은 뜻을 다시 떠올려보자. 트랜스젠더 이데올로기는 남자가 여자가 될 수 있고 여자가 남자가 될 수 있음을 말한다. 그것은 가짜의 확인이며 그런 의미에서 서방 니힐리즘의 이론적 핵심과 가깝다. 그러나 가짜의 숭배에 동의하는 것이 어떻게 더 확실한 군사적 동맹에 이를 수 있을까? 나는 가짜의 숭배와, 국제 사안에 있어 미국의 신뢰성 부재 사이에 정신적이며 사회적인 관계가 있다고 생각한다. 남자가 여자가 될 수 있는 것처럼 이란과 체결한 핵 관련 조약(오바마)은 하루아침에 가중된 제재(트럼프)가 될 수 있다. 조금 더 비꼬자면, 미국의 대외 정책은 일종의 '젠더플루이드Genderfluid'다. 조지아(그루지야)와 우크라이나는 미국의 보호라는 게 어떤 것인지 알게 되었다. 대만과 일본은 중국에 대한 미국의 보호를 받지 못할 거라고 나는 확신한다. 미국은 그럴 만한 제조업을 더는 가지고 있지 않다. 그러나 무엇보다 미국에서 계속 자라고 있는 니힐리즘이라는 이데올로기가 약속 존중의 원칙을 낡고 부정적인 것으로 만들었다. 배신이 규범이 되고 있다. 환심을 사기 위해 LGBT 법안을 통과시킨 동아시아 국가들은 따라서 앞으로 미국에 '버려질' 것을 미리 '승인'한 셈이다.

결론

미국은 어떻게 우크라이나 함정에 빠졌는가?
(1990~2022년)

베를린 장벽의 붕괴 이후 흘러간 시간은 제대로 이해되지 않았다. 사람들이 원래 가지고 있던 환상은 소련의 해체가 미국의 승리에서 비롯되었다고 믿은 것이었다. 그러나 앞에서도 살펴보았듯이 소련이 붕괴할 당시 미국도 그보다 25년 전부터 쇠퇴하고 있었다. 공산주의가 붕괴한 것은 내부적 요인 때문이었다. 교육 계층화가 경세적 모순으로 이미 약해진 시스템을 파괴한 것이다.

우리는 여러 번에 걸쳐 그러한 환상이 낳은 결과를 훑어보았다. 다만 순서대로 검토한 것은 아니었다. 이 책을 마치기 전에 제1장부터 제11장까지 여기저기 흩어져 있는 요소들을 연대순으로 정리할 때다. 우리는 러시아, 우크라이나, 동유럽, 서방 사회의 내부적 변화에 대해 우리가 아는 것을 이용해서 냉전 이후 30년, 그리고 나토를 우크라이나라는 함정에 빠트린 30년에 대한 새로운 관점을 제안하고자 한다.

소련 붕괴는 역사를 다시 움직였다. 그로 인해 만들어진 진공 상태는 서방, 주로 미국의 시스템을 빨아들였다. 이때 서방은 위기에 놓여 있었고 안으로 위축되고 있었다. 여기에서 두 가지 움직임이 일어났다. 미국이 외부로 확장하는 움직임과 동시에 미국 국내에서 빈곤율과 사망률이 증가했다. 종교, 특히 종교의 뒤를 이은 시민의 집단 신념이 미국에서 더 강했고 선진 세계에서 더 급진적으로 나타났다. 러시아를 포함하여 전쟁의 주체들은 종교의 제로 상태로 나아가는 이 흐름에 영향을 받았다는 점을 주목하자. 종교의 제로 상태는 세상의 현실을 부정하고 전쟁을 지향하는 니힐리즘의 정신 상태가 출현하면서 나타나는 것만은 아니다. 세계 곳곳에서 사람들은 더 이상 자손 번식을 할 수 없는 것처럼 보인다. 엄격한 의미에서 서방의 자유주의 세계―미국, 영국, 프랑스, 스칸디나비아반도―에서 출산율은 여성 1인당 1.6명에 가깝고, 독일과 러시아는 1.5명이다.

'러시아를 포함하여' 모든 국가는 '비활성' 상태다. 여기서 비활성은 내가 제5장에서 정의한 개념이다. 어떤 강력한 집단적 감정도 국가를 활성 상태로 되돌리지 못하고, 결국 국가는 경제적 성과, 전쟁, 또는 공동의 노력으로 시민을 통합시킬 계획을 통해 위대함을 회복하지 못한다. 개인을 집단에 통합시키는 복합적인 가족 형태가 우세한 곳에서는 집단성의 잔재가 남아 있어서 정부가 더 효과적으로 정책을 수행할 수 있다. 나는 독일(직계 가족)을 사회-기계로 그린 바 있다. 여기서는 러시아(공동체 가족)가 전통적 의미의 국민주의가 아님을 덧붙이겠다. 러시아 지도층을 움직이는 주권주의의 이상과 경제적·기술적으로 (독일처럼) 다시 부상할 수 있는 능력에도 불구하고 말이다. 러시아 또한 '비활성 국가'다. 푸틴이 전면전을 하지 않는 것도 그런 이유다. 징병을 천천히 한 이유도 러시아인들이 (예를 들면) 프랑스인들보다 애국심은 더 많을지언정 자신의 쾌락과 고통을 먼저 생각하는 탈근대적 개인이기 때문이다. 그러나 그들은 탈근대성이 취할 수 있는 가장 극단적 형태인 니힐리즘에서는 벗어나 있다. 니힐리즘은 개인주의적이라 정의되는 사회 고유의 악이며 영미권에서 가장 우세하다. 프랑스에는 니힐리즘을 견제하는 요소들이 있다. 주변국의 절반이 복합적인 가족 구조(직계, 공동체, 기타)를 가지고 있기 때문이다. 반대로 미국과 영국이 나르시시즘, 그리고 이어 니힐리즘으로 일탈하는 것을 막을 요인은 아무것도 없다. 직계 가족의 요소를 가지고 있는 스코틀랜드는 일탈에서 제외된다.

영미권은 2020년경 비활성 국가 단계를 지난 듯하다. 러시아, 독일, 프랑스 지도층이 국민주의를 잃지 않았지만 아메리카노스피어는 본래의 문화적 기반을 상실했다. 1980년경까지 영국에서 지배적이었던 귀족 감정은 사라졌다. 미국은 1990년경까지만 해도 국가로 볼 수 있었다. 제국적이기는 했어도 활발한 문화 중심지를 보전한 국가 말이다. 오늘날의 미국은 더는 국민국가가 아니다. 지도층을 잃었고 나아갈 방향을 지정할 수 있는 능력도 상실했다. 2015년경 미국은 내가 말하는 '제로 상태'에 도달했다. 이 표현은 국가가 더는 존재하지 않는다거나 아무것도 생산하지 않는다는 뜻이 아니라 개신교라는 초기의 가치로 구조화되지 않는다는 뜻이다. 또한 사망률, 국민을 활성화했던 노동 윤리와 책임감도 증발했다. 천박함의 대명사인 트럼프의 당선, 그에 이어 치매의 챔피언인 바이든의 당선은 이러한 제로 상태의 극치 때문이었을 것이다. 워싱턴의 결정은 도덕적이고 합리적이기를 멈췄다. 따라서 나는 자신이 누구인지도 모르고 어디로 가는지도 모르는 미국에 효율적인 조작 시스템système manipulateur이라는 고전적인 편집증적 이미지를 부여하지 않을 것이다.

지정학으로 돌아오자. 우크라이나 전쟁은 1990년에 열린 사이클을 닫았다. 팽창주의 물결은 미국 중심부의 실체와 에너지를 비워내다가 비활성 국가이지만 안정적인 국가인 러시아에 와 부딪혔다.

어쩌다가 이 지경이 되었을까? 왜 미국인들은 이기지도 못할 싸움에 뛰어들었을까? 왜 그들은 러시아를 상대로 전쟁을 하게 되었을까? 오바마 이후 지정학 문헌들은 중국을 주적으로 지목했는데 말이다. 그리고 (이번에도) 오바마 이후 후퇴, 그러니까 국제적 입지가 다시 줄어드는 중인데도 말이다.

서방 주체들(미국만은 아니다)의 역사의식은 그 어느 때보다 낮은 수준이다. 서방의 정부들이 결정은 내리지만 전 세계 역학 관계—군사, 경제, 이데올로기 부문에서—와 그 변화에 대해 가지고 있는 그들의 관점은 허황되다. 그들의 의식 없음과 그로 인한 제대로 된 계획의 부재 때문에 우리는 시간 순으로 접근할 수밖에 없다. 주체들의 구체적인 결정을 그들이 제어할 수 없는 역사적 시간 속에서 검토하면 우리가 목도하고 있는 무자비하면서도 부조리한 전쟁으로 그들이 나아간 이유를 이해할 수 있다. 미국에 존재하는 니힐리즘의 요소와, 성격은 다르지만 우크라이나에 있는 니힐리즘의 요소 때문에 역사의 합리적 해석은 애초에 배제된다. 우리의 유일한 위안은 미국과 우크라이나의 두 니힐리즘의 결합이 패배로 결론 나는 것이다. 그것은 역사에서 이성의 최종적 보복이 될 것이다.

(미국의) 주요 행동 단계들

나는 전쟁으로의 행진에서 주인공인 미국(러시아보다)의 행동을 네 단계로 구분할 것이다. 이 네 단계는 미국의 GDP 대비 군사비 지출의 추이로 정해진다.

제9장에서도 보았듯이 GDP는 실질적인 경제력을 나타내는 데는 좋은 지표가 아니다. 그런데도 내가 군사비가 GDP에서 차지하는 비중을 기준으로 삼은 것은 이 지표가 미국이 군사적인 것에 얼마나 관심이 많은지 보여줄 수 있기 때문이다.

제1단계

소련 붕괴 이후 미국은 전 세계의 평화를 전망하는 시나리오를 수용했다. 그래서 1990~1999년 미국의 군사비 지출은 GDP의 5.9퍼센트에서 3.1퍼센트까지 떨어졌다. 이러한 지출 감소로 인한 군비 축소는 10년에 걸친 이 기간에 미국이 세계를 지배할 계획을 생각하지 않았음을 보여준다.

제2단계

1999~2010년은 지나친 교만을 뜻하는 휴브리스hubris 시기이다.

GDP 대비 군사비 지출은 다시 상승해서 2010년 4.9퍼센트를 기록했다. 미국은 완전한 세계 장악을 꿈꾸기 시작했다. 그러나 실패—이라크와 아프가니스탄—가 계속되었다.

제3단계

쇠퇴의 시기가 왔다. 군사비 지출 추이를 보면 그 시작을 2010년으로 볼 수 있겠으나 나는 2008년이라고 생각한다. 2008년에는 서브프라임 사태가 발생했고 천성이 평화주의자인 버락 오바마가 대통령으로 당선되었다. 2017년 군사비 지출은 GDP의 3.3퍼센트에 달했다.

제4단계

마지막 네 번째 단계는 '현실 이탈'이라고 부를 수 있을 것이다. 미국은 우크라이나라는 함정에 빠졌다. 군사비 지출이 상승했지만 그 폭은 미미하다. 2020년 3.7퍼센트에서 2021년 3.4퍼센트로 오히려 줄어들었다. 이렇게 적은 수치를 보면 푸틴의 연설과 그와 관련된 미어샤이머의 분석을 다르게 해석하게 된다. 미국은 호전적이기는커녕 확장을 포기했고 러시아와의 대치를 바라지 않는다. 그러나 우크라이나 국민주의자들의 니힐리즘적 꿈—소련 해체의 부산물—이 미국에 미끼가 되었다. 그런데 푸틴은 키이우와 워싱턴을 구분할 이유가 전혀 없었다. 그는 적절하다고 판단한 순간에 전쟁에 돌입하기로 했다. 모든 상황이 그의 계산이 훌륭했다고 생각하게 한다.

요즘 지정학자들은 3대 주요 행위자들을 연구한다. 미국, 미국의 주적 중국, 그리고 두 번째 적인 러시아다. 나도 세 국가를 그대로 두고 여기에 독일을 중요한 행위자로 포함하겠다. 1990~2020년 유럽 내 독일의 영향력은 계속 커졌다. 우크라이나 전쟁은 독일의 문 앞에서 벌어졌고 우리는 숄츠 총리의 회피형 스타일이 유럽의 위기였다가 세계적 위기가 된 우크라이나 전쟁에서 독일이 한 역할을 말해준다는 주장을 믿어서는 안 된다.

나는 개인적으로 미국이 독일과 러시아를 떼어놓으려고—1990년부터 미국이 집착한 전략—들인 노력이 결국 실패하리라고 확신한다. 유럽 지도를 보면 두 강대국이 눈에 띈다. 독일과 러시아다. 두 국가는 출산율이 1.5명으로 같다는 공통점 때문에 편안하고 가까워진다. 서로 전쟁은 할 수 없다. 양국의 특화된 경제 부문은 상호 보완적이다. 언젠가 두 국가는 협력할 것이다. 미국과 우크라이나의 패배는 독일과 러시아의 관계 강화로 가는 길을 열어줄 것이다. 미국은 독일과 러시아를 서로 잡아당기는 인력을 무한정 막을 수는 없을 것이다.

이제는 1990~2022년의 진짜 역사를 살펴보자.

1990~1999년: 평화 단계

1989년 11월(베를린 장벽 붕괴)과 1991년 12월(소련의 공식 해체) 사이에 발생한 소련의 붕괴에서 시작해보자. 1990년 10월 3일 독일은 콜 총리의 추진으로 통일되었다. 아버지 부시는 미테랑과 대처의 뜻과 달리 통일을 서독이 동독을 병합하는 것으로 받아들였다. 1916년과 1925년에 각각 태어난 미테랑과 대처는 유럽에서 독일이 차지하던 우위를 기억하고 있었다. 모두가 공산주의의 몰락을 미국의 승리로 해석하지만 이는 틀린 해석이다. 미국은 독일을 진지하게 생각하지 않았다. 당시 서독의 인구는 6270만 명이었고 동독 인구는 1640만 명이었다. 합치면 7910만 명이나 된다. 프랑스(5810만 명)와 영국(5730만 명)으로서는 너무 큰 수치다. 반면 미국(2억 5010만 명)에게는 별것 아니었다. 유럽의 국가 회계 감독관과 고위 공무원들은 패닉 상태에서 마스트리흐트 조약을 만들어냈다. 그들은 마르크화를 유로화에 통합시키라고 요구했다. 대신 프랑크푸르트에 유럽중앙은행을 두고 프랑화를 마르크화에 통합하는 조건을 수용했다. 이때부터 독일은 유럽이라는 집의 통화라는 열쇠를 쥐게 되었다. 그러나 독일은 통일 비용을 내기 때문에 프랑스와 영국은 독일이 끝났다고 생각하고 독일 문제는 잊어버렸다. 전후 '젊은이들'은 미테랑과 대처의 뒤를 이었다.

미국이 러시아에 나토 동진을 하지 않겠다고 한 약속은 지금과는 달리 별문제가 되지 않았다. 이것은 당시 행위자들의 정신 상태를 알 수 없을 테니 비역사적인 논쟁이다. 소련의 몰락을 예견할 수 있는 정치 지도자는 없었다. 소련이 사라지자 러시아가 어떤 낭떠러지로 떨어질지 아무도 알 수 없었다. 사람들의 머릿속에 러시아는 초강대국, 균형의 축으로 남아 있었다. 나토의 확장은 생각할 수도 없는 일이었다.

당시 미국의 의도는 평화적인 것이었다. 1990~1999년 미국의 군사비 지출은 상당히 감소했다. 그러나 그때 뜻밖의 두 번째 사건이 발생했다. 소련에 이어 러시아도 침몰한 것이다. 공산주의가 경제적 조직 이상이고, 정교회 이후 러시아의 종교가 되었으며, 사회를 결속시키는 집단 신념이 되었음을 우리는 이해하지 못했다. 러시아의 침몰은 무정부 상태를 초래했고 국가는 해체 위기에 놓였다. 1994년경 보건 환경, 살인, 자살로 인해 빠르게 감소하던 기대수명이 최저점을 찍었다. 1인당 GDP는 1996년 이후 최저 수준을 기록했다. 러시아 전체 GDP(미국 GDP보다 낡았고 물리적이며 실질적인)는 1998년에 바닥을 쳤다. 금융 위기와 채무불이행 이후였다. 물물교환이 확산했고 루블화가 살아남을지 아무도 알 수 없었다. 1994~1996년 러시아 군대가 제1차 체첸전쟁에서 패했고 캅카스의 아주 적은, 그러나 매우 폭력적인 인구의 독립을 막기에 역부족이었다는 사실도 덧붙이자.

미국은 1994~1998년 바닥을 친 러시아를 거만하게 바라보고 있었다. 그리고 러시아를 언젠가 민주주의 국가가 될 수 있는, 과도기에 놓인 국가로 보려고 애썼다. 그러나 1997~1998년 러시아의 약점이 드러나자 미국은 친절함에서 최후의 녹아웃을 바라는 꿈으로 옮겨갔다. 휴브리스의 전조가 이때 나타났다.

브레진스키의 『거대한 체스판』은 1997년에 발간되었다. 돌이켜보면 이 책이 두려움을 표현한 것인지 희망을 나타낸 것인지 모르겠다. 브레진스키는 제2차 세계대전에서 패전국 독일과 일본을 지렛대 삼아 탄생한 미국 제국을 묘사했다. 먼저 브레진스키가 느낀 두려움에 대해 살펴보자. 공산주의의 몰락이 미국을 무용하게 만들었다면 일본과 특히 독일의 축은 러시아와 연합할 수 있을 것이다. 미국을 배제한 유라시아가 부상할 수도 있다. 독일과 러시아의 연합이 주된 위협이 된다.

이제 브레진스키의 희망을 보자. 그는 러시아가 몰락 중이므로 우크라이나를 빼앗아 온다면 러시아를 끝장낼 수 있다고 주장했다. 우크라이나를 빼앗으면 러시아는 제국의 지위를 영원히 잃을 것이다. 우크라이나 전쟁이 미국 제국의 추락으로 귀결된다면 브레진스키는 지정학 역사에서 의도치 않게 역사상 가장 웃긴 코미디언이 될 것이다.

1999~2008년: 휴브리스

그리스 신화에 등장하는 벨레로폰은 날개 달린 말 페가수스를 잡는 등 많은 업적을 쌓은 뒤 신들 옆에 앉기 위해서 페가수스를 타고 하늘로 날아올랐다. 제우스는 주제넘은 벨레로폰에 분노해 등에를 보내서 페가수스를 물게 했고 벨레로폰은 말에서 떨어졌다. 그는 가시덤불에 떨어져 눈이 먼 채 지상에서 힘겨운 삶을 살았다. 그의 이야기는 '휴브리스'에 사로잡힌 자의 운명을 보여준다. 휴브리스는 자기 자신과 자신의 한계를 잘 몰라서 생긴다.

1999년부터 미국은 휴브리스 상태였다. 역사상 처음으로 미국에는 더 이상 적이 없었다. 이 진공 상태에 당황한 미국은 정신을 잃었다. 아이스킬로스는 휴브리스가 신성모독의 신 디세베이아의 딸이라고 주장했다. 사실 미국의 휴브리스는 좀비 개신교가 사라지고 미국이 종교의 제로 상태로 침몰하던 때 시작되었다.

그때까지는 나토의 확장이 일어나지 않았다. 그러다가 1999년 폴란드, 체코, 헝가리가 1997년 마드리드에서 이루어진 초청에 화답하며 나토에 가입했다. 1999년 3~6월 나토는 세르비아를 공습했다. 78일 동안 계속된 공습에서 포탄 일부가 베오그라드 주재 중국 대사관에 떨어졌다.

역사의 아이러니라면, 미국이 휴브리스 단계로 들어간 1999년은 푸틴이 집권하고 러시아가 재건되기 시작한 첫해였다.

이 단계에서는 서방 지도자들의 반러 정서를 아직 말할 수 없다. 완전히 몰락했다고 믿는 강대국에 어떻게 적대적일 수 있을까. 1990년 대에는 모스크바나 상트페테르부르크에서 활동하는 유사 비정부기구 pseudo NGO와 미국 사업가들을 통해 러시아에서 통제할 수 있는 모든 것을 통제하려 했다. 특히 석유 자원이 이에 해당한다. 미국인들의 생각으로는 러시아가 자율적인 행위자로서 존재하기를 멈췄고 러시아의 운명은 미국의 헤게모니 시스템에 들어가는 것이었다. 러시아는 협력 수준을 정해야 할 파트너이지만 아무튼 순종하리라 생각했다.

미국은 ADHD를 앓는 아이처럼 한 가지 목표에 관심을 집중할 수 없었다. 러시아는 더는 위협이 아니었고, 2001년 9월 11일 발생한 세계무역센터 테러 공격은 미국의 관심을 중동으로 돌리기에 충분했다. 미국은 그곳에서 있지도 않은 적에게 책임을 물었다. 아프가니스탄 침공이 정당화된 이유는 그곳에 빈 라덴이 숨어 있었기 때문이다. 2003년 이라크 침공은 정당화되지 못했다. 이 침략 전쟁은 미국이 역사상 새로운 단계에 접어들었다는 신호였다. 이라크가 겪은 일은 (서방의 패배 이후) 역사 교과서에 21세기의 수치 중 하나로 기록될 것이다. 미국의 새로운 니힐리즘 요소는 콜린 파월을 낳았다. 그는 국제연합에서 유리병 시험관을 손에 들고 이라크가 대량살상무기를 보유했다고 주장했다. 니힐리즘은 현실도, 진실도 부정한다. 그것은 거짓의 숭배다. 아들 부시의 행정부는 이 분야에서 혁신을 이루었다.

1999년부터 군사 예산은 다시 상승하기 시작했다. 지정학자들의 작은 세계는 미국의 슈퍼파워나 단극 세계에 대해서만 말하지 않았다. 군사 버전의 역사의 종말도 논했다. 9·11 테러는 군사비 지출이 오른 다음, 그러니까 미국이 휴브리스 단계에 진입한 이후에 발생했다는 사실을 기억하자.

미국인들은 자신들을 천하무적이라고 생각했기 때문에 2001년 12월 11일에 중국을 세계무역기구에 가입시켰다. 이는 정치적으로나 경제적으로 가장 경솔한 행동이었다. 그 결과는 이라크와 아프가니스탄에서 철수한 것보다 훨씬 더 끔찍할 것이었다.

2002년 9월, 아들 부시는 새로운 '미국 국가안보전략'을 세상에 선보였다. 모든 국가가 "공통의 가치"로 수렴하고 "강대국은 이제부터 같은 진영에 모인다." "러시아는 민주주의적 미래를 추구하는 과도기에 있다. 우리는 여기에 많은 희망을 걸고 있다. 러시아는 테러와의 전쟁에서도 파트너이다. 중국의 지도자들은 경제적 자유만이 유일한 부의 원천이라는 사실을 깨닫는다. 시간이 지나면 사회적 자유와 정치적 자유가 국가의 위대함을 달성하는 유일한 원천임을 알게 될 것이다. 미국은 이 두 국가에서 민주주의와 경제 개방의 진전을 격려할 것이다." 얼마나 동화 같은 이야기인가.

이번에는 군사적인 측면을 살펴보자. 새로운 전략이 내건 목표는 기술적·군사적 우월성을 확보해서 군비 경쟁을 막는 것이었다. 미국의 꿈은 새로운 가상 세계로 다시 날아올랐다. 1995~2002년 미국의 인터넷 사용자는 전체 인구의 10퍼센트에서 60퍼센트로 상승했다. 영화는 이 새로운 변화를 잘 감지했다. 1999년 〈매트릭스〉는 우리를 가상의 세계로 빠져들게 했다.

그러나 역사를 멈출 수는 없다. 역사는 계속되고 빠르게, 놀라울 정도로 빠르게 흘러간다. 특히 프랜시스 후쿠야마가 역사가 끝났다고 말한 뒤에는 더 그렇다. 미국이 이라크와 아프가니스탄에서 길을 잃고 중국이 자국 산업을 초토화하는 사이 러시아는 재건했다. 그 속도가 1990년대 급작스러운 몰락만큼 충격적으로 빨랐다.

1999년 8월과 9월, 체첸이 다게스탄 공화국을 장악했고 러시아 땅, 특히 모스크바에서 테러를 자행했다. 그러자 푸틴은 무자비하게 체첸을 뭉개버렸다. 그의 인기는 탄탄대로를 걸었다. 이후 푸틴은 체첸에 자치국이라는 독창적인 지위를 부여해서 온건함을 보여주었다. 자치국은 여러 파벌이 지배했는데, 이 파벌들이 처음부터 러시아에 호의적이지는 않았다. 푸틴의 정책이 성공함으로써 체첸 군대는 우크라이나 전쟁에서 러시아 편에 서서 큰 역할을 하게 된다.

제2차 체첸전쟁은 러시아가 해체되지 않으리라는 것을 알리는 첫 번째 신호였다. 그러나 서방인들은 거기에 전혀 신경 쓰지 않았다. 러시아의 경제 상황이 푸틴의 집권 이전부터 개선되기 시작했다는 사실도 관심 밖이었다.

낙관적인 것인지 신중한 것인지 모르겠지만 푸틴은 초기에 미국에 매우 협조적이었다. 9·11 테러 직후 미국에 연대감을 표했고 미군이 아프가니스탄을 점령할 수 있도록 중앙아시아를 열어주었다. 당시 푸틴의 친미주의는 러시아 엘리트들을 걱정에 빠뜨렸다.[1]

러시아는 1999~2001년 이후 재건한 유일한 강대국이 아니었다. 독일이 동독을 흡수하는 데는 10년밖에 걸리지 않았다. 2001년에 독일의 무역 흑자는 비상하기 시작했으며, 2004년에 GDP의 5퍼센트를 차지했고 2015년에는 7퍼센트로 상승했다. 독일 경제의 재편은 통일된 독일 산업의 상향 조정에만 한정되지 않았다. 체코, 폴란드, 헝가리의 나토 가입으로 독일 투자자들에게는 안전지대가 더 넓어졌다. 독일 재건의 핵심은 자신의 산업 시스템 안으로 과거 인민민주주의 국가들을 끌어들이는 것이었다. 그 방법은 공산주의 덕분에 교육을 잘 받은 노동 인구에 일을 시키는 것이었다.

독일의 경제 활성화는 노동법의 자유주의적 개혁 이전에 시작되었다. 마르크화를 유지했다면 평가되었을 가치보다 유로화가 과소평가되었기 때문에 독일 수출이 크게 성장할 수 있었다고 말하는 사람도 있을 것이다. 그러나 나는 이 설명에 동의할 수 없다. 나는 어떤 경제 시스템이었더라도 독일인들은 위기를 탈출했을 거라고 느낀다. 그 이유는 단순하다. 그들이 독일이라는 인류학적(직계)·교육적·기술적 잠재성이 있는 국가를 이루기 때문이다. 같은 논리로 나는 러시아인들이 러시아라는 인류학적(공동체)·교육적·기술적 잠재성이 있는 러시아를 이루기 때문에 위기를 극복하리라 생각한다. 나는 한때 독일이 러시아산 천연가스의 수급 중단으로 혼란스러워했지만 결국 문제를 해결하리라 확신한다. 영국 주간지 《이코노미스트》가 독일을 다시 한번(2023년 8월 17일) 유럽의 환자라고 불렀을 때부터 나의 확신은 굳어졌다.

1990년대 유럽은 베를린 장벽 붕괴로 혼란에 빠졌지만 1980년대 이후 미국보다 상황이 좋았다. 이라크 전쟁 이전에 반유럽 감정이 미국에서 나타났다. 로버트 케이건은 2002년 6~7월호 《폴리시 리뷰》에 「힘과 나약함Power and Weakness」이라는 글을 게재했다. 글이 인기를 얻자 『천국과 힘』[2]이라는 짧은 책을 내기까지 했다. 이 책은 이라크 전쟁 초기에, 그러니까 프랑스와 독일이 참전을 거부한 이후에 발간되었다. 2002년 글에는 유럽인에 대한 질투 어린 경멸이 난무했다. 케이건은 유럽인은 "금성에서 왔고" 미국인은 "화성에서 왔다"고 말했다. 다시 말하면 유럽인은 심약한 여자라는 것이다. 이런 남성 우월적인 공격성의 원인은 미국이 구세계보다 뒤처진다는 사실을 어느 정도 인지한 것이다. 2002~2003년은 유럽인의 기대수명이 (1986년부터) 미국인을 앞지른 지 15년 되는 때였다.

아무튼 과대망상증은 계속되었고 심지어 증폭되었다. 2004년 나토는 불가리아, 에스토니아, 라트비아, 리투아니아, 슬로바키아, 슬로베니아, 불가리아, 루마니아를 회원국으로 받아들였다. 그보다 2년 앞선 2002년에 이 국가들을 프라하에 초대한 바 있다. 2004년에 이 국가들은 약속이나 한 듯이(불가리아와 루마니아 제외) 유럽연합에 가입했다. 불가리아와 루마니아는 2007년에 유럽연합에 흡수되었다. 그렇다면 유럽연합의 확장은 나토 확장의 부산물이 확실하다.

동진은 계속되었다. 2004년 11월 22일~2005년 1월 13일 우크라이나에서 '오렌지 혁명'이 일어났다. 미국이 중요한 역할을 했다. 조정대를 잡은 것은 유럽연합이 아니라 미국이었다. 미국은 대사관을 통해 직접적으로 개입하거나 정부 기관 혹은 비정부기구, 아니 유사 비정부기구를 통해 간접적으로 개입했다. 동시에 러시아에 관한 미국의 담론도 바뀌었다. 『다크 더블』[3]에서 안드레이 치간코프Andrei Tsygankov는 미국에서 나타난 러시아 혐오 현상을 연구했다. 그는 언론과 영상 매체가 태도 급변의 원인이라는 것을 설득력 있게 보여준다. 2005년 11월 《워싱턴 포스트》의 사설 제목은 「푸틴의 반혁명Mr. Putin's Counter Revolution」[4]이었다. 몇 달 뒤인 2006년 3월에 나온 미 외교협회의 소책자 제목은 더 적나라했다. 그것은 『러시아의 잘못된 방향*Russia's Wrong Direction*』이었다. 이 책자는 러시아의 '반민주화*dedemocratization*'를 맹공격했다. 그러나 가장 험악했던 기사는 2006년 3월 《포린 어페어스》에 실린 「미국 핵 우위의 부상*The Rise of US Nuclear Primacy*」이었다. 이 기사에서 미국은 너무 강해서 최초의 핵 공격으로 적국을 반격 불가능하게 만들 수 있다고 소개되었다. 이것은 핵무기에 관한 것이므로 적국이란 이 분야에서 대대로 경쟁국이었던 러시아를 가리키는 게 분명했다. 《포린 어페어스》는 〈닥터 스트레인지러브〉의 라이벌을 자처했다. 스탠리 큐브릭은 이 코믹한 영화에서 미국이 러시아를 핵 공격하는 장면을 연출한다. 물론 의도적인 공격은 아니었지만 나치 자문(피터 셀러스)과 미친 군인(조지 C. 스콧)의 도움을 받았다.

러시아인들의 행동이 이런 변화를 정당화할 수 있을까? 체첸 진압은 워싱턴과 모스크바가 한창 사이 좋을 때 이루어졌다. 2003년 10월 미하일 호도르콥스키(엑손모빌과 모종의 음모를 꾸미는 중이었다) 체포를 비롯한 올리가르히 진압이 한 요인이었다. 미국이 석유 자원을 손에 넣으려다가 실패한 것도 있지만 러시아가 올리가르히들을 굴복시킨 것에 미국은 충격을 받았다. 사실 미국의 올리가르히들은 국가를 제압하는 중이었다. 그러나 미국이 갑자기 반러로 돌아선 진짜 이유는 고전적 의미로 전략적이었다고 나는 생각한다. 독일-프랑스-러시아가 이라크 전쟁에서 공동 전선을 형성했을 때 미국의 지정학적 기득권층, 미래의 블록은 경각심을 가졌다.

푸틴은 전쟁이 시작되기도 전인 2003년 2월 9일 베를린을, 그다음

날에는 파리를 방문했다. 전쟁이 발발한 뒤에는 세 차례의 회담—푸틴, 슈뢰더, 시라크—및 공동 기자회견이 이루어졌다. 첫 번째 회담은 2003년 4월 11일 상트페테르부르크, 두 번째 회담은 2004년 8월 31일 소치, 세 번째 회담은 2005년 7월 3일 칼리닌그라드에서 열렸다. 이 두 해 동안 미국과 별개로 유럽에 새로운 진영이 형성되었고 이때 독일 경제는 동유럽 패권을 강화하고 있었다.

독일은 프랑스를 추종하기는커녕 이라크 전쟁 반대에서 중추적인 역할을 했다. 세계는 도미니크 드 빌팽의 훌륭한 유엔 연설을 기억하지만 한스 컨드나니Hans Kundnani는 『독일 파워의 모순』에서 프랑스가 독일을 추종했다는 것을 잘 보여주었다. 슈뢰더는 사찰단이 이라크에서 비밀 무기를 발견하더라도 이라크 침공에 반대할 것이라고 발표한 반면 프랑스는 선택지를 열어놓고 있었다.[5] 독일은 안전보장이사회의 이사국이었다. 슈뢰더는 2003년 3월 14일 "우리는 프랑스, 러시아, 중국과 함께 이라크의 무장 해제가 평화적인 방법으로 이루어질 수 있고 또 그래야 한다고 확신합니다"라고 말했다.

미국의 갑작스러운 반러 정서는 독립적이고 활성화된 독일, 특히 러시아와 잘 지내기를 바라는 독일에 대한 두려움이 주된 원인이었다. 사담 후세인을 물리친 뒤 부시 대통령의 국가안보보좌관이었다가 국무장관이 된 콘돌리자 라이스는 현실 부정을 통해 진실을 말했다. "프랑스를 벌해야 하고, 독일을 무시해야 하며, 러시아를 용서해야 한다." 우리는 러시아가 용서받지 못하고 프랑스가 벌을 받지 않으리라는 것을 안다. 독일도 결코 무시당하지 않을 것이다.

브레진스키의 악몽이 현실이 되는 듯했고 러시아산 천연가스는 현실을 더욱 암울하게 만들었다. 1997년 시작된 프로젝트의 결실인 노르트스트림 1이 2005년 말에 착공되었고 2011년에 완공되었으며 2012년에 실질적인 가동에 들어갔다. 에너지의 중요성은 차치하고 천연가스와 석유가 미국의 지정학적 프시케에서 큰 비중을 차지한다는 사실을 알아야 한다. 그것은 흑인이 사회학적 프시케에서 지나치게 큰 자리를 차지하는 것과 비슷하다.

2003~2010년 프랑스의 축복 아래 독일과 러시아의 커넥션이 시작되었다. 사실 프랑스는 무슨 일이 일어나는지 완전히 이해하지는 못했던 것으로 보인다. 프랑스 외무부의 정신적 공간은 전 세계는커녕 베를린, 베이루트, 브라자빌 이상 나아가지 못했다.

러시아가 비난받았던 것은 전제주의로 급선회했다는 것보다(2006년 『러시아의 잘못된 방향』이 했던 주장) 유럽의 두 민주주의 국가와 점점 더 잘지낸다는 것이었다. 이 책자는 『독일의 잘못된 방향』이나 『프랑스의 잘못된 방향』, 『유럽의 잘못된 방향』으로 제목을 바꾸어도 무방할 정도다. 전제 정치가 미국 대외 정책 책임자들을 그토록 걱정하게 했다면 『사우디아라비아의 잘못된 방향』으로 제목을 정하는 게 더 적당했을 것 같다.

2007년 뮌헨 안보회의에서 푸틴은 중요한 연설을 했다. 그는 미국이 제멋대로 하는 일극 체제를 용납하지 않을 것이라고 말했다. 2008년 4월 부쿠레슈티 정상회의에서 미국이 조지아와 우크라이나에 나토 가입을 권한 것은 이 뮌헨 연설에 대한 대답으로 볼 수 있다. 미국이 쇠퇴하기 전 휴브리스가 절정에 이르렀던 사건은 증폭되는 서브프라임 위기였다. 벨레로폰의 추락이 시작된 것이다. 워싱턴의 엘리트들이 지상에 돌아올 시간이 다가왔다. 그러나 때는 너무 늦었다. 신들은 자신들이 잃고 싶은 자들의 눈을 멀게 했고 미국은 너무 깊이 개입했다. 부쿠레슈티에서 우크라이나에 나토의 문을 열어준 미국은 피해갈 수 없을 함정을 파기 시작했던 것이다.

2008년 8월 조지아는 미국이 지킬 수 없는 수많은 약속의 희생양이 되었다. 분리를 원하는 남오세티야와 갈등을 겪는 작은 공화국 조지아에 러시아가 개입했고 패배를 안겼다. 조지아는 남오세티야를 잃었고 보너스로 압하지야도 빼앗겼다. 그보다 석 달 전 나토 가입을 권하던 미국은 손끝 하나 까딱하지 않았다. 조지아는 작은 영토의 18퍼센트나 잃었다. 2023년 9월 우크라이나의 지도를 보다가 우크라이나도 영토의 18~20퍼센트(크림반도 포함)를 잃었다는 것을 깨달은 나는 러시아나 중국으로부터 미국이 보호해줄 것을 기대하는 국가는 어디라도 영토의 약 20퍼센트를 잃게 되는 비밀스러운 지정학적 법칙이라도 있는게 아닌가 싶었다. 아니, 내가 무슨 헛소리지? 대만은 100퍼센트를 잃을 수 있고, 리투아니아는 기껏해야 1~2퍼센트(벨라루스와 칼리닌그라드 사이에 있는 수바우키 회랑)를 잃을 수 있다. 내가 생각하는 대로 러시아의 최종 목표가 크림반도, 루한스크, 하르키우, 도네츠크, 드니프로, 자포리자, 헤르손, 미콜라이우, 오데사를 병합하는 것이라면 우크라이나는 영토의 40퍼센트를 잃을 것이다.

2008~2017년: 미국의 쇠퇴와 독일의 (특별히 평화로운) 휴브리스

미국의 군사비 지출은 2010년에 와서야 다시 줄어들기 시작했지만 이미 2008년부터 훨씬 더 검소해졌다. 휴브리스에서 소프로시네

Sophrosyne로 돌아가려 한 것이다. 소크라테스에 따르면 소프로시네는 휴브리스와 반대로 자기 자신을 정확히 평가해서 나오는 겸허함이다. 서브프라임 사태와 함께 마법의 경제 신화는 사라졌다. 2008년은 버락 오바마가 당선된 해이기도 하다.

오바마 대통령의 비극은 그의 인간 됨됨에도 불구하고 역사의 흐름을 막지 못했다는 것이다. 매우 똑똑하고 천성이 평화주의자인 그는 이라크 전쟁에 반대할 용기를 냈던 드문 정치인 중 하나였다. 호놀룰루에서 태어난 오바마는 2008년 47세였고, 따라서 냉전 시대에 교육을 받은 워싱턴의 '지정학자-장로정치인' 대부분과 달리 유럽과 그에 딸린 중동 문제에 집착하지 않았다. 그는 백악관의 상식 회복을 상징했다. 2012년 오바마는 러시아의 세계무역기구 가입을 찬성했고 우크라이나를 무장하는 데 반대했다. 2015년 7월 이란 핵 협상을 타결시키면서 그는 미국을 중동 푸줏간에서 빼내 오려 애썼다. 그는 이라크에서 성공해서 2011년 12월 18일 마지막 병사들의 철수까지 완료했지만 아프가니스탄에서는 실패했다.

미국이 중동에서 철수하기로 한 것은 2009년부터 에너지 자립을 회복했기 때문이기도 하다. 2008년 석유 생산량은 3000만 톤을 넘지 못했으나 2021년에는 그 양이 7억 1100만 톤에 이른다. 같은 기간 천연가스 생산량도 71퍼센트나 증가해서 미국은 세계 최대 천연가스 생산국이 되었다.

나는 오바마가 책임감 있는 마지막 미국 대통령이 되지 않을까 생각한다. 그것은 사실 그의 도덕성과 지성 ─ 과감히 내뱉자 ─ 때문이다. 그는 어머니만 백인이어서(프로이트 말고 에리히 프롬과 이스라엘의 랍비들처럼 나도 어머니의 영향이 더 세다는 것을 믿는다) 따지자면 백인은 아니지만 마지막 와스프 출신 엘리트이기도 할 것이다.

미국이라는 국가는 낭떠러지로 계속 뛰어가고 있었다, 조금씩 무기력하게. 2009년 나토는 크로아티아를 받아들였다. 2010년 45~54세 미국 백인의 기대수명은 감소하기 시작했다.

2002년에 나는 『제국 이후』에서 세상은 너무 넓고 역동적이어서 미국이 제어할 수 없다고 쓴 적이 있다. 2011년에도 그것은 자명한 이치였다. 미국인들은 국내 문제—경제 활성화와 의료 개혁—에 빠져 허우적대고 있었고 역사는 특히 아랍 세계에서 빠르게 흘러가고 있었다. 2010년 12월 17일 튀니지에서 혁명이 터졌다. 벤 알리 대통령은 2011년 1월 14일 망명했다. 1월 3일에는 알제리에서 반정부 시위가 시작되었고 1월 14일에는 요르단인들이 거리로 뛰쳐나왔다. 다음 날에는 이집트 혁명이 시작되었고, 27일에는 예멘 혁명이 시작되었다. 2월 14일에는 바레인, 15일에는 카다피의 리비아에서 혁명이 발발했다. 2월 20일에는 모로코에도 혁명의 바람이 불어닥쳤다. 3월 15일에는 시리아에서 바샤르 알아사드 정권에 대한 시위가 시작되었다.

2011년 3월 17일 미국은 리비아에 마지못해 마지막으로 개입했다. 마치 혜성의 꼬리 같았다. 미국은 마음이 떠났다. 결국 미국 대신 프랑스를 포함한 유럽에 공습 편집증이 도졌다.

2011년 3월 11일 일본에서 발생한 쓰나미가 후쿠시마 원전을 덮쳤다. 앙겔라 메르켈은 유럽의 수장들에게는 귀띔 한번 하지 않고 독일의 탈원전 결정을 기습 발표했다. 미국의 군사적 휴브리스가 가라앉은 것은 이상하게도 독일의 휴브리스 상승과 겹친다. 독일의 휴브리스가 독창적인 것은 군사적 성격이 완전히 배제되어 있기 때문이다. 평화적이고 경제적이며 인구학적인 휴브리스라고 할 수 있겠다. 독일은 무역 흑자를 거두어 금융 강대국이 되었고 그로 인해 유럽의 안주인이 되었다. 프랑스는 지정학적으로 존재가 곧장 사라졌다. 프랑스의 종교 제로 상태는 점점 더 제로에 가까워진 두 대통령, 니콜라 사르코지와 프랑수아 올랑드 집권 시절과 일치한다.[6] 절대적인 제로(사회학적 의미의 제로로, 전통적 가치와 정당이 완전히 사라진 것을 말한다)는 2017년 마크롱 대통령 집권과 함께 실현되었다.

노르트스트림 1은 2012년에 개통되었다. 이로써 독일과 러시아의 관계가 분명히 드러났다. 2013년에는 크로아티아가 유럽연합에 가입했다. 크로아티아는 공산주의 몰락 이후 유럽에서 독일의 첫 번째 위성국이었다. 1989~2021년 크로아티아의 인구는 480만 명에서 390만 명으로 90만 명이나 줄었지만 사실 이 기간 43만 6000명이 독일에 살고 있었다. 2010년, 2011년, 2015년 발생한 그리스 채무불이행 위기는 독일이 지휘봉을 잡고 있다는 것을 보여주었다. 독일은 권위적이고 평등하지 않은 직계 가족의 이상에 걸맞은 위계 있는 유럽을 원했다. 독일이 꼭대기에 있고, 프랑스가 충직한 오른팔로, 그리스가 밑바닥에 있는 그림이다. 독일의 훌륭한 보좌관 올랑드 대통령은 특별히 아테네에 재정 감독관을 파견해서 그리스 정부를 괴롭혔다.

2013년 7월 러시아는 아주 불경한 짓을 저질렀다. 자신이 19세기 대영 제국이나 나치 시절 스위스라고 착각했는지 에드워드 스노든에게 정치적 망명을 허락한 것이다.

독일의 휴브리스는 2015년 여름에 정점을 찍었다. 메르켈은 이번에도 유럽 수장들과 논의 없이 100만 명의 난민을 받아들였다. 그중 많은 사람이 시리아 출신이었다. 그는 "Wir schaffen das(우리는 해낼 수 있습니다)!"라고 외쳤다. 오바마의 "Yes, we can"의 독일 버전이라고나 할까. 그런데 여기에는 큰 차이가 있다. 독일이 뭔가 하고 싶다고 할 때 미국보다는 더 믿을 만하다는 점이다.

1년 전인 2014년 독일의 휴브리스는 엄청난 결과를 가져왔다. 2013년 11월 21일 시작된 유로마이단이다. 2005년 오렌지 혁명 때와는 달리 미국은 주도적인 역할을 하지 않았다. 이번에 운전대를 잡은 것은 독일이 지휘하는 유럽연합이었다.

오렌지 혁명은 아무런 성과 없이 끝났다. 친서방 세력과 친러 세력이 번갈아가며 권력을 잡았고 무정부 상태와 부패가 지속되었다. 그러나 오렌지 혁명은 은연중에 우크라이나 국민주의를 불러일으켰다. 그것이 2014년에 완전히 무르익어서 유로마이단 당시 그 에너지가 다 폭발한 것이다. 그러나 우크라이나 정부에 유럽연합과 러시아를 두고 양자택일하라고 요구함으로써 체제 붕괴를 가져온 것은 유럽연합이다. 유럽연합이 우크라이나를 분열시켰고 서부의 국민주의자들에게 기회를 준 것이다. 게다가 우크라이나 서부는 오스트리아와 독일 등 게르만 세계와 역사적으로 얽혀 있는 지역이다. 비군사적 확장으로 우크라이나에 누구를 선택해야 할지 명령한 것은 독일의 유럽이다. 나도 완전히 확신하는 것은 아니지만 내가 보기에 독일이 우크라이나에 원하는 것은 사회-기계의 성격에 걸맞게 영토가 아닌 노동인구인 듯하다. 러시아와 관계가 틀어지면 어쩔 수 없이 우크라이나 경제가 최종 붕괴할 테고 이때 발생할 이주민을 독일과 러시아가 나눠 가질 것이다. 그리고 실제로 그런 일이 벌어졌다.

미국은 이 일에 끼어들어 이익을 볼 일이 없다. 특이한 평화주의 휴 브리스에 빠진 독일이 안보 문제로는 여전히 미국에 기대더라도 말이 다. 그런데도 미국은 자신이 보호하는 독일 때문에 이 판에 뛰어들었고 어쩌면 무리를 할 수밖에 없었다. 독일과 러시아가 대립을 위해서든 협 상을 위해서든 서로 만나게 되는 이 중요한 전략 지역에서 모든 제어권 을 잃을지도 모르면서 말이다.

미국은 중동을 포기했다. 중동은 유럽, 동아시아와 함께 미국이 지 배하는 세 축 중 한 곳이다. 그런데 유럽이 미국 없이 꽃피우는 꼴을 볼 각오는 아직 못했다. 우크라이나에 개입한 것도 공격 작전을 통해 러시 아를 깨부수는 게 아니라 독일을 저지하고 유럽의 독자적인(그리고 매우 서툰) 정책이 수립되는 것을 막기 위해서였다.[7] 2015년경 미국은 확실 히 방어 모드로 바뀌었다.

2015년 6월 당시 오바마의 국무차관이었던 토니 블링컨의 말을 들 어보자. "동우크라이나든 남중국해든 우리는 현 상황을 일방적으로, 그 리고 무력으로 바꾸려는 노력들—미국과 그 동맹국들이 반대하는 위 반—을 보고 있다."[8] 이 말은 백 퍼센트 방어적인 자세를 나타낸다. 그 러나 이는 특이한 발언이기도 한데, 미국이 자국의 국경선과는 매우 먼 러시아(발트해 국가)와 중국(대만)의 국경지대에 주둔하고 있기 때문이 다. 따라서 내부가 약해지고 있는 국가가 보여주는 과대망상적인 방어 적 자세라 할 수 있겠다. 2014년 러시아는 크림반도를 회수했다. 미국 은 꿈쩍도 하지 않았다. 2015년 9월 30일 러시아는 시리아에 개입했다. 이번에도 미국은 꿈쩍하지 않았다.

2016~2022년: 우크라이나 니힐리즘의 함정

2016년 6월 23일 영국은 브렉시트를 결정했다. 11월 8일에는 도널드 트럼프가 미국 대통령으로 당선되었다. 영미권은 진공 상태에 빠졌다. 역사사회학적 관점에서 보면 이때가 절대적 제로의 해다. 우리는 논리가 없는 전략적 결정, 순전히 돌발적으로 벌어지는 일들을 볼 것이고 또 설명해야 할 것이다. 아직 거기까지는 아니더라도 2010년대 이후 미국에서 증가하고 있는 총기 난사 사건들과 비슷한 지정학적 사건들이 일어날 것에 대비해야 한다.

나는 오랫동안 트럼프의 대외 정책에서 일관성을 찾으려 했다. 그러나 포기해야 했다. 그가 푸틴의 지원을 받았다는 비난을 받지만 사실 2017년 12월부터 우크라이나를 무장시킨 것은 다름 아닌 트럼프다. 오바마는 이를 거절했었다. 트럼프는 우크라이나가 2014년부터 요구했던 대전차 미사일 재블린을 공급했다. 우크라이나 군대는 이 가공할 무기로 2022년 2~3월 키이우로 향하는 러시아의 공세를 막아냈다. 아직 아무도 모르겠지만 이 미사일은 미국이 빠진 함정을 걸어 잠그는 걸쇠다.

트럼프 재임 시절, 블롭은 급증할 뿐만 아니라 무질서했다. 네오콘은 '아메리카 퍼스트'를 외치는 대통령에 자신을 동일시하지 못했다. 대통령이 모든 국제 협약, 나토, 전쟁에 적대적인 선언을 해서 네오콘을 위험에 빠뜨렸기 때문이다. 공화당의 핵심 인사였던 로버트 케이건은 잠시 모습을 감추었다가 2020년 이후 민주당원들 사이에 다시 나타났다. 2018년 9월 그는 비관적인 내용을 담은 책 『밀림의 귀환』을 발표했다. 이 책은 블롭의 새로운 정신 상태를 상당히 잘 보여준다. 나는 그 정신 상태를 퇴행적이고 폭력적이라고 본다. 케이건은 구세대에 대한 원망을 다시 폭발시킨다. 일본과 독일은 미국 덕분에 민주주의 국가가 되었다는 것이다(이는 틀린 말은 아니다. 러시아만이 스스로 전체주의에서 벗어났다). 그는 군사적 행동이 여전히 필요하다고는 하지만 방어적 모드로 말한다. 우리는 이 급조된 책에서 미국 지정학자들 대부분이 가지고 있는 맹점을 발견할 수 있다. 즉 미국의 경제 쇠퇴를 부정한다는 점이다.[9]

물론 워싱턴에는 공화당원과 민주당원을 단결시키는 반중 라인이 존재한다. 그러나 그것은 아직 형성 초기이고 주로 경제적인 성격을 띠고 있다. 또 결국 실패할 것이다. 보호주의로의 선회는 실패할 수밖에 없다. 미국은 제조업이 이미 너무 약하고 특히 구조적으로 '슈퍼 네덜란드병'을 앓고 있기 때문이다. 이 질병의 독성 성분은 앞에서도 보았듯이 달러다. 미국은 수입을 대체할 제조업을 발전시키지 못하고 있다. 그에 필요한 숙련 노동자도 없다. 지나친 연봉을 받는 치과의사와 자동차 산업의 쇠퇴로 일자리를 잃은 노동자를 반도체 생산자로 바꿀 수는 없는 노릇이다.

트럼프의 대외 정책은 예측 불가였다. 2017년 12월 6일, 그는 예루살렘을 이스라엘의 수도로 인정했다. 왜 그랬을까? 미국의 유대인 유권자를 사로잡기 위해서였을까? 유대인은 대부분 민주당 지지자이고 앞으로도 바뀌지 않을 것이다. 그렇다면 복음주의자들을 기쁘게 하려고 그랬을까? 복음주의자들은 더는 정치 세력으로 기능하지 못한다. 그렇다면 그냥 변덕을 부린 걸까? 아닐 이유도 없지 않을까? 2018년

5월 8일 그는 이란 핵협정 탈퇴를 발표하고 "이란에 대한 경제 제재의 수준은 그 어느 때보다 높아질 것이다"라고 선언했다. 이스라엘을 기쁘게 하려고 그랬을까? 미국 석유 기업들이 공화당을 지지하니까 석유 가격을 올리려고 그랬을까? 가능성 있는 얘기다. 베네수엘라에 대한 제재도 똑같이 설명할 수 있다. 제재로 석유 가격이 올랐고 덕분에 미국은 2018년에 무역수지 균형을 이루었다. 그러나 이는 미국이 얻는 금전적 수익이 0이라는 말이다. 석유 가격 지지로 텍사스 석유 기업들은 흡족하겠지만 말이다. 도덕성 제로? 나는 트럼프가 미국 대외 정책의 새로운 방식을 만든 만큼 "안 돼!", "잘했어!", "쳇!"이라고 말할 때 어린아이 같은 유치한 즐거움을 느꼈으리라는 가능성도 배제하지 않는다. 그러나 마지막에 온전한 정신이 들었는지 트럼프는 2020년 2월 29일 도하에서 탈레반과 아프가니스탄 철수에 합의했다.

일관성의 부재는 그의 임기 마지막까지 계속되었다. 트럼프는 나토를 탈퇴하겠다고 협박했지만 그래도 나토는 2017년 몬테네그로, 2020년 북마케도니아를 받아들이며 확장했다.

2020년 11월 조 바이든이 당선되었다. 그는 초기에는 버락 오바마의 합리적 정신 상태를 회복하는 듯 보였다. 2021년 8월 30일 미군은 아프가니스탄에서 (트럼프가 협상한 합의안에 따라) 철수했다. 철수는 불명예스러운 상황에서 이루어졌지만 사이공 함락 이후에는 우리도 그런 상황에 익숙해져 있다. 미국이 옛날처럼 패주하니 어딘가 마음이 놓이는 구석이 있을 정도였다. 바이든은 이란과 협상을 재개했다. 유럽과는 다시 예의 바른 태도를 보였다. 그러나 그가 러시아에 더 공격적인 자세를 취하리라고는 아무도 예상하지 못했다. 우크라이나 재무장은 계속되었다. 미국이라는 국가와 사회가 해체되는 상황에서(2021년 1월 6일 트럼프 지지자들이 미 의사당을 공격한 사건을 잊지 말자) 미국이 여러 기관— 군대, 경찰, 해군, 정보기관 등— 으로 나눠지는 국가를 가정해볼 수 있다. 이 기관들이 통제나 조율 없이 작동한다고 해보자. 이것이 국가의 '블롭화'다.

미국(혹은 그 구성 요소)은 원하지 않았지만 유럽으로 끌려 들어갔다. 독일 문제가 커졌다. 블롭이 그토록 두려워했던 독일과 러시아의 우호의 상징인 노르트스트림 2의 건설 공사가 2021년 말에 끝났다. 특히 우크라이나 국민주의가 급부상했다. 우크라이나 정부는 돈바스와 크림반도를 되찾고 러시아계 주민에게 러시아어 사용을 금지해서 다시 굴종시키는(또는 추방하는) 불가능한, 따라서 니힐리즘적인 꿈을 추구했다. 우크라이나 정부는 우크라이나가 나토의 실질적인 회원국인 것처럼 행동했을 뿐만 아니라(미어샤이머가 정확히 보았다) 나토가 실질적인 회원국을 위한 공격 부대인 것처럼 행동했다.

따라서 러시아의 불신은 백 퍼센트 정당하다. 2021년 말 우크라이나 공격이 준비 중이었다. 그러나 이때까지만 해도 백악관은 돈을 대는 자금줄이 아니었다. CIA의 어느 부서라면 모를까. 그러다가 단 몇 주만에 미국은 전면화된 전쟁의 덫에 걸렸다.

2021년 12월 17일 푸틴은 우크라이나 관련 서면 보증을 나토에 요구했다. 2022년 1월 26일 블링컨은 이렇게 대답했다. "변화는 없고 앞으로도 없을 것이다." 이 말이 나토의 공격을 의미하는 것은 아니다.

푸틴도 미 행정부가 보증 원칙을 받아들일 수 없고 실질적 최후통첩에 양보하는 나약함을 보여줄 수 없다는 사실을 모르지 않았다. 결국 블링컨은 푸틴이 예상한 대로 "안 된다"라고 답했다. 러시아는 자신이 선택한 순간에 교전을 개시했다. 각국의 군사력을 평가했고 군사적 이유와 인구학적 이유로 2022~2027년이 최적의 시기라고 결정했다. 우크라이나군의 잠재력을 과소평가한 것은 사실이지만 나토의 매우 낮은 제조업 잠재력은 제대로 평가했다.

우크라이나의 효율적인 저항은 서방의 승리가 가능하다는 환상을 심어주었지만 미국에는 궁극적으로 비극이 될 것이다. 초기 우크라이나의 성공은 네오콘에 의해 조종되는 블롭을 도취시켰다. 우크라이나 북부에서 러시아군이 후퇴하고 2022년 가을 헤르손 남부와 하르키우 동부에서 우크라이나의 반격이 성공하자 군사주의 정서가 백악관을 장악했다. 전쟁의 역동성은 거부할 수 없었다. 전쟁이란 언제 어디서나 니힐리즘이 갖는 잠재성 중 하나이기 때문이다. 2008~2016년 미국의 군사적 쇠퇴는 합리적이었으나 약했다. 니힐리즘이 싹튼 순간에 일어났기 때문이다. 그리고 미국의 니힐리즘은 2022년 갑자기 우크라이나 니힐리즘과 공명하기 시작했다.

우크라이나 국민주의의 덧없는 군사적 성공은 미국이 지역적으로, 또 세계적으로 패배하지 않으면 벗어날 수 없는 군사적·경제적·이데올로기적 덫에 빠뜨렸다. 그 패배란 독일과 러시아의 관계 강화, 세계적 탈달러화, '조폐판'으로 지불하는 수입의 종식, 대빈곤이다.

워싱턴 사람들이 이를 인지하고 있는지는 모르겠다. 그들이 인지하고 있기를, 그리고 평화 협정을 체결할 능력이 있기를 기도하자. 그들은 평화가 자신들과 우크라이나에 제2의 사이공, 제2의 바그다드, 제2의 카불을 예고할 뿐이라고 믿을 것이다.

미국의 사회학적 제로 상태는 지도자들이 어떤 최종 결정을 내릴지 합리적인 예측을 하지 못하게 한다. 니힐리즘은 모든 것을, 정말 모든 것을 가능하게 한다는 것을 기억하자.

2023년 9월 30일 도엘랑에서

가자가 증명하는 미국 니힐리즘

2023년 이스라엘과 하마스의 충돌이 재개된 지난 3주 동안 우리는 워싱턴이 얼마나 폭력을 선호하는지 적나라하게 보게 되었다. 양 진영에서 특히 민간인들의 목숨을 앗아간 전쟁을 대면한 미국은 즉각적으로 분쟁의 심화에 무게를 실었다.

미국은 10월 8일 이미 동지중해로 첫 항공모함을 보내 이스라엘을 지지했고 이어 14일에 두 번째 항공모함을 보냈다. 본능에 충실한 이런 미국의 반응은 사실 군사적 필요와는 전혀 관계가 없다. 누가 이란이 반격하리라 확신할 수 있을까? 이스라엘은 핵무기가 있고 이란은 없는데 말이다.

조 바이든은 이스라엘에 연대를 표하기 위해 텔아비브를 방문했고 10월 20일 귀국해서 '하마스=푸틴, 이스라엘=우크라이나'라고 유치하기 짝이 없게 단순한 연설을 했다. 그는 이스라엘에 러시아 출신 주민이 100만 명 가까이 살고 있다는 사실을 잊었다. 이 주민들은 러시아 문화에 애착이 매우 크고 서방 언론이 뭐라고 하든 우크라이나 정부의 러시아어 말살 정책이나 우크라이나 극단주의자들의 나치 상징을 납득할 수 없다. 현실의 이스라엘 사람들에 대한 워싱턴의 무관심도 놀랍다. 미국은 상상의 국가에 무한한 연대를 표시했다.

2023년 10월 27일 미국은 요르단이 제안한 '즉각적이고 지속 가능하며 장기간의 인도주의적 휴전'을 위한 결의안에 투표하기를 거부했다. 결국 120개국이 찬성했고 45개국이 기권했으며 14개국—이스라엘, 미국, 피지, 통가, 마셜 제도, 미크로네시아 연방국, 나우루, 파푸아뉴기니, 파라과이, 과테말라, 오스트리아, 헝가리, 체코, 크로아티아(오스트리아-헝가리 제국의 유령일까?)만 반대했다. 미국의 반대표는 니힐리즘적이다. 인류 공통의 도덕을 저버린 것이다.

서방 국가 대부분은 기권했다. 영국, 폴란드, 우크라이나 등 유럽 내 친미 국가도 포함되었다. 프랑스, 노르웨이, 아일랜드, 에스파냐, 포르투갈은 요르단의 발의에 러시아, 중국과 함께 찬성했다. 독일은 기권했다. 그래도 전통적으로 친이스라엘이었던 입장을 다소 누그러뜨린 선택이었다.

서방 국가들의 대열 이탈은 상식적인 도덕성의 유지(민간인 학살을 멈춰야 한다)만큼이나 미국의 전략적 책임감의 부재에 대한 반사적 두려움을 드러낸다. 이 투표로 미국은 우크라이나 전쟁이 한창 진행 중인 때 즉각적이고 지속적으로 이슬람 세계를 잃기로 결정했다.

여러 해석 중 그나마 가장 우려스럽지 않은 해석은 미국이 하마스에 대한 전쟁을 지지한 것이 우크라이나 전쟁에서 지고 있음을 잊게 하고 또 스스로 잊을 방편이라는 것이다. 그리고 러시아의 보복을 걱정할 필요 없이 자유롭게 행동하고, 시리아를 좀 더 공습하고 언젠가는 이란을 공습할 수 있을 작전 무대로 보기도 한다. 동지중해는 미국 항공모함이 작전을 펼칠 수 있는 유일한 바다다. 중국의 초음속 미사일이 대만 방어를 위해 미 항공모함을 쓸모없는 무기로 만들었기 때문이다. 안타깝게도 푸틴은 10월 18일에 흑해에 킨잘 초음속 미사일을 탑재한 미그-31 정찰기를 배치했다. 이로써 미 항공모함을 5~10분 안에 공격할 수 있다.

몇 달 동안 우크라이나의 반격이 성공적이라는 환상을 심었던 서방 언론은 새로운 전쟁으로 관심을 돌려야 해서 분명 안심했을 것이다.

미국의 경우 니힐리즘의 개념 덕분에 더 폭넓은 해석이 가능했다. 미국의 무분별하고 비타협적인 이스라엘 지지는 자폭 징후이다.

나토는 전쟁 중이다. 우리는 제11장에서 비서방 국가 대부분(나머지 세계)이 러시아를 지지하고 서방의 제재 준수를 거부해서 러시아 경제가 버틸 수 있었다는 점을 보았다. 사우디아라비아는 석유 가격 조정을 위해 러시아와 논의하고, 중국(러시아의 동맹)의 호의적인 감독하에 이란(러시아의 동맹)과 화해했다. 나토는 제조업 전쟁에서도 밀리는 중이다. 탄약과 미사일을 충분히 생산할 능력이 없기 때문이다. 2023년 여름에 진행된 우크라이나 반격이 실패했다는 사실이 10월 초에 전 세계에 알려졌고 사람들은 우크라이나 정부군의 몰락을 점쳤다. 그런데 이 상황에서 미국 정부가 이슬람 세계의 러시아 지지를 굳건히 하기로 결정했다. 우크라이나에서 근동까지 확장된 바이든 행정부의 호전적 자세는 전쟁 중인 러시아가 평화 세력처럼 보이게 만들었다. 이슬람 세계는 러시아를 미국의 반복되는 폭력에 대항할 유일한 방패로 여긴다. 워싱턴의 전쟁 선호는 언젠가 끝없는 전쟁에 싫증 난 이스라엘이 인간적으로 가까운 러시아로 돌아서서 보복의 구렁텅이에서 벗어나기 위한 도움을 받으려 할지 모른다는 상상을 하게 만든다.

미국의 전략적 선택을 예상하고 싶다면 합리성이라는 명제를 하루라도 빨리 버려야 한다. 미국은 비용을 계산하면서 수익을 추구하는 것이 아니다. 워싱턴이라는 마을에서는, 종교의 제로 상태에 놓인 총기 난사의 나라에서는, 폭력에 대한 욕구가 가장 중요한 충동이다.

2023년 10월 30일

추신 2

패배에서 해체로

2024년 1월 프랑스에서 『서방의 패배』가 출간되고 2년이 채 지나지 않은 지금, 이 책에 나왔던 주요 예견들이 현실이 되었다. 러시아는 군사적으로나 경제적으로나 충격을 견뎠고, 미국의 군수 산업은 고갈되었다. 유럽의 경제와 사회는 내부 폭발의 조짐을 보인다. 우크라이나 군대가 무너지기도 전에 서방의 해체라는 다음 단계기 도래했다.

나는 미국과 유럽이 견지하는 러시아 혐오Russophobia 정책을 여전히 반대한다. 그러나 자유민주주의를 사랑하는 서방인이자 영국에서 연구 교육을 받은 프랑스인 그리고 제2차 세계대전 당시 미국으로 피난 갔던 어머니의 자식으로서 러시아를 상대로 벌인 무분별한 전쟁이 서방인인 우리에게 초래할 결과에 경악한다.

우리는 재앙의 시작점에 서 있는 것에 불과하다. 패배의 궁극적 결과가 나타나는 티핑 포인트가 점점 더 가까워지고 있다.

러시아를 경제적으로 보이콧하기를 거부하며 러시아를 지지했던 '나머지 세계'(혹은 글로벌 사우스나 글로벌 다수global majority)는 이젠 드러내놓고 푸틴을 지지한다. 브릭스는 새로운 회원국을 받아들이며 확장하고 결속을 강화한다. 미국에 선택을 강요당한 인도는 독립을 택했다. 2025년 8월 상하이협력기구 정상회의에 참석했던 푸틴, 시진핑, 모디의 사진은 역사적 순간의 상징으로 남게 될 것이다. 그런데도 서방 언론은 여전히 푸틴을 괴물로, 러시아 국민을 농노로 표현한다. 나머지 세계가 푸틴을 지도자로, 러시아 국민들을 고유의 문화와 주권 의지를 가진 평범한 인간으로 본다는 사실을 서방 언론은 처음부터 상상조차 하지 못했다. 나는 수백 년 동안 서방이 경제적으로 착취하고 거만하게 내려다본 나머지 세계에서 러시아의 위신이 다시 서고 있다는 사실을 우리 언론이 상상하지 못함으로써 우리의 눈을 더 멀게 하지 않을까 우려한다. 러시아인들은 과감했다. 그들은 제국에 도전장을 냈고 싸워서 이겼다.

역사의 아이러니는 유럽인이자 백인에 슬라브어를 쓰는 러시아 국민이 나머지 세계의 군사적 방패가 되었다는 사실이다. 서방이 공산주의 몰락 이후 러시아를 품지 않았기 때문이다.

패배한 미국 대통령 도널드 트럼프가 펼치는 정책에 일관성이 없지만 나는 여기서 서방의 해체 모델을 간단히 그려볼 수 있다. 나는 미국 정책의 비일관성은, 불안정하고 변태적이라고 할 수밖에 없는 인물에서 기인한 것이 아니라 미국이 풀 수 없는 딜레마에서 비롯되었다고 생각한다. 국방부와 백악관의 지휘부는 전쟁에서 졌다는 사실과 우크라이나를 결국 버릴 수밖에 없다는 것을 알고 있다. 전쟁에서 발을 빼고 싶게 만든 요인은 그들이 가진 상식이다. 그러나 다른 한편으로는 바로 그 상식 때문에 우크라이나에서 철수하면 베트남, 이라크, 아프가니스 탄에서는 없었던 비극적 결말을 안으리라는 것을 그들은 예감한다. 우 크라이나 전쟁은 미국이 대규모 탈산업화와 힘겨운 재산업화를 겪는 상황에서 맛보는 최초의 국제적이며 전략적인 패배이다. 중국은 세계 의 공장이 되었다. 출산율이 낮아 중국이 미국을 대체할 수는 없겠지만 미국이 중국과 제조업으로 경쟁하기에는 이미 너무 늦었다.

세계 경제의 탈달러화는 시작되었다. 그러나 트럼프와 그의 고문들 은 그 사실을 받아들이지 못한다. 탈달러화가 바로 제국의 종말이기 때 문이다. 그런데 포스트제국주의 시대는 미국 국민국가의 귀환을 추구 하는 마가Make America Great Again의 목표일 것이다. 하지만 제조업 생산 능 력이 아주 낮은 미국(미국 경제의 본질을 다룬 제9장 참조)이 신용으로 살아 가기를 포기하기란 달러를 찍어내는 걸 포기하기만큼이나 불가능하 다. 미 제국주의와 달러의 후퇴는 미국인의 생활 수준을 급격히 떨어뜨 릴 것이다. 이 미국인에는 트럼프를 지지하는 서민 유권자들도 포함된 다. 제2기 트럼프 정부의 첫 예산 법안인 '하나의 크고 아름다운 법안 OBBA'은 보호주의를 표방하는 계획 또는 꿈을 상징하는 관세 장벽에 도 불구하고 여전히 제국주의적인 법안이다. OBBA는 군비 지출과 적자를 다시 상승시키고 미국의 재정 적자는 반드시 달러 발행과 무역 적자를 낳는다. 제국주의적 역동성, 아니 제국주의적 무기력은 생산적 인 국민국가의 부활이라는 꿈을 망치기만 한다.

한편 유럽에서는 지도자들이 군사적 패배를 제대로 이해하지 못하 고 있다. 그들이 작전을 지휘한 것은 아니다. 2023년 여름(이때 나는 『서방의 패배』를 쓰고 있었다) 우크라이나의 반격 작전을 짠 것은 미 국방부다. 미 군부는 우크라이나를 내세워 대리전을 치렀으나 러시아를 상대로 방어하는 데 실패했음을—무기를 충분히 생산하지 못했고 러시아 군이 자기들보다 똑똑했기 때문이다—알고 있다. 유럽 지도자들은 무기 시스템만 제공했고 가장 중요한 무기들은 제공하지 않았다. 군사적 패배가 얼마나 큰지 의식하지 못한 그들은 반대로 자국 경제가 제재 정책으로, 특히 값싼 러시아산 에너지 수급이 끊기면서 마비되었음을 알고 있다. 유럽 대륙을 경제적으로 반으로 가르는 행위는 자살과 같은 미친 짓이다. 독일 경제는 침체하였고, 서유럽 곳곳에는 빈곤과 불평등이 가중되고 있다. 영국은 낭떠러지 앞에 서 있고, 프랑스도 그 뒤를 바짝 따른다. 사회와 정치 시스템은 막혀 있다. 경제적으로나 사회적으로 부정적인 역학은 전쟁 이전에도 존재했고 이미 서방을 긴장시켰다. 부정적인 에너지는 서유럽 전역에서 다양하게 나타나고 있었다. 자유무역은 제조업 기반을 흔들고, 이민은 제대로 된 급여를 보장하는 안정적인 일자리를 빼앗긴 서민층을 중심으로 정체성 증후군을 발달시켰다.

더 심층적인 차원으로 내려가 보면, 분열의 부정적 역학은 문화적인 것임을 알 수 있다. 고등교육이 대중화되면서 다층적인 사회가 만들어졌고 그 안에서 고등교육을 받은 사람—인구의 20, 30, 40퍼센트—은 자기들끼리 교류하며 살고 스스로 우월하다고 생각하며 서민층을 무시하고 노동과 제조업을 거부하기 시작했다. 보편적인 초등교육(보편적 문해력)은 민주주의의 밑거름이 되었으며 모두가 평등하다는 의식이 잠재된 균질한 사회를 낳았다. 반면 고등교육은 과두 사회를 낳았고 인간은 불평등하다는 잠재의식이 장악한 계급화된 금권 사회를 낳았다. 궁극적인 모순점은 고등교육의 발달로 이러한 과두 사회나 금권 사회에서 사람들의 지적 수준이 저하되었다는 점이다. 나는 반세기도 더 전인 1997년에 출간한『경제의 허상 *L'Illusion économique*』에서 이러한 문제를 지적한 바 있다. 서방의 산업은 나머지 세계로 이전되었다. 나머지 세계에는 당연히 동유럽의 옛 인민민주주의 공화국들도 포함된다. 이 국가들은 소련의 종속에서 벗어나 서유럽이 지배하던 변방 국가의 지위를 되찾았다. 나는 제3장에서 제조업 노동자들이 많은 중국 내륙과 같은 상황을 자세히 다루었다. 그러나 유럽 전역에서 고등교육자들이 품은 엘리트주의는 '포퓰리즘'을 낳았다.

전쟁은 유럽의 긴장을 한층 악화시켰다. 그리고 유럽을 더 빈곤하게 만들고 있다. 그러나 무엇보다도 큰 전략적 실패는 자국을 승리로 이끌 능력이 없는 지도자들의 정당성이 무너진 것이다. (엘리트 언론인들이 주로 '포퓰리스트'나 '극우' 또는 '국민주의자'라고 부르는) 보수적인 서민층의 움직임이 늘고 있다. 영국의 영국개혁당Reform UK, 독일의 독일대안당AfD, 프랑스의 국민연합Rassemblement national 등이 그 예다. 여전히 모순적인 것은 나토가 러시아의 체제 변화를 기대하며 내렸던 경제 제재가 서유럽에 연속적인 체제 변화 사태를 촉발할 지경이라는 점이다. 서방의 지도층은 러시아의 권위적 민주주의가 전쟁 승리를 통해 정당성을 다시 인정받는, 혹은 과도하게―푸틴 체제하에 러시아가 안정을 되찾으면서 처음부터 푸틴의 정당성은 굳건히 확보되었으므로―인정받는 바로 그 순간 전쟁 패배로 인해 정당성을 잃을 것이다.

2026년을 맞는 우리의 세계는 이러하다.

서방의 해체는 '서열화된 파열'의 형태를 띤다.

미국은 러시아 통제를 포기하고 중국에 대한 통제는 더욱 그러하리라고 나는 생각한다. 중국이 군사 항공 분야에 없어서는 안 될 희토류인 사마륨 수입을 봉쇄함으로써 미국은 군사적으로 중국과 대치할 꿈을 더는 꿀 수 없다. 나머지 세계―인도, 브라질, 아랍 세계, 아프리카―는 이 상황을 이용하고 미국의 통제를 벗어난다. 반면 미국은 유럽과 동아시아의 '동맹국'에게 완전히 등을 돌린다. 이는 최후의 과도한 착취를 위한 노력의 일환이기도 하지만 솔직히 말하면 단순히 분하기 때문이기도 하다. 미국은 모욕을 피하려고, 세상과 자기 자신에게 약점을 감추려고 유럽에 벌을 주는 것이다. 제국은 스스로를 갉아먹고 있다. 이것이 트럼프가 파트너가 아닌 축소된 제국의 식민지 주민이 된 유럽에 강요하는 관세와 투자의 의미이다. 연대를 중시하는 자유민주주의 시대는 끝났다.

트럼프주의는 '백인 서민층의 보수주의'다. 서방에서 떠오르는 것은 서민 보수주의들의 연대가 아니라 내부 연대의 단절이다. 패배의 결과인 분노에 휩싸인 유럽 각국은 애통함을 흡수하고 자국보다 약한 국가를 배반한다. 미국은 유럽과 일본을 배신하고, 프랑스는 과거 식민지인 알제리와 다시 갈등을 일으킨다. 독일은 숄츠에서 메르츠에 이르기까지 미국에 복종하기로 했고, 그로 인해 모욕을 느껴서 자국보다 더 약한 유럽 동맹국들에 분풀이를 한다. 나의 조국 프랑스는 가장 큰 위협에 노출되어 있는 듯하다.

『서방의 패배』에 담긴 가장 근본적인 개념 중 하나는 니힐리즘이다. 나는 개신교―세속화가 끝났다―의 '제로 상태'가 어떻게 미국 교육과 제조업의 붕괴만을 설명하지 않는지 보여준다. 제로 상태는 형이상학적 진공 상태이기도 하다. 나는 신앙이 없고 종교의 귀환(가능하다고 보지 않는다)을 위해 싸우지도 않는다. 그러나 역사학자로서의 나는 종교에서 비롯된 사회적 가치들이 사라졌기 때문에 도덕적 위기, 물건과 인간을 파괴하고자 하는 충동(전쟁), 궁극적으로는 현실의 파괴 시도(미국 민주당의 트랜스젠더 현상과 공화당의 기후 변화 부정 등)라는 결과를 낳았다고 본다. 위기는 세속화가 끝난 국가 어디나 존재하나, 세상과 지구의 삶이 가진 아름다움에 더 개방적인 가톨릭교가 아니라 초월의 추구에 있어서 절대주의적인 개신교나 유대교가 종교인 나라에서 더 심각하다. 전통적인 종교의 패러디 형태, 내가 보기에 니힐리즘적인 본질의 패러디가 발달한 국가가 바로 미국과 이스라엘이다. 이러한 비합리성이 패배의 중심에 있다. 따라서 패배는 힘을 '기술적으로' 잃은 것일 뿐 아니라 도덕적 피로, 니힐리즘으로 귀결되는 긍정적인 삶의 목표 부재를 의미한다.

이러한 니힐리즘은 유럽, 특히 발트해의 개신교 연안 국가 지도자들의 의도 뒤에 숨어 있다. 그들은 러시아를 계속 자극해서 전쟁을 확대하려고 한다. 니힐리즘은 러시아를 상대로 한 미국의 패배에서 나타난 분노를 가장 잘 표출할 수 있는 곳인 중동의 불안정화 뒤에도 숨어 있다. 무엇보다 이스라엘의 네타냐후 체제가 가자 학살을 벌이거나 이란을 공격했을 때 전쟁의 주도권을 쥐고 있었다고 너무 쉽게 믿지는 말자. 이러한 폭력 사태에서 제로 개신교와 제로 유대교는 니힐리즘적 결과들을 비극적으로 뒤섞어 놓는다. 그러나 중동 전역에서 혼돈을 조장하는 최후의 결정자는 무기를 제공하고 직접 공격에 나서기도 하는 미국이다. 미국은 우크라이나에 그랬듯이 행동에 나서도록 이스라엘을 부추긴다. 제1기 트럼프 행정부는 예루살렘에 미국 대사관을 설치했고, 가자를 휴양지로 바꿀 수 있다고 생각한 최초의 인물도 트럼프였다. 나는 이러한 이론을 증명할 책, 행위자들의 상호작용을 하나하나 해체할 책이 필요할 것을 알았다. 그러나 역사학자가 직업이고 반세기 동안 지정학을 연구한 나는 나토의 유럽처럼 이스라엘도 더는 중립국이 아니라고 느낀다. 서방의 문제는 국민국가의 예정된 죽음이다.

제국은 광활하고 소음과 분노 속에서 해체되고 있다. 그 제국은 다중심적이고 목표도 제각각이며 조현병을 앓고 있다. 그러나 제국의 각 부분은 전체와 떼려야 뗄 수 없다. 트럼프는 현재 제국의 '중심'이다. 즉각적인 지배 영역(유럽과 이스라엘)으로 후퇴하려는 합리적 의도와 전쟁을 향한 니힐리즘적 충동을 결합한다는 의미에서 트럼프는 제국의 가장 훌륭한 이데올로기적·실천적 화신이다. 이러한 경향—후퇴와 폭력—은 제국의 핵인 미국 내부에서도 발현된다. 그곳에서는 서열화된 파열이라는 원칙이 작동한다. 그 탓인지 내전 가능성을 언급하는 영미권 작가가 점점 늘고 있다.

미국의 금권 사회는 다원적이다. 금융가의 금권 사회가 있고, 석유 재벌의 금권 사회, 실리콘 밸리의 금권 사회가 있다. 트럼프주의를 믿는 금권주의자, 텍사스의 석유 개발자, 최근 합류한 실리콘 밸리의 동조자들은 동부 해안에서 대학을 나온 민주당 엘리트들을 경멸한다. 민주당 엘리트들은 또 국가 심장부의 백인 트럼프주의 신봉자들을 경멸한다. 그리고 백인 트럼프주의 신봉자들은 흑인 민주당원을 경멸한다.

오늘날 미국의 흥미로운 특징 중 하나는 지도자들이 남아메리카에서 유입되는 이민자들을 벽으로 막겠다는 마가의 시도에도 불구하고 내부와 외부를 점점 더 구분하지 못한다는 점이다. 군대가 베네수엘라에서 출발하는 선박들에 사격을 가하고, 이란을 폭격하고, 미국에서 민주당을 지지하는 도시의 중심부로 진격하고, 이스라엘 공군에 자금을 대서 대규모 미군 기지가 주둔한 카타르를 공격한다. SF 소설을 읽는 독자라면 지금까지 나열한 우려스러운 상황에서 디스토피아로의 진입이 시작되었음을 간파할 것이다. 디스토피아란 힘, 파편화, 서열, 폭력, 빈곤, 퇴폐가 만연한 부정적 세상이다.

　그러니 미국을 벗어나 우리 자신으로 남자. 우리가 가진 내부와 외부에 관한 지각, 중용의 감각, 현실과의 접촉, 옳은 것과 아름다운 것에 대한 개념을 지키자. 유럽 지도자들이 전쟁으로 도망칠 때 거기에 휘말리지 말자. 그들은 역사에서 길을 잃은 특권자들이며 패배로 절망하고 언젠가 국민의 심판을 받으리라는 생각에 두려움에 빠진 자들이다. 그리고 무엇보다 모든 것의 의미에 대해 생각하는 것을 잊지 말자.

2025년 9월 28일

파리에서

주석

서론

1 David Teurtrie, *Russie. Le retour de la puissance*, Dunod, 2021.

2 막스 베버는 국가를 정당한 폭력을 독점한 독립체로 정의했고 홉스는 만인에 의한 만인의 투쟁을 자연 상태로 설명했다.

3 Tatiana Kastouéva-Jean, "La souveraineté nationale dans la vision russe", *Revue Défense nationale*, no. 848, march 2022, pp. 26-31.

4 존 J. 미어샤이머 저, 이춘근 역,『미국 외교의 거대한 환상 — 자유주의적 패권 정책에 대한 공격적 현실주의의 비판』, 김앤김북스, 2020.

5 예일대학교 출판부에서 출간되었다. 따라서 프랑스도 미국 체계의 변방에 있지 않다.

6 Aristote, *Politique*, Les Belles Lettres, 1989, t. II, p. 174.

7 Emmanuel Todd, *Après l'empire. Essai sur la décomposition du système américain*, Gallimard, 2002. 2004년 저자의 미발표 후기가 들어간 '폴리오 악튀엘Folio Actuel' 컬렉션에서 나온 재판의 pp. 94-99 참조.

8 Emmanuel Todd, *La Chute finale. Essai sur la décomposition de la sphère soviétique*, Robert Laffont, 1976; nouvelle édition augmentée, 1990.

9 Adam Ferguson, *An Essay on the History of Civil Society*, Cambridge University Press, 1996, p. 25.

10 위의 책, p. 28.

11 위의 책, p. 29.

제1장

1   서방의 엘리트 계층은 진심이었다는 가설이 필요하다는 것을 내게 이해시킨 올리비에 베뤼예르Olivier Berruyer에게 감사한다.

2   D. Teurtrie, *Russie*, Dunod, 2021, p. 84.

3   위의 책, p. 121.

4   위의 책, p. 187.

5   위의 책, pp. 187–188.

6   위의 책, p. 93.

7   위의 책, p. 95.

8   위의 책, p. 94.

9   자크 사피르의 개인 메모이다. 내 질문에 답해준 그에게 진심으로 감사한다.

10 James K. Galbraith, "The Gift of Sanctions: An Analysis of Assessments of the Russian Economy, 2022–2023", *Institute for New Economic Thinking Working Paper*, no. 204, April 10, 2023.

11 OECD 통계.

12 디소낭스: 프랑스-러시아인의 저널Dissonance. Journal d'un Frussien, https://alexandrelatsa. ru에서 '역대 선거Élections' 항목 참조.

13 이것은 내가 2023년 4월 20일 자《마리안*Marianne*》에 기고한 칼럼 「마크롱주의와 푸틴주의 — 사회학적 비교Macronisme et poutinisme, une comparaison sociologique」에서 했던 실수다.

14 Emmanuel Todd, *La Troisième Planète. Structures familiales et systèmes idéologiques*, Seuil, 1983 참조.

15 Anatole Leroy-Beaulieu, *L'Empire des tsars et les Russes*, Robert Laffont, 1991, p. 445.

16 Margaret Mead, *Soviet Attitudes Toward Authority. An Interdisciplinary Approach to Problems of Soviet Character*, Rand Corporation, 1951.

17 Geoffrey Gorer & John Rickman, *The People of Great Russia. A Psychological Study*, London, The Cresset Press, 1949.

18 Dinko Tomašić, *The Impact of Russian Culture on Soviet Communism*, Glencoe, The Free Press, 1953.

19 Edward Banfield, *The Moral Basis of a Backward Society*, Glencoe, The Free Press, 1958.

20 Bertram Schaffner, *Fatherland. A Study of Authoritarianism in the German Family*, Columbia University Press, 1948; Ruth Benedict, *The Chrysanthemum and the Sword*, Boston, Houghton Mifflin, 1946(루스 베네딕트 저, 김윤식, 오인석 역,『국화와 칼— 일본 문화의 틀』, 을유문화사, 2019).

21 2016년 9월 30일 자《스미스소니언 매거진*Smithsonian Magazine*》에 게재된 케넌에 관한 기사「전설적인 '봉쇄' 전략에서 비롯된 조지 케넌의 러시아 사랑George Kennan's Love of Russia Inspired His Legendary "Containment" Strategy」참조.

22 Walt Rostow, *The Stages of Economic Growth: A non-communist manifesto*, Cambridge University Press, 1991.

23 프랑스 일간지《르몽드》, 주간지《렉스프레스》와《르푸앵》, 국영 라디오 방송의 기자 들을 많이 아는 나로서는 그들이 인구나 군사 부문에서 무능력하다는 것이 정보를 의 식적으로 감추었다는 것보다 더 그럴듯한 가설로 보인다. 이런 가능성을 언급하는 것 도 순전히 예의상 하는 것이다.

제2장

1 Emma Lambertin, "Lessons from Ukraine: Shifting International Surrogacy Policy to Protect Women and Children", *Journal of Public and International Affairs*, 1st May 2020 참조.

2 A. Leroy-Beaulieu, *L'Empire des tsars et les Russes*, Robert Laffont, 1991, p. 90.

3 Emmanuel Todd, *Où en sont-elles? Une esquisse de l'histoire des femmes*, Seuil, 2022, 제14장 참조.

4 Oliver H. Radkey, *Russia Goes to the Polls. The Election to the All-Russian Constituent Assembly. 1917* [1950], Cornell University Press, new edition, 1977.

5 홀로도모르로 발생한 사상자 통계에 대해서는 이견이 많다. 내가 언급한 사망자 수 260만 명은 "A New Estimate of Ukrainian Population Losses During the Crises of the 1930s and 1940s", *Population Studies*, 56, 2002, pp. 249-264에 근거했다. 이 논문은 자크 발랭Jacques Vallin, 프랑스 메슬레France Meslé, 세르게이 아다메Serguei Adamets, 세르 히 피로시코프Serhii Pyrozhkov가 썼으며, 이 연구자들의 역량에는 의심의 여지가 없다.

6 Alexandra V. Lysova, Nikolay G. Shchitov et William Alex Pridemore, "Homicide in Russia, Ukraine, and Belarus", in *Handbook of European Homicide Research. Patterns, Explanations and Country Studies*, New York, Springer, 2011, pp. 451-470 참조.

7 Anders Åslund, *Ukraine. What Went Wrong and How to Fix It*, Washington, Peterson Institute for International Economics, 2015, pp. 8-9.

8　이러한 정보와 열쇠를 준 그에게 개인적으로 감사한다.

9　Mark Tolts, "A Half Century of Jewish Emigration from the Former Soviet Union: Demographic Aspects", Project on Russian and Eurasian Jewry, Davis Center for Russian and Eurasian Studies, Harvard University, 20 November, 2019.

10　미국, 영국, 캐나다, 오스트레일리아, 뉴질랜드를 합쳐서 일컫기 위해 나의 전작에서 썼던 '아메리카노스피어Americanosphere'이라는 표현을 사용하겠다. 다른 저자들은 '앵글로스피어Anglosphere'라는 표현을 쓴다. 이 5개국이 갖는 강화된 공동체라는 개념은 문화적이며 지정학적으로 자명한 사실이다. 제임스 C. 베넷(James C. Benett, *The Anglosphere Challenge. Why the English-Speaking Nations Will Lead the Way in the Twenty-First Century*, Lanham, Rowman and Littlefield, 2004)이 말하는 앵글로스피어의 개념은 꼭 필요하다. 나는 미국이 다른 4개국을 흡수한다는 개념보다는 앞으로 살펴보겠지만 미국 자체에서 '앵글로' 문화의 방향이 사라진 것 때문에 아메리카노스피어라는 표현을 썼다.

제3장

1　Oliver Radkey, *Russia Goes to the Polls*, Cornell University Press, 1977.

2　Nicolas Werth, "Qui étaient les premiers tchékistes?", *Cahiers du monde russe*, 1991, 32-4, pp. 501-512.

3　『포옹합시다, 폴빌!』은 외젠 라비슈Eugène Labiche와 오귀스트 르프랑Auguste Lefranc의 희곡으로 1850년 파리에서 초연되었다. "포옹합시다, 폴빌!"은 문제가 있다는 것을 부정하면서 우정을 과시하는 것을 비웃는 표현이 되었다.

4　Max Weber, *La Ville*, La Découverte, 2014, pp. 74-78.

5　Iván T. Berend, *Decades of Crisis. Central and Eastern Europe before Word War II*, University of California Press, 1998.

6　다음의 수치는 2021년 통계다. 출처: 세계은행.

7　David Schoenbaum, *Hitler's Social Revolution: Class and Status in Nazi Germany, 1933-1939*, Garden City, NY, Doubleday, 1966.

8　David Schoenbaum, *La Révolution brune*, Les Belles Lettres, 2021, p. XVI.

9　루마니아도 그랬지만 이유가 달랐다. Paul Lendvai(헝가리 출신의 유대인), *L'Antisémitisme sans juifs*, Fayard, 1971 참조.

제4장

1　Emmanuel Todd, *Après la démocratie*, Gallimard, 2008.

2 Christopher Lasch, *The Revolt of the Elites and the Betrayal of Democracy*, W. W. Norton & Company, 1995.

3 Michael Lind, *The Next American Nation. The New Nationalism and the Fourth American Revolution*, New York, Simon & Schuster, 1996.

4 Michael Lind, *The New Class War. Saving Democracy from the Metropolitan Elite*, London, Portfolio/Penguin Random House, 2020.

5 Joel Kotkin, *The New Class Conflict*, Candor, Telos Press Publishing, 2014.

6 Colin Crouch, *Post-Democracy*, Cambridge, Polity 2003.

7 Mark Garnett, *From Anger to Apathy. The British Experience since 1975*, London, Random House, 2007.

8 데이비드 굿하트 저, 김경락 역,『엘리트가 버린 사람들 *The Road to Somewhere. The Populist Revolt and the Future of Politics*』, 원더박스, 2019.

9 David Skelton, *The New Snobbery. Taking on Modern Elitism and Empowering the Working Class*, Hull, Biteback Publishing, 2021.

10 Christophe Guilluy, *La France périphérique. Comment on a sacrifié les classes populaires*, Flammarion, 2014.

11 Luc Rouban, *La démocratie représentative est-elle en crise?*, La Documentation française, 2018.

12 Jérôme Fourquet, *L'Archipel français. Naissance d'une nation multiple et divisée*, Seuil, 2019.

13 Oliver Nachtwey, *Germany's Hidden Crisis. Social Decline in the Heart of Europe*, London, Verso Books, 2018.

14 Peter Mair, *Ruling the Void. The Hollowing of Western Democracy*, London, Verso Books, 2013.

제5장

1 Nicholas Mulder, *The Economic Weapon. The Rise of Sanctions as a Tool of Modern War*, Yale University Press, 2022.

2 Jacques Bainville, *Les Conséquences politiques de la paix*, Gallimard, 2002.

3 출처: 독일 통계청.

4 OECD, *Is the German Middle-Class Crumbling? Risks and Opportunities*, 2021.

5 즈비그뉴 브레진스키 저, 김명섭 역,『거대한 체스판 *The Grand Chessboard* —21세기 미국의 세계 전략과 유라시아』, 삼인, 2017.

6 올리버 벌로 저, 박중서 역, 『머니랜드*Moneyland*—사악한 돈, 야비한 돈, 은밀한 돈이 모이는 곳』, 북트리거, 2020.

7 Oliver Bullough, *Butler to the World. How Britain Became the Servant of Tycoons, Tax Dodgers, Kleptocrats and Criminals*, London, Profile Books, 2022.

8 Gabriel Zucman, *La Richesse cachée des nations. Enquête sur les paradis fiscaux*, Seuil, 2017.

9 UBS는 2023년 7월에 3억 8700만 달러의 벌금형을 받았다. CNN 사이트에서 서맨사 델루야*Samantha Delouya*의 2023년 7월 24일 자 기사 「아케고스와의 거래에서 일어난 크레디 스위스의 '위법 행위'로 3억 8700만 달러의 벌금형을 받은 UBS *UBS Hit with $387 Million in Fines for "Misconduct" by Credit Suisse in Archegos Dealings*」 참조.

10 글렌 그린월드 저, 박수민, 박산호 역, 『더 이상 숨을 곳이 없다*No Place to Hide*—스노든, NSA, 그리고 감시국가』, 모던타임스, 2014.

11 내 계산값이 방법론적으로 봤을 때는 작다고 보일 수 있으나 『최후의 추락』에서 KGB가 소련 경제에 미친 영향도 이런 식으로 계산했다.

12 뱅자맹 그리보는 프랑스의 정치인으로 사회주의자이지만 마크롱주의자이다. 그의 정치 경력은 2020년 성적인 내용이 담긴 그의 영상이 공개되면서 끝났다. 인터넷에 관한 순진함이 그 자체로는 별 의미가 없었던 이 사건에서 중요한 요소였다.

13 타스 통신, 2023년 7월 중순.

14 Subrahmanyam Jaishankar, *The India Way. Strategies for an Uncertain World*, Gurugram, Harper Collins India, 2020.

제6장

1 위키피디아 2023년 9월 13일 검색 결과.

2 Linda Colley, *Britons. Forging the Nation 1707-1837*, London, Pimlico Books, 1994.

3 *Britannia Unchained: Global Lessons for Growth and Prosperity*, London, Palgrave MacMillan, 2012.

4 이 수치는 영국에서 태어난 BAME에 해당한다.

5 https://www.ethnicity-facts-figures.service.gov.uk/education-skills-and-training/higher-education/entry-rates-into-higher-education/latest.

6 줄리언 어산지는 위키리크스의 창립자다. 2019년 위키리크스는 미국과 그 동맹국들이 이라크와 아프가니스탄에서 어떻게 전쟁을 수행했는지 폭로했다. 이후 어산지는 세계적으로 유명해졌다. 그는 스웨덴, 영국, 미국이 연루된 정치·사법 스캔들을 폭로하여 2010년부터 정치사범으로 인정될 만큼 자유를 박탈당했다.

7   *The Guardian*, "Children Raised Under UK Austerity Shorter than European Peers, Study Finds", 21 june 2023.

8   영국의 사회경제적 변화에 관해서는 David Edgerton, *The Rise and Fall of the British Nation: A Twentieth Century History*, Penguin, 2019 참조.

9   https://www.theguardian.com/society/microsite/outsourcing_/story/0,13230,933818,00.html.

10   막스 베버 저, 박문재 역, 『프로테스탄트 윤리와 자본주의 정신』, 현대지성, 2018.

11   K.D.M. Snell et Paul S. Ell, *Rival Jerusalems. The Geography of Victorian Religion*, Cambridge University Press, 2000, p. 415.

12   Hugh McLeod, *Religion and the People of Western Europe 1789-1989*, Oxford University Press, 1997.

13   Calum G. Brown, *The Death of Christian Britain. Understanding Secularisation 1800-2000*, London, Routledge, 2009. 이 책에 영국의 사례가 잘 설명되어 있다.

14   칼럼 G. 브라운이 『기독교 영국의 죽음』에서 다른 표현을 사용했지만 이 현상을 잘 설명했다. 내가 좀비 개신교라고 하는 것을 브라운은 개신교라고 표현한다.

15   위의 책, p. 168.

16   Boyd Hilton, *The Age of Atonement. The Influence of Evangelicalism on Social and Economic Thought 1785-1865*, Oxford University Press, 1986 참조.

17   Francis Green et David Kynaston, *Engines of Privilege. Britain's Private School Problem*, London, Bloomsbury, 2019 참조.

18   Mike Savage, *Social Class in the 21st Century*, London, Pelican Books, 2015, p. 38.

19   Kathryn Simpson, "Tabloid Tales: How the British Tabloid Press Shaped the Brexit Vote", *Journal of Common Market Studies*, vol. 61, no. 2, 2022, pp. 302-322.

20   Deborah Mattinson, *Beyond the Red Wall. Why Labour Lost, How the Conservatives Won and What Will Happen Next?*, Hull, Biteback Publishing, 2020 참조.

21   Owen Jones, Chavs. *The Demonization of the Working Class*, London, Verso, 2016 참조.

22   Emmanuel Todd, *Le Destin des immigrés. Assimilation et ségrégation dans les démocraties occidentales*, Seuil, 1994.

23   Matthew Goodwin, *Values, Voice and Virtue*, London, Penguin, 2023, p. 21.

제7장

1   https://www.france24.com/fr/éco-tech/20210531-comment-le-dane-mark-est-devenu-le-poste-d-écoute-de-la-nsa-en-europe.

2 https://www.courrierinternational.com/article/vu-du-danemark-anders-fogh-rasmussen-en-mission-pour-rapprocher-l-ukraine-de-l-otan.

3 James R. Flynn et Michael Shayer, "IQ Decline and Piaget: Does the Rot Start at the Top?", *Intelligence*, vol. 66, Jan-Feb. 2018, pp. 112-121.

4 Ronald Inglehart, *Cultural Evolution. People's Motivations Are Changing, and Reshaping the World*, Cambridge University Press, 2018.

5 E. Todd, *Où en sont-elles?*, Seuil, 2022.

제8장

1 이 문제와 관련하여 나는 미국 사회의 데카당스 문제를 다루고 있는 로스 다우서트 Ross Douthat의 『퇴폐적 사회 — 우리는 어떻게 성공의 희생자가 되는가? *The Decadent Society. How We Became Victims of Our Own Success*』(New York, Avid Reader Press, 2020)에서 감명과 영향을 받았다. 다우서트는 《뉴욕 타임스》의 뛰어난 보수 칼럼니스트이다. 그 덕분에 《뉴욕 타임스》에서는 《르몽드》를 비롯한 프랑스 언론, 심지어 《가디언》에서 도 찾아볼 수 없는 의견의 다원주의가 보장된다. 영화 평론가이기도 한 그는 자신의 분석을 문화 영역으로 확대하고 미국 문화의 정체 현상에 대해 인상적인 통찰을 전한 다. 그는 지정학에 매우 유용한 개념인 '지속가능한 데카당스 sustainable decadence'를 만 들어냈다. 전 세계가 데카당스를 겪고 있다고 본 다우서트는 퇴폐한 미국이 퇴폐한 세상에서 살 수 있다고 결론을 내렸다. 그의 결론에 동의하는 것은 아니지만 나는 그 의 주장에 매료되었다.

2 Hermann Rauschning, *La Révolution du nihilisme*, Gallimard, 1939.

3 Leo Strauss, *Nihilisme et politique*, Rivages Poche, 2004에 수록. 1941년 개최한 강연회 내용이다.

4 앤 케이스, 앵거스 디턴 저, 이진원 역, 『절망의 죽음과 자본주의의 미래 *Deaths of Despair and the Future of Capitalism*』, 한국경제신문, 2021.

5 "Life Expectancy Changes since COVID-19", *Nature Human Behaviour*, 17 october 2022.

6 OECD 데이터: https://www.oecd.org/en/data/indicators/infant-mortality-rates.html

7 A. Case et A. Deaton, *Deaths of Despair and the Future of Capitalism*, Princeton University Press, 2020, p. 125.

8 Robert D. Putnam & David E. Campbell, *American Grace. How Religion Divides and Unites Us*, New York, Simon and Schuster, 2010, pp. 82-90.

9 C. 라이트 밀스 저, 정명진 역, 『파워 엘리트 *The Power Elite* — 돈과 권력과 명성은 왜 소

수의 사람들에게만 집중되는 것일까?』, 부글북스, 2013.

10 존 롤스 저, 황경식 역, 『정의론*A Theory of Justice*』, 이학사, 2003.

11 Emmanuel Saez et Gabriel Zucman, *Le Triomphe de l'injustice. Richesse, évasion fiscale et démocratie*, Seuil, 2020. (옮긴이) 한국에서는 『그들은 왜 나보다 덜 내는가 ─ 불공정한 시대의 부와 분배에 관하여』(노정태 역, 부키, 2021)라는 제목으로 출간되었다.

12 R. Putnam et D. Campbell, *American Grace*, Simon and Schuster, 2010, p. 105.

13 Ross Douthat, *Bad Religion. How We Became a Nation of Heretics*, New York, Free Press, 2013.

14 R. Putnam et D. Campbell, *American Grace*, Simon and Schuster, 2010, p. 486.

15 Nicholas Lemann, *The Big Test. The Secret History of the American Meritocracy*, New York, Farrar, Straus and Giroux, 1999. 1990년 수학적성시험Scholastic Aptitude Test이 수학능력평가시험Scholastic Assessment Test으로 이름이 바뀌었고 2005년에 다시 SAT 논리력 시험SAT Reasoning Test로 변경되었다.

16 자세한 수치는 위키피디아 참조: https://en.wikipedia.org/wiki/SAT

17 Philip S. Babcock & Mindy Marks, "The Falling Time Cost of College: Evidence from Half a Century of Time Use Data", National Bureau of Economic Research, april 2010.

18 Elizabeth M. Dworak, William Revelle & David M. Condon, "Looking for Flynn Effects in a Recent Online U.S. Adult Sample: Examining Shifts within the SAPA Project", *Intelligence*, vol. 98, May-Jun 2023, 101734.

19 퓨 연구센터.

20 이러한 과세 마비 현상은 피터 실과의 토론에서 완전히 인식할 수 있었다.

21 https://www.theviolenceproject.org/ 참조.

22 미국질병통제예방센터CDC의 성인 비만 현황: https://www.cdc.gov/obesity/data/adult.html

23 Jerome Karabel, *The Chosen. The Hidden History of Admission and Exclusion at Harvard, Yale and Princeton*, Boston, Houghton Mifflin Company, 2005.

24 대니얼 마코비츠Daniel Markovits의 『엘리트 세습』(서정아 역, 세종서적, 2020)에 잘 나와 있다. 마코비츠는 예일대 법대 교수로 이러한 시스템의 한가운데 있다고 볼 수 있다. 그가 마이클 영Michael Young처럼 도덕과 공정이라는 잣대로만 능력주의를 비판한다고 생각할 수도 있다. 그러나 그는 선발된 학생이 그럴 자격이 있는지에 관해서는 의문을 제기하지 않는다. 가장 최근에 벌어진 일들을 봤다면 그럴 수도 있는데 말이다. 그는 단지 이런 시스템이 그런 학생들을 소외시킨다고 말할 뿐이다.

제9장

1   예를 들어 Samuel Charap et Miranda Priebe, "Avoiding a Long War: U.S. Policy and the Trajectory of the Russia-Ukraine Conflict", Rand Corporation, january 2023.

2   Mark V. Wetherington, *American Agriculture. From Farm Families to Agribusiness*, Lanham, Rowman and Littlefield, 2021, pp. 149-171.

3   2020년 10월 9일에 마틴-개튼 농업식품환경 대학 사이트에 게재된 윌 스넬Will Snell 의 「연간 무역 적자를 겪는 미국 농업 — 60년 만에 최초?U.S. Agriculture Flirting with an Annual Trade Deficit — First Time in 60 years?」 참조.

4   제8장에 소개한 책 외에도 마이클 샌델의 『공정하다는 착각』(함규진 역, 와이즈베리, 2020)과 Will Bunch, *After the Ivory Tower Falls. How College Broke the American Dream and Blew up our Politics and How to Fix It*, New York, William Morrow, 2022 가 있다.

5   미국이민자협회American Immigration Council.

6   Ann Pettifor, *The Production of Money. How to Break the Power of Bankers*, London, Verso, 2017, p. 3.

7   나는 대학 교육에서 경제 전공이 증가한다는 아이디어를 동료인 필리프 라포르그 Philippe Laforgue 덕분에 얻었다.

제10장

1   일본과 한국의 가족은 직계 가족이고 중국과 베트남의 가족은 공동체 가족이다(중국 남동부와 베트남 북부에는 직계 가족, 베트남 남부에는 핵가족이 대세다).

2   이 사실과 기사의 존재를 알려준 피터 틸에게 다시 한번 감사의 말을 전한다.

3   Eric Kaufmann, *The Rise and Fall of Anglo-America*, Harvard University Press, 2004.

4   Stephen Walt, *The Hell of Good Intentions. America's Foreign Policy Elite and the Decline of U.S. Primacy*, London, Picador, 2018.

5   스티븐 M. 월트 & 존 J. 미어샤이머 저, 김용환 역, 『이스라엘 로비』, 형설라이프, 2010.

6   로버트 케이건 저, 홍수원 역, 『미국 vs 유럽 — 갈등에 관한 보고서』, 세종연구원, 2003: 유럽인들은 샌님들이다. 로버트 케이건 저, 홍지수 역, 『밀림의 귀환 — 자유주의 세계질서는 붕괴하는가』, 김앤김북스, 2021: 유럽인들은 파시스트다. 두 경우 모두 미군이 그들에게 진짜 사는 게 뭔지 가르쳐줄 것이다.

제11장

1   북한 시스템은 기본적인 공산주의적 전체주의가 가계의 혈통에 의해 지배를 받는 민족적 성격을 띤 전체주의로 탈바꿈한 형태다. 혈통의 연속성과 인민의 민족적 인식(형제의 불평등이 인간과 인민의 불평등이 된다)을 중시하는 북한의 직계 가족이 이러한 변화를 설명할 수 있다.

2   John A. Hobson, *Imperialism. A Study*, London, Unwin Hyman, 1988, pp. 364-365. (존 홉슨 저, 『제국주의론』, 창비, 1993)

3   프리드리히 엥겔스 저, 이재만 역, 『영국 노동계급의 상황』, 라티오, 2014.

4   블라디미르 일리치 레닌 저, 이정민 역, 『제국주의, 자본주의의 최고 단계』, 아고라, 2018.

5   2023년 8월 1일 자 《월스트리트 저널》.

6   N. Mulder, *The Economic Weapon*, Yale University Press, 2022.

7   Joy Gordon, *Invisible War. The United States and the Iraq Sanctions*, Harvard University Press, 2010, note 82, pp. 255-257.

8   프랜시스 후쿠야마 저, 『역사의 종말』, 한마음사, 1997.

9   E. Todd, *Où en sont-elles?*, Seuil, 2022.

10   Paola Giuliano & Nathan Nunn, "Ancestral Characteristics of Modern Populations", *Economic History of Developing Regions*, 33 (1), 2018, pp. 1-17; Emmanuel Todd, *L'Origine des systèmes familiaux*, Gallimard, 2011 & *La Diversité du monde*, Le Seuil, 1999 & 2017.

11   E. Todd, *Où en sont-elles?*, Seuil, 2022, p. 92.

12   Mir Azad Kalam et autres, "Change in the Prevalence and Determinants of Consanguineous Marriages in India between National Family and Health Surveys NFHS 1(1992-1993) and 4(2015-2016)", Human Biology Open Access Pre-Prints, WSU Press, 11 october 2020.

13   India, *National Family Health Survey 2019-2021* (DHS Development and Health Survey의 인도 버전).

결론

1   Andrei P. Tsygankov, *The Dark Double. US Media, Russia and the Politics of Values*, Oxford University Press, 2019, p. 74.

2   R. Kagan, *Of Paradise and Power*, Alfred A. Knopf, 2003.

3   A. Tsygankov, *The Dark Double*, Oxford University Press, 2019.

4 위의 책, p. 46.

5 Hans Kundnani, *The Paradox of German Power*, Oxford University Press, 2015, pp. 57-59.

6 올리비에 베뤼예르Olivier Berruyer와 가진 인터뷰 참조. 2014년 9월 위기Les Crisese 사이트에 「독일이 유럽 대륙을 쥐고 있다L'Allemagne tient le continent européen」라는 제목으로 올라갔다.

7 에마뉘엘 토드, 「다가오는 미국과 독일 위기The Coming Crisis Between the U.S. and Germany」, 2016년 2월 프린스턴 대학의 고등연구소Institute for Advanced Study 콘퍼런스 발표문. 이 발표에서 나는 독일과 미국의 갈등을 예견했다.

8 Pierre Melandri, "Americans First: la géopolitique de l'administration Biden", *Politique étrangère*, 3, 2021에 인용.

9 R. Kagan, *The Jungle Grows Back*, Alfred A. Knopf, 2018, p. 135.

서방의 패배

1판 1쇄 찍음 2026년 1월 30일
1판 1쇄 펴냄 2026년 2월 10일

지은이 에마뉘엘 토드
옮긴이 권지현
펴낸이 김정호

책임편집 박수용
디자인 THISCOVER, 박애영

펴 낸 곳 아카넷
출판등록 2000년 1월 24일 (제406-2000-000012호)
주   소 10881 경기도 파주시 회동길 445-3
전   화 031-955-9510 (편집) · 031-955-9514 (주문)
팩시밀리 031-955-9519

www.acanet.co.kr

Printed in Paju, Korea.

ISBN 979-11-7559-016-8 03340